Siegmar Gerndt · Idealisierte Natur

Siegmar Gerndt

Idealisierte Natur

Die literarische Kontroverse um den Landschaftsgarten des 18. und frühen 19. Jahrhunderts in Deutschland

J. B. Metzlersche Verlagsbuchhandlung
Stuttgart

ISBN 3 476 00458 9

Satz und Druck: Offizin Chr. Scheufele, Stuttgart
Printed in Germany

Inhaltsverzeichnis

Einleitung

Garten bedeutet immer gestaltete Sehnsucht, ist immer ein Aufbruch nach Utopia. »In einem Garten ging die Welt verloren, in einem Garten ward sie erlöst«.[1] Eine stärkere Befrachtung mit Bedeutungsschwere ist nicht vorstellbar. Zwischen Eden und Gethsemane sind alle Übergangsstufen der Gartenform möglich, von völlig manipulierter und beherrschter Pflanzenwelt bis zur Nachahmung der freien, wilden Natur. Ein ursprüngliches Ziel des Gärtners war es, die »gefährliche« Natur in einem domestizierten Zustand nutzbar zu machen, dann kamen ästhetische Überlegungen hinzu, wie Utilitarismus und Naturschönheit durch den Gärtner verbunden werden könnten. Diese »Wunschnatur«[2] konnte sehr unterschiedliches Aussehen haben. Das Bild des Gartens spiegelte jeweils die kulturellen und sozialen Stimmungen der Zeit und veränderte sich kontinuierlich nach den Bedürfnissen seiner Besitzer.

Die vorliegende Arbeit untersucht ein Phänomen, das zwar in optisch überschaubarer Gestalt aufgetreten ist, das jedoch in starkem Maße durch weltanschauliche, d.h. philosophisch-ethische, religiöse, künstlerische und nicht zuletzt literarische Wirkungen bzw. Reflexe bedingt war. Dieses Phänomen ist die heftige Kontroverse zweier Stilrichtungen des Gartens: des französischen und des englischen Gartenstils. Beide Gartenformen wurden im Schrifttum der vier Jahrzehnte zwischen 1770 und 1810 zu beliebten Symbolträgern politischer, psychischer und metaphysischer Vorstellungen. In der deutschen Literatur wird bevorzugt der englische oder Landschaftsgarten mit verschiedenartigen Wunschbildern besetzt, während der französische Gartenstil zur Abgrenzung und zum Kontrast – meist in negativem Sinn – verwendet wird.

Der Garten und sein gesamtes Naturwortfeld sind als Metaphern für Gefühle und Situationen von literarischen Figuren seit Urzeiten ein fester Bestandteil der Dichtung. Er dient als Ort der Handlung, und seine Details können auf unterschiedlichen Ebenen mit menschlichen Eigenschaften und Handlungen in Korrespondenz gesetzt werden. Niemals vorher aber ist die Erscheinungs*form* des Gartens wesentlicher Gegenstand der literarischen Auseinandersetzung gewesen! Erst seit der Entwicklung des Landschaftsgartens gewinnen die Stileigentümlichkeiten des Gartens eine bis dahin unbekannte Bedeutsamkeit.
Hat der formale, und das heißt im 18. Jahrhundert der französische oder auch holländische Garten, in der Dichtung stets eine untergeordnete Rolle gespielt und ist er im Barock und in der Aufklärung über die Verwendung als Topos nicht hinausgekommen (Literatur darüber war vor allem gartenbautechnischer Art), so steht der Landschaftsgarten in Deutschland seit seiner Übernahme aus England während der siebziger Jahre im Mittelpunkt des literarischen Interesses. Der Dualismus beider Stilformen wird entscheidend belebt und ins Pragmatische gehoben durch die gegen Ende der Aufklärung einsetzende Diskussion um die Emanzipierung vom französischen Vorbild und durch die Zuwendung zum »stamm- und artverwandten« England auf vielerlei Gebieten.

Die Brisanz des in dieser Weise benutzten Gartenmotivs bleibt aktuell, solange der Streit um die ideologie-

beladenen, gegensätzlichen Parkformen allgemeines Echo findet. Sie erlischt, sobald sich der englische Stil in der Praxis durchgesetzt hat und kein revolutionäres Kontra mehr bedeutet. Von diesem Moment an bietet auch die *Form* keinen Streitpunkt in der Dichtung mehr, und der Garten erfährt eine neue, nämlich die romantische Motivation. Sie ist nicht mehr Gegenstand dieser Untersuchung.
Hans Rudolf Vaget konstatiert in seiner vorzüglichen Studie über den Dilettantismus:

> Die Gartenkunst und die ästhetische Reflexion darüber spielte im 18. Jahrhundert eine Rolle, die immer noch unterschätzt wird und noch keine befriedigende Darstellung gefunden hat.

Dieser Mangel beruht natürlich in erster Linie auf der Vielschichtigkeit des eingangs angedeuteten Stilwandels, der alle Lebensbereiche erfaßte und daher nicht aus der Sicht einer einzelnen wissenschaftlichen Disziplin zu fassen ist. Eine befriedigende Darstellung dieser Erscheinung müßte zwangsläufig fachübergreifend sein und die Kenntnis sowohl vieler geisteswissenschaftlicher wie naturwissenschaftlicher Zweige voraussetzen.

Die vorliegende Arbeit berücksichtigt literarische und kunsthistorische Aspekte. Sie behandelt vor allem zwei Ausprägungen des neuen Gartenstils, den sog. »sentimentalen Garten« und den »klassischen Landschaftsgarten«. Als »Belege« für diese zwei Varianten der in vielen weiteren Gestalten ablaufenden Entwicklung (z. B. chinoiser Garten, pittoresker Garten) dienen die Analysen der Gartenthematik in Wezels Roman *Herrmann und Ulrike* und in Goethes Roman *Die Wahlverwandtschaften.*

Um einem literarisch orientierten Leser den »Gegenstand« Landschaftsgarten als kunst- und kulturhistorisches Phänomen vertraut zu machen, werden die »Bausteine« eines solchen Gartens im Kapitel »Erscheinungsbild des Landschaftsgartens« zusammengestellt.
Das Bewußtsein vom Kunstcharakter des Landschaftsgartens und seine Wertschätzung unter den Zeitgenossen umreißt das Kapitel über den »Landschaftsgarten als eigene Kunstgattung«. Auf die Komplexität der Paradiesvorstellungen in solchen Anlagen kann nur hingewiesen werden.
Beispiele für die Wirksamkeit des Gartenmotivs in der sentimentalen Phase, für seine Anlässe und für die psychische Situation, aus der er zu verstehen ist, liefern die Kapitel über J. H. Merck und die Darmstädter »Empfindsamen« sowie über Jung-Stilling. Verdeutlicht wird diese Strömung noch durch die zeitgenössische Kritik an deren Auswüchsen und »Geschmacksverirrungen« in Form von Parodien und Satiren. Dieser Abschnitt der Arbeit schließt ab mit einer Untersuchung des Gartenmotivs in Wezels *Herrmann und Ulrike.*
Der zweite Teil der Arbeit ist auf die klassische Phase des Landschaftsgartens ausgerichtet. Hier steht Goethes und Schillers Stellung zur Gartendiskussion im Mittelpunkt.
Das Kapitel »Garten der Freiheit« soll herausstellen, in welchem Maße der Landschaftsgarten zum Träger ideenkritischer Äußerungen gemacht werden konnte und wieweit politische Hoffnungen und ästhetische Erwartungen (»Freiheit und Schönheit«) sich an die neue Form der Gartengestaltung knüpften. Es zeigt sich, daß die »heile Welt« nicht nach ästhetischen

Kategorien allein geschaffen werden kann. Folglich ist die Enttäuschung schon mitprogrammiert.
Der Wandel des klassischen Gartengeschmacks wurde von Goethe exemplarisch mitvollzogen. Er beeinflußt und begleitet ihn von der eigenhändigen Parkarbeit bis zu den rückblickenden Bemerkungen in der Spätzeit. In den *Wahlverwandtschaften* hat er die Erfahrungen seines »Gartenlebens« verarbeitet und die Einrichtung eines Landschaftsgartens zum konstituierenden Motiv der Handlung gemacht. Die Herstellung einer »kleinen Welt« erfolgt schrittweise mit dem Werdegang der Romanfiguren.[3] Die mit großer Bewußtheit gestaltete Natur gibt der Handlung eine zusätzliche Plastizität.
Nach der Jahrhundertwende stößt der Landschaftsgartenrausch zunehmend auf Skepsis und Kritik. Die Romantiker lehnen den *praktischen* Eingriff in die Natur ab und plädieren für »Gottes freie Natur«. Allenfalls als nostalgische Reminiszenz hat der Landschaftsgarten noch seinen Stellenwert in poetischen Produkionen. Die Chiffren der sentimentalen Epoche haben ihre Kraft verloren. Als Nutzgarten oder in gleichberechtigter Verbindung mit französischen Partien bleibt der Garten als poetischer Ort bestehen, doch seine Form, sein Bedeutungsgehalt oder gar seine ideologische Didaktik sind für den Schriftsteller weder Anreiz noch Anlaß zur Diskussion. Er bedient sich ihrer, um die lokale Stimmung wiederzugeben. Die Zeit, da man die Gartenkunst zu den schönen Künsten rechnete, ist vorbei. Sie versank im Stilchaos des 19. Jahrhunderts.
Wo historische Gärten noch erhalten sind und gepflegt werden, stellt sich die Frage nach ihrem Sinn. Sind es nur noch museale Schaustücke, die kulturhistorische Reminiszenzen wecken, oder haben sie in unserer Gesellschaft einen neuen Standort gewonnen?

Wie man künstlich Landschaft herstellt, indem man sich der Natur als Material bedient, diese Frage hat sich nicht nur im 18. Jahrhundert gestellt. Sie stellt sich heute mit zwingender Notwendigkeit erneut, da fortschreitende Zivilisationsbelastungen die Naturlandschaft in bisher unerhörtem Umfang einengen, verändern und zerstören. Die Natur ist nicht mehr *gefährlich*, sondern sie selbst ist *gefährdet*.
Der Garten hat die Komponente eines Refugiums für den Menschen verloren und ist zu einem Reservat der Natur in einer durch den Menschen bedrohten Umwelt geworden. Es wächst das Bedürfnis nach Rekultivierung und Pflege der Natur, nach Rettung und Bewahrung, nach Besinnung auf die ökologische Harmonie. Was einst Laune oder Gunst adeliger Herren war, wurde zu einer sozialpolitischen Aufgabe ersten Ranges. Der Anspruch, Rekonstruktion des Elysiums oder Abglanz des Paradieses zu sein, ist heute reduziert auf die Herstellung eines wissenschaftlich fundierten Paradieses in einer restlos säkularisierten Natur.
Die vorliegende Untersuchung kann vielleicht ein wenig dazu beitragen, Verständnis für die Erhaltung oder Wiederherstellung historischer Landschaftsgärten zu wecken, indem sie auf Motivationen und Wirkungen hinweist, die in der deutschen Literatur sichtbar sind.
Vice versa ist das Wissen um die Gartenantinomie hilfreich für das Verständnis vieler Dichtungen des 18. und 19. Jahrhunderts, die in dieser Arbeit nicht einmal erwähnt werden konnten.

Aspekte der Forschung

Spezifische Literatur zur Erforschung der Kontroverse um den Landschaftsgarten in Deutschland liegt nicht vor, weder im literarwissenschaftlichen noch im kunsthistorischen Bereich. Es gibt jedoch viele wissenschaftliche Darstellungen des historischen Gartens im allgemeinen, die in entsprechenden Kapiteln den Landschaftsgarten behandeln, sowie Arbeiten über einzelne Motive, die u.a. auch im Landschaftsgarten vertreten sind. Zu poetischen Werken, Monographien oder auch zu Detailfragen wird fallweise auf die Forschungslage eingegangen. Hier soll nur ein erster grober Überblick gegeben werden.

Aus Gründen der besseren Übersicht trenne ich kunst-, kultur- und literaturhistorische Abhandlungen, obwohl in vielen Schriften, je nach Fragestellung, diese Gebiete ineinandergreifen.

In der Kunstwissenschaft liegen zwei Werke vor, die sich dem deutschen Landschaftsgarten widmen. Das Buch von Franz Hallbaum ist bis heute ein Standardwerk geblieben, das eine gute Orientierung über die Spielarten des Landschaftsgartens bietet. Hallbaum stellt den weltanschaulichen Aspekt des Landschaftsgartens in den Vordergrund. Das Werk von Alfred Hoffmann dagegen bringt vor allem eine reichhaltige Zusammenstellung an Informationen über alle bedeutenden deutschen Landschaftsgärten. Beide ziehen die Dichtung in erster Linie zur Illustration der besonderen Gartenformprobleme heran.

Die englischen Publikationen über den Landschaftsgarten sind sehr zahlreich. Ich stütze mich vor allem auf Miles Hadfield: *A History of British Gardening*, Christopher Hussey: *Englisch Gardens and Landscapes*, und auf Edward Malins: *English Landscaping and Literature*, die sich aber alle auf die Gärten in England beschränken.

Zusammenfassende Werke über Gartenkunst sind die bis heute gültige, grundlegende *Geschichte der Gartenkunst* von Marie Luise Gothein sowie diejenige von Derek Clifford. Beide weisen auf die Stilkontroverse hin.

Die historische Entwicklung des deutschen Gartens schildern in feuilletonistischem Ton, jedoch recht ausführlich, Paul Landau und Camillo Schneider. Besonders in den Kapiteln »Chinesisch-englisches Zwischenspiel« und »Klassische Gartenidylle« ziehen sie Beispiele aus der deutschen Literatur heran. Sie erfinden für den Typus des Landschaftsgartens, der Pflanzen und Staffagen aus der ganzen Welt in sich vereinigt, den Begriff »Weltgarten« und mutmaßen – wahrscheinlich in Analogie zu dem von Goethe geprägten Begriff der »Weltliteratur« –, daß Goethe ihn »geahnt« habe.

An wichtigen Beiträgen zum Verständnis des Landschaftsgartens sind zu nennen die Arbeiten von Erich Bachmann, voran die *Anfänge des Landschaftsgartens in Deutschland*, neben Monographien zu einzelnen Anlagen in Bayern, sowie Hans Sedlmayrs *Verlust der Mitte*.

Der gegenwärtige Zustand historischer Landschaftsgärten ist sehr unterschiedlich; bei einer Besichtigung lassen sich weder die stilistischen Merkmale immer eindeutig feststellen noch die Grundideen nachvollziehen. Die Restaurierung dieser Anlagen erhält erst neuerdings eine wissenschaftliche Grundlage. Die ganze Problematik wurde in den Referaten des Internationalen Symposions »Historische Gärten und Anlagen« in Schwetzingen 1975 dargelegt, wo Kunsthistoriker und Gartenfachleute zum ersten Mal in größerem Umfang Erfahrungen austauschen konnten.

Der Verfasser konnte sich ein eigenes Bild von der Situation machen, indem er die Gärten vieler europäischer Länder besuchte. Überall ist ein wachsendes Interesse am Kunstgarten zu beobachten, das aber nicht immer mit Stilkenntnis und historischem Bewußtsein verbunden ist.

Eine kulturhistorische Analyse unter dem Motto »Menschheitsgeschichte ist Gartengeschichte« gibt Friedrich Schnack in seinem *Traum vom Paradies*. Er weist nach, daß jedes Zeitalter zu eigener Erfüllung der zeitlos unabänderlichen Sehnsucht gelangen will. Balet/Gerhard und Bentmann/Müller stellen den sozialgeschichtlichen und politischen Aspekt der Gartenkunst in den Vordergrund. Obwohl das Buch der beiden letzteren, *Die Villa als Herrschaftsarchitektur*, nur die Situation im Veneto zur Zeit der Renaissance und des Barock untersucht, sind die Ergebnisse für alle Formen von Gartenarchitektur von Belang.
Von Friedrich Georg Jünger stammt ein Aufsatz mit dem Titel *Italienischer, französischer und englischer Park* in dem Band *Orient und Okzident*, der eine Definition der drei Garten-Varianten unter ethisch-ästhetischen Gesichtspunkten entwickelt. Die Darstellung des Zeitalters der Empfindsamkeit von Renate Krüger bringt unter vielen anderen Aspekten ein Kapitel mit der Überschrift »Die grüne Kunst«, das auch die Landschaftsgärtnerei als einen Ausfluß der »bürgerlichen Emanzipationsbestrebungen« darstellt, die den Eklektizismus als Mischform mit herbeigeführt habe.
Kulturhistorisch argumentiert ebenfalls Brigitte Wormbs in ihrem Buch *Über den Umgang mit Natur*. Sie plädiert dafür, daß nach Überwindung der Illusionen von »Arcadia« und »Utopia« ein neues Verhältnis zur Natur in der heutigen, unstimmig gewordenen Kulturlandschaft entwickelt werden müsse, das nicht auf eine als selbstverständlich unterstellte harmonistische Übereinstimmung von Natur und Menschenwerk vertraut, sondern die Klärung des Sozialverhaltens von Mensch zu Mensch zur Voraussetzung hat.

In der Literaturwissenschaft ist das Phänomen »Landschaftsgarten« noch nicht Gegenstand einer separaten Untersuchung gewesen. Es wurden jedoch Teilbereiche behandelt, die das Thema tangieren. Vor allem dem Wandel des Naturgefühls im 18. Jahrhundert wurde im Gefolge der Shaftesbury-Studien Walzels und Weisers viel Aufmerksamkeit gewidmet (vgl. Arthur Kutscher, Friedrich Kammerer, Willi Flemming, Alfred Biese). Bis heute überzeugend ist die Arbeit Heinrich Wölfflins über Salomon Geßner, in der er das Naturgefühl der *Idyllen* untersucht und ihre Motive in Beziehung zur Gartenkunst setzt. Aufschlüsse brachte auch die Welle der Topos-Forschungen (z. B. Bernhard Blume: *Die Kahnfahrt*; Horst Brunner: *Die poetische Insel*; Herman Meyer: *Hütte und Palast*; Burghard Dedner: *Topos, Ideal und Realitätspostulat*; Friedrich Sengle: *Wunschbild Land und Schreckbild Stadt*).
Der Garten als allgemeines Motiv in der Literatur bestimmter Epochen wurde in zwei Wiener Dissertationen behandelt, nämlich von Hans Ruppe: *Park und Landschaft von der Anakreontik bis zur Frühromantik*, und von Gabriele I. Müller: *Der Garten in der romantischen Dichtung*. Beide versuchen, die allgemeine Entwicklung innerhalb poetischer Darstellungen an ausgewählten Beispielen zu schildern. *Park und Garten im 18. Jahrhundert*

ist eine Sammlung von 17 Aufsätzen betitelt, die aus einem Colloquium der Arbeitsstelle 18. Jahrhundert der Gesamthochschule Wuppertal hervorgegangen ist. Die Beiträge behandeln mit unterschiedlicher Gründlichkeit spezielle Aspekte der Gartenkunst im englischen und deutschen Schrifttum. Wo sie die Antinomie Landschaftsgarten – formaler Garten berühren, gehe ich an der jeweiligen Stelle darauf ein. Für die Klärung des Begriffs »romantischer Garten« sind besonders die Aufsätze von Marianne Thalmann wegweisend, namentlich ihre Darstellung *Der romantische Garten.*
Für die Phase der Empfindsamkeit im Garten werden der zweite und der dritte Band einer großangelegten Untersuchung von Gerhard Sauder neue Erkenntnisse bringen. Im bereits erschienenen ersten Band wird eine Analyse der philosophischen und psychologiehistorischen Grundlagen versucht.
Mit einzelnen Tendenzen in der Landschaftsgartenkunst befassen sich die Aufsätze von A. O. Lovejoy, *The First Gothic Revival* und *The Chinese Origin of a Romanticism*. Mit der Behandlung von Gartenfragen in Schillers *Wirtembergischen Repertorium* setzte sich der Verfasser in der Festschrift für Helmut Motekat auseinander.

Die Beschäftigung mit dem stilistischen Aspekt der Gartenform in literarischen Werken wie im Schrifttum überhaupt bringt besondere Probleme mit sich. Die mangelhafte Kenntnis vom einstigen Aussehen der Kunstgärten wurde schon angesprochen. Ihr heutiges Erscheinungsbild ist stark verändert, und die Stiche, Lithographien und Gemälde aus der Zeit dürften sehr idealisiert sein und einen Zustand vortäuschen, der damals noch Wunschvorstellung war. Ein weiteres Problem liegt in der mangelnden Eindeutigkeit der schriftlichen Zeugnisse. Der Begriff des englischen Gartens oder Landschaftsgartens ist unter den Zeitgenossen heftig umstritten gewesen. So bleibt nur die Möglichkeit, in jedem einzelnen Fall die Stilkriterien der als Nebenmotiv oder als Hauptgegenstand behandelten Gartenformen gesondert zu untersuchen bzw. ihren Stellenwert sowohl innerhalb der Werke als auch innerhalb der Stilentwicklung aufzuzeigen.

Erscheinungsform des Landschaftsgartens

Vor jeder Beschäftigung mit der Idee, mit der Theorie oder mit dem literarischen Echo des Landschaftsgartens im 18. Jahrhundert ist eine Klärung des Sujets »Landschaftsgarten« notwendig. Der Name allein besagt wenig. Eine Reihe von Bezeichnungen, die keineswegs immer das gleiche meinen, erschwert die Terminologie erheblich. Bis heute werden die Begriffe Park[1], Garten[2], Englischer Garten, Landschaftspark und Landschaftsgarten gleichwertig und gleichbedeutend nebeneinander gebraucht. Da die Definition der Begriffe aber von Autor zu Autor sehr schwankt, erscheint es geraten, nicht von einer notwendigerweise einseitigen, konstruierten Definition, sondern von der Erscheinungsform auszugehen und durch die Darstellung des Gegenstandes einen Begriff davon zu geben, was die Zeit als Gartenideal empfand und als Landschaftsgarten[3] bezeichnete. Aus der zeitgenössischen Darstellung und aus der literarischen Auseinandersetzung um den Landschaftsgarten wird man leichter zu einer Deutung des Begriffes gelangen. Diese läßt sich aber auch dann nicht in kurzen Worten formulieren, da der Landschaftsgarten einem steten Wandel unterworfen war und niemals zu einer akademischen oder durch andere anerkannte Instanzen sanktionierten Abklärung gelangte. Ein nach den Maximen aller führenden Gartenkenner und -schöpfer gestalteter Park hat niemals bestanden.

Die vielen Facetten von Landschaftsgartenvorstellung hatten im deutschen Schrifttum einen gemeinsamen Angelpunkt: die fünfbändige *Theorie der Gartenkunst* von Christian Caius Laurenz Hirschfeld. Dieses wenig systematisch aufgebaute Werk bringt eine breit angelegte Addition zeitgenössischer Gartenideen, ohne jedoch eine schlüssige Summe zu ergeben. Hirschfeld versucht, Natur und Kunst unter dem Aspekt ihrer moralisch-ästhetischen Wirkung auf den Menschen zu behandeln. In seiner zitatenreichen Darstellung nimmt er zahlreiche Beschreibungen deutscher und ausländischer Gärten auf, deren Autoren vielfach nicht mit seinen Thesen übereinstimmen. Obwohl es neben Hirschfeld mehrere Gartenschriftsteller und Gartengestalter gibt, die selbständige und durchaus mit Hirschfeld nicht immer konforme Wege gehen, bleibt er seit Erscheinen seines ersten Bandes 1779 die unangefochtene Autorität in Gartenfragen, auf die immer wieder Bezug genommen wird.[4] Eine Skizze der Erscheinungsform des Landschaftsgartens in Deutschland muß folglich auf Hirschfeld aufbauen und die Stimmen seiner Zeitgenossen zur Illustration oder zum Kontrast heranziehen.

Jeder Landschaftsgarten ist eine verhältnismäßig freie Komposition aus den Elementen von Land, Wasser, Vegetation und Architektur. Sie bilden den Rohstoff, dessen sich der Gartenkünstler zu seinem Werk bedient und den er entsprechend der vorliegenden Topographie, dem Klima, der Bodenqualität, den herrschenden Stiltendenzen und gemäß der Idee, die der Garten ausdrücken soll, verwendet. Diese Elemente können als Mosaiksteinchen der Gesamtanlage einzeln betrachtet werden. Sie erfuhren in der Praxis eine gewisse Kanonisierung, die es mit sich brachte, daß man sie in allen Landschaftsgärten in individueller Auswahl und in entsprechender Variation vorfinden konnte. Wenn ich sie nun der Reihe nach beschreibe, dann ist das Verfahren insofern legitim, als auch die zeitgenössischen Theorien und Beschreibungen dieser Methode folgen.

Hirschfeld gliedert in natürliche Elemente (wie z.B. in Bd. II: »Vom Gartenplatz, Vom Baumwerk, Von Blumen, Von Rasen, Vom Wasser«) und in »Werke der Kunst« (wie z.B. in Bd. III: »Von Lustschlössern und Landhäusern, Von kleinern Gartengebäuden, Von Tempeln, Grotten, Einsiedeleyen, Kapellen und Ruinen, Von Ruhesitzen, Brücken und Thoren, Von Statuen, Monumenten und Inschriften«).
Die natürlichen Elemente erlauben eine grundsätzliche Gliederung in Bodengestalt, Vegetation und Wasser.

Bodengestalt

In einem Landschaftsgarten soll die Schönheit des gesamten umliegenden Landstriches kulminieren. Seine Anlage setzt im allgemeinen eine schon mit natürlichen Reizen ausgestattete Gegend voraus. Die liebliche Hügellandschaft wird der glatten Ebene vorgezogen.

Sie bietet in den beständigen Ungleichheiten, Krümmungen und Senkungen des Bodens mehr Abwechslung, in den Aussichten mehr Größe und Mannichfaltigkeit, in den Stellungen der Bäume mehr Freyes, Kühnes und Auffallendes, in den Bächen und Wasserfällen, die nicht ruhen, mehr Belebung an.[5]

Das Panorama, die Vedute, die Schneise, der überraschende Durchblick bis in weite Fernen zeigen sich reicher von einer Anhöhe. Das barocke Belvedere, wo der souveräne Herrscher vom »strategisch« gewählten Punkt die zu Füßen liegende, planierte und reglementierte Gartenlandschaft überblickte und beherrschte, wird vom »überraschenden Ausblick« abgelöst, der nach ästhetischen Gesichtspunkten ausgewählt, beim passiven Wanderer den tiefsten Eindruck hervorruft.

Demnach so viel als geschehen kann und als andere Gesetze verstatten, freye, heitre und abwechselnde Aussichten in der Nachbarschaft des Gartens umher. Allein sie müssen nicht überall ganz vor Augen liegen [...], weil sie sonst die Wirkung der verschiedenen Gartenscenen, wo diese sich ganz beweisen soll, unterbrechen würden. [...] Dies ist eine wesentliche Regel, die der Gartenkünstler nie überschreiten soll.[6]

Ein völlig ebener Platz »ist nicht sehr zu einem guten Garten geschickt, weil er an sich zu viel Einförmigkeit hat, und die künstlichen Abänderungen zu viel Kosten erfordern«.[7] Mittelgebirge oder gar Hochgebirge kommen für einen Garten ebenfalls nicht in Betracht. Dort kann der Mensch keinen Einfluß auf die Natur nehmen. All die Methoden zur »Veredelung« und »Verschönerung« müssen scheitern. Die »freie« Natur würde die »gestaltete« Natur erdrücken und die Paradoxa in der Ideologie ihrer Schöpfer enthüllen – wie auszuführen sein wird.
Auch war die Einstellung zu den Bergen noch immer höchst widersprüchlich. Brockes reimte in den zwanziger Jahren des Jahrhunderts: »Ihre Gröss' erregt uns Lust,/ Ihre Gähe schreckt die Brust.«[8] und in einem der ersten Gedichte, die das Gebirge zum Gegenstand haben, sagt Albrecht von Haller:

Ob nun gleich der Berge Spitzen
Oed' und grausam anzusehn,
Sind sie doch, indem sie nützen,
Und in ihrer Größe schön.[9]

In den *Alpen* findet sich Vergleichbares:

Der Berge wachsend Eis, der Felsen steile Wände,
Sind selbst zum Nutzen da und tränken das Gelände.[10]

Haller lehrt seine Zeitgenossen, die Berge unter dem Aspekt des Nützlich-Schönen zu sehen und ihren Wert erstmals zu erkennen. Doch in einem während des Aufenthaltes in den Niederlanden verfaßten Gedicht von 1726 (*Sehnsucht nach dem Vaterlande*) ist nur von Wald, Feld, moosbedeckten Hügeln, Tälern und holden Gründen die Rede, das Gebirge erscheint nicht. Und wenn auch Rousseau mit seinen überwältigenden Schilderungen der Walliser Alpen und des Genfer Sees in der *Nouvelle Heloïse* der staunenden Mitwelt die Augen so erfolgreich öffnet, daß die Schweizer Bergwelt gar in den Kanon der Bildungsreisen aufgenommen wird, so bleibt die Begeisterung vorerst doch literarische Mode und beschränkt sich auf eine bevorzugte Landschaft, nämlich die lieblichen Vorberge der Schweizer Hochalpen. Deren grüne Matten, Buschreihen, Wäldchen, Flußläufe und Dörfchen kommen den Elementen des Landschaftsgartens am nächsten. Aufschlußreich für die schwankende Beurteilung des Gebirges sind auch die Bemerkungen J. J. Winckelmanns, des so feinfühligen Erneuerers der antiken Ästhetik. Bei der Überquerung der Alpen auf der Reise nach Italien 1755 ist er voller Begeisterung:

Ich bin freudig gewesen in einem Dorfe, mitten in einem Kessel von Gebürgen mit Schnee bedeckt, als selbst in Italien.[11]

An Genzmer schreibt er:

Tyrol hättest Du sehen sollen. Hier zeigt sich die Mutter der Natur in ihrer erstaunenden Größe, und der Ueberfluß herrschet zwischen den ungeheuren Klippen. Es ist ein Land der schönen Menschen, und Botzen besonders. Sollte ich einmal zurück gehen, so unterbreche ich gewiß in diesem Lande meine Reise, um entzückende Augenblicke zu genießen.[12]

Nach dreizehnjährigem Italienaufenthalt aber und nach dem Studium der antiken Kunst kommt Winckelmann zu einem ganz gegensätzlichen Urteil. Bei der Rückkehr über die Alpen im Jahre 1768 berichtet sein Reisebegleiter Bartolomeo Cavaceppi:

Inoltratomi dunque insieme col Winkelmann fralle montagne, veggio improvisamente ch'Egli si cangia d'aspetto, ed in tuono patetico mi dice: Guardate amico che orrori! che smisurata altezza di Monti! Poco doppo, essendo gia nelle terre di Germania, ripiglia a dirmi: O che sciocca foggia di fabricare! osservate i tetti come sono acuti: e cosi parlando mostrava una smania, ed una aversione incredibile per tali cose.[13]

Das durch die Aufklärungsliteratur im Gefolge von Brockes, Haller, Geßner u. a. geweckte Naturgefühl für die Schönheit der Berge auf der Hinreise ist auf der Rückfahrt geschwunden. Nun teilt Winckelmann mit der Antike und mit der urbanen Kultur Italiens den Horror vor der wüsten Welt des Gebirges.

Die Gartenkünstler meiden Ebene und Gebirge. Erwünscht ist dagegen eine sanfthügelige Gegend mit »natürlicher Schönheit«, damit der Gartenschöpfer »gleichsam unter den Augen der reizenden Natur arbeitet, die ihm Vorbild ist, mit der er wetteifern soll.«[14]

Seelische Bereicherung und Unterhaltung durch Lenkung der Emotionen soll in wechselnden Gartenteilen erreicht werden:

[A]nders ist es auf der Höhe, anders in der Tiefe; jeder Schritt führt auf eine neue Lage, auf ein neues Gemälde, bey aller Unbeweglichkeit der Gegenstände. Die Scenen verschwinden und kommen wieder hervor; neue verhüllen die alten; die Situationen ändern unaufhörlich ab. Man steigt, und der Horizont erweitert sich von allen Seiten; man sieht, je höher man kommt, die Gegenden sinken und sich verlieren; die blaue Decke des Himmels dehnt sich in die Unermeßlichkeit aus, und an ihrem Saum verbleicht das Licht des Tages in den Dunst der Ferne; Erstaunen und Bewunderung füllen die Seele. An ihre Stelle treten bald sanftere Bewegungen, indem man in die Tiefe wieder hinabsteigt. Der Himmel selbst scheint zurückzuweichen, wenigstens verbirgt sich ein Theil seines schönen Anblicks hinter den Anhöhen; die Abhänge leiten auf Wiesen, auf Waldungen, auf Seen. Alle diese

Veränderungen giebt allein die natürliche Beschaffenheit des Bodens, wodurch die Mannichfaltigkeit der Gegenstände und der Aussichten selbst noch vermehrt wird. Von den Ungleichheiten des Bodens hängt ein großer Theil des Lebens in der Natur ab.[15]

Der Garten scheint sich ganz natürlich in »Scenen« zu gliedern, die unterschiedlichen Charakter haben. Man spricht auch von der »einzelnen Gegend«[16] oder von der »Gartenpartie«.[17] Diese »Zellen« der Gartenlandschaft werden auf die beabsichtigte Wirkung hin bearbeitet. Jeder von ihnen wohnt natürlicherweise bereits eine Stimmungstendenz inne. Wo diese Tendenz aber nicht eindeutig ist, muß sie herausgearbeitet und verstärkt werden. Das Charakteristikum einer solchen Gartenpartie kann »einsam, ernsthaft, melancholisch, feyerlich, lebhaft, lachend, romantisch, wild, traurig, fruchtbar, öde, frey, versperrt u. s. w.«[18] sein.
Der Umfang des Gartens ist unbeschränkt. Es gilt der Grundsatz: Je größer, desto besser. Zwar kann auch ein kleiner Platz in landschaftlichen Formen angelegt sein, doch soll er sich dann auf wenige Partien beschränken. Jede Kleinlichkeit muß vermieden werden. An Mißgriffen in den Proportionen und am zu kleinen Areal von Landschaftsgärten setzt immer wieder heftige Kritik ein. Ihren Schöpfern wird vorgeworfen, aus einem Küchengarten einen ganzen Landstrich machen zu wollen. Jede Gartenpartie muß eine ihrem Zwecke angemessene Fläche haben. Wenn dem Gartenkünstler ein großes Gelände zur Verfügung steht, so kann er entsprechend viele Gefühlseindrücke hervorrufen, weil jede Gartenszene einen anderen Seelenton anschlägt. Im Idealfall durchwandert der empfängliche Besucher die ganze Skala seiner Empfindungen, während er spazierend und verweilend den Park durchmißt.

Eine Grenze umzieht diesen ausgedehnten, leicht hügeligen und in Partien gegliederten Garten. Doch es ist eine Grenze, deren trennende Funktion unbemerkt bleiben muß. Nach der Auffassung der Gartenschöpfer soll der Landschaftsgarten wie ein bevorzugter Ausschnitt der Naturlandschaft erscheinen, in dem die Schönheit der ganzen Gegend kulminiert. Man muß daher auch die Umgebung sehen können, um den Wert des Parks zu erkennen. Die Mauern und Zäune, hinter denen der Barockgarten verborgen war, darf es nicht mehr geben. »Der beste Garten indessen ist ein Gefängnis, wenn er umzäunt ist. Das Paradies war die Welt und die Welt das Paradies.« sagt Theodor von Hippel um 1780 in seinem Roman *Lebensläufe nach aufsteigender Linie.*[19] An William Kent, dem Protagonisten der englischen Gartengestalter, rühmt Horace Walpole besonders die Überwindung des Zaunes: »He leaped the fence and saw, that all nature was a garden.«[20]
In der Praxis aber war die Umzäunung offenbar doch unerläßlich, sei es, um dem Wildschaden zu steuern oder um unerwünschte Besucher fernzuhalten. So forschte man nach Möglichkeiten, die Grenze unsichtbar zu machen:

> Sucht eure Gärten dann der Gränze zu entbinden,
> Durch eure Künstlerhand vertreibt,
> Versteckt sie wenigstens. Wo nichts zu hoffen bleibt,
> Wird jeder Reiz dem Späherauge schwinden
> Verdruß erweckt es stets, wenn wir am Zaun uns finden,
> der einen schönen Ort beschreibt.[21]

Wo eine natürliche Begrenzung durch Gewässer, dichte Waldgürtel oder wilde Hecken nicht vorhanden war, ließ man auch Holzzäune und Steinmauern gelten. Freilich durften diese nicht sichtbar werden. Sie verlie-

Vorschläge zu Mauern, Zäunen und Gräben, die eine Gartenbegrenzung verschleiern. Federzeichnung von Kurt Werner nach einer Abbildung im »Magazin für Freunde des guten Geschmacks«. Leipzig 1796

fen eingetieft auf der Sohle von Gräben, und der Blick konnte schrankenlos über sie hin in die umgebende Landschaft schweifen:

> Brecht Zaun und Mauer ab, um mit den Schätzen
> Der Aussicht den Verlust der Größe zu ersetzen.
> Verknüpft mit euren Gartenplätzen
> Ein fremdes Thal, das aus der Ferne lacht,
> Ein Saatfeld; eines Hügels Pracht;
> Herrscht mit dem Auge, laßt den Anblick euch ergötzen.[22]

Ein solcher Ausblick war aber nicht durchgehend geboten, sondern auf bevorzugte Blickrichtungen beschränkt und für Überraschungsmomente aufgespart. Er war eingeflochten in die ausgeklügelte Folge der Abwechslungen. Der terminus technicus dieses gartenkünstlerischen Tricks heißt schlicht *Aha* – Ausruf der Verwunderung beim unerwarteten Anblick derartiger Öffnungen. Bezeichnenderweise schreibt Horace Walpole die Erfindung des »Aha« (oder »Ha-Ha«) dem Landschaftsgärtner Charles Bridgeman zu (1724 in Stowe)[23], obwohl bereits der späte französische Park den Effekt der Blickerweiterung in die Landschaft kannte. Jedoch beschränkte sich dort die Absicht auf eine Täuschung sehr barocker Art: Die Öffnung der Mauer sollte die schnurgerade Allee ins scheinbar Unendliche laufen lassen und somit nicht die Weite der Naturlandschaft zeigen, sondern das Werk des Architekten unterstreichen.[24]

In den neunziger Jahren wuchs die Einsicht, daß die umgebende Landschaft aktiv in die Gartengestaltung einbezogen werden mußte, zumal dort, wo sie nicht von selbst mit dem Typus des Gartens harmonierte:

> – [D]enn die Gegend, die Aussichten außerhalb des Gartens gehören

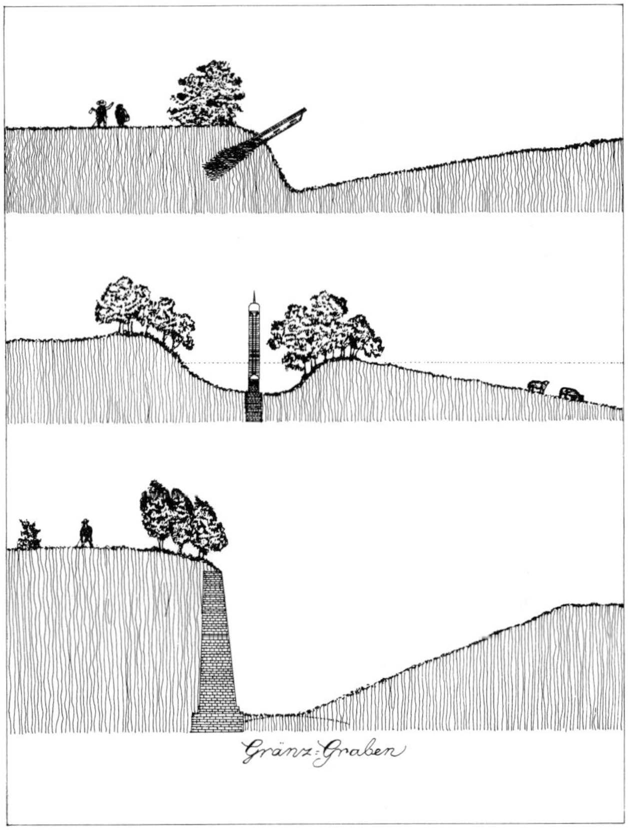

> noch zur Bildung dieser Landschaft. Der Gartenkünstler muß daher auch die umliegende Landschaft mit seinem Anliegen in Verbindung setzen, und beide einander gemäß bilden; er muß seinem Garten näher oder entfernter den Charakter geben, den die umliegende Gegend hat.[25]

Bestrebungen dieser Art sind nun überall zu registrieren. Franz von Anhalt-Dessau z. B. ließ die Elbauen auf dem Wege von Dessau bis zu seinem Park in Wörlitz

Garten als schmückender Teppich: Musterbeispiel für ein barockes Broderie-Parterre aus Kieseln, Sanden und Pflanzen. Kupferstich von Jean Mariette. Um 1709. Aus Dézallier d'Argenvilles »La Theorie et la Pratique du Jardinage«

sowie in dessen Umgebung unter landschaftsgärtnerischen Gesichtspunkten »verschönern«. Er spielte mit dem Gedanken, das ganze Land Anhalt in einen Garten zu verwandeln.[26]

Auch Schiller stellt in seiner Rezension über den Gartenkalender auf das Jahr 1795 einen Zusammenhang zwischen Garten und umgebender Landschaft her. Von der Hohenheimer Anlage sagt er, »daß nur derjenige ihre Schönheit vollständig fühlen könne, der sich auf einem bestimmten Wege ihr nähert«.[27] Man müsse auf der Strecke vom Stuttgarter Schloß her die Felder, Obst- und Weingärten als ersten physischen »Anfang der Gartenkunst«[28] ansehen und die Pappelwände, die die Straße nach Hohenheim begleiten, wie auch das Schloß selbst als – eben überwundene – französische Gartenkunst. Wenn der Betrachter dann den eigentlichen Park, nämlich das »englische Dorf« betritt, so hat er »gewissermaßen eine versinnlichte Geschichte der Gartenkunst«[29] kennengelernt.

Damit fügt Schiller den Assoziationen und Anregungen des eigentlichen Parks ein weiteres didaktisches Element hinzu: die Reflexion über die historische Entwicklung des Gartens, die zugleich eine Anerkennung seiner Tendenz zur Vervollkommnung ist.

Vegetation

Man kann das Gartenareal mit einem Teppich vergleichen, wobei der architektonische Garten einem liegenden Teppich mit symmetrischen Mustern entspricht[30], der hügelige Landschaftsgarten aber einem aufgehängten Gobelin mit belebten Darstellungen, deren vertikale Elemente aus Berg und Tal, aus ländlichen Gebäuden, vor allem aber aus verschiedenem Bewuchs bestehen.[31] Hier beginnt die Aufgabe des Gärtners, hier endet der Einfluß des Architekten. Man gliedert Bäume und Sträucher nach Art, Höhe, Form und Farbe, nach der Beschaffenheit des Stammes, der Zweige, des Laubwerks, der Blüten und der Früchte. Die Bäume werden nach Einzelbaum (Solitärbaum) oder Gruppe (Klumpen), nach Hain, Wald oder Waldung geordnet, die Sträucher nach Gebüsch und »Wildniß«.

Entscheidend bei der Verwendung botanischer Elemente ist die ausschließliche Wahrung derjenigen

Partie eines englischen Gartens mit exotischer Staffage:
Der »Chinesische Pavillon« im »Karpfenteich« des Parks von Laxenburg bei Wien.
Aquarell von Lorenz Janscha 1801

Wuchsformen, die die Natur hervorbringt. Heftigste Kritik trifft in diesem Punkte die Gärtner des Barock:

Man vergaß zu bedenken, daß die Kunst nirgends ekelhafter ist, als wenn sie in Gegenstände der ländlichen Natur gewaltsame Formen hineinzwingt. Ein schöner Baum in der freyen und nachlässigen Ausbreitung seiner Zweige und Blätter muß jedes unverwöhnte Auge reizen; aber er muß misfallen, sobald ihn die freche Hand des Gärtners in Kugeln, Pyramiden, Vasen und andere widersinnige Gestalten verkünstelt.[32]

Der Charakter einer jeden Baumart wird untersucht und entsprechend ausgewertet. Zur Erzeugung der sehr beliebten düsteren Stimmungslagen bevorzugt man beispielsweise Lärchen und Trauerweiden (babylonische Weiden), denn

Barocker Baum- und Heckenverschnitt.
Kupferstich nach Zeichnung von Johann David Fülck aus einem Werk über den streng formalen Park von Wiesentheid: »Neue Gartenkunst oder Völliges Ornament«.
Gestochen in Augsburg bei J. A. Pfeffel

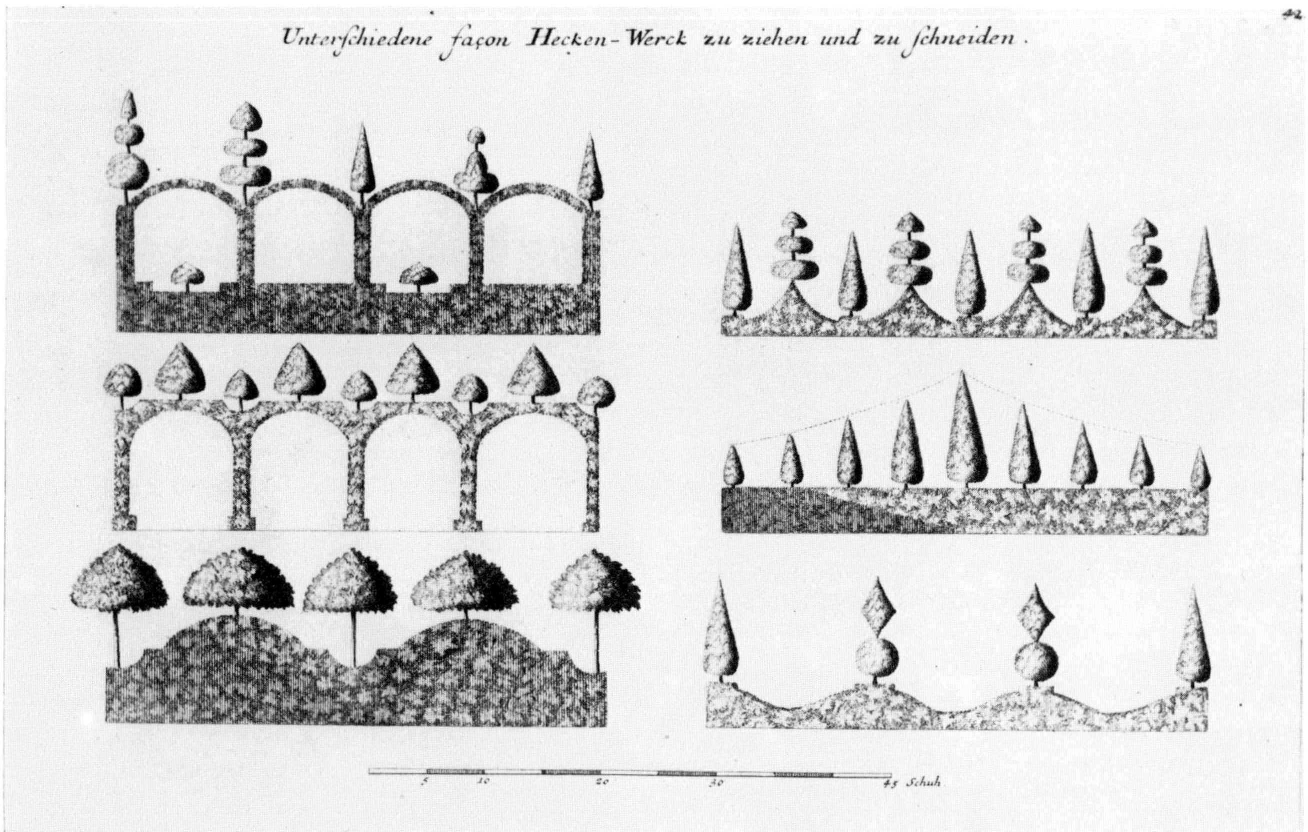

das traurige Herabhängen der Zweige von diesen Bäumen scheint eine Bezeichnung ihres sympathetischen Gefühls zu seyn, und die Wirkung verstärkt sich, wenn sie bey Urnen, bey Grabmälern mit andern Bäumen von einem sehr dunkeln Laubwerk vermischt werden, [..., dessen] schwarzgrüne Farbe der Phantasie zu Hülfe eilt.[33]

Es ist klar, daß die Farbigkeit der mitteleuropäischen Vegetation sich auch im achtzehnten Jahrhundert weitgehend auf die Abstufungen von Grün beschränkt, zumal der Landschaftsgärtner nur stellenweise bunte Blumen zuläßt, weil er fürchtet, sie könnten zu stark an die farbige Blumenpracht im kunstvoll gezogenen Parterre des französischen Gartens erinnern. So müssen die Nuancen der grünen Farbe diesen Mangel wettmachen. Ihr ganzer Reichtum wurde damals entdeckt und für das Gartenbild voll ausgeschöpft. Die Palette für die »Malerey des Laubwerks«[34] bot weiß-gelbes Grün, Lichtgrün, rötliches Grün, Braungrün, Dunkelgrün, schwärzliches Grün sowie deren zahllose Schattierungen.[35]

Das Grüne, wohlthätig stärkend und erquickend für das Auge, ist die Hauptfarbe der schönen Landschaft. Aber welche unendliche Abwechslung dieser Farbe durch Erhöhung, Verminderung und Verschmelzung, schon in einer einzigen Gegend, und zwar nicht blos durch die Wirkung der allmählig entweichenden und duftigen Ferne, sondern durch die Wirkung des gegenwärtigen Lichts in den nahen und nächsten Gegenständen, in niedrigen Kräutern, in höhern Pflanzen, in Gebüschen und Bäumen![36]

Soweit die Vorgabe der Natur. Damit ein Kunstwerk entstehen kann, »verstattet« die Natur dem Gartenkünstler,

durch sorgfältigere Mischung der Farben sie in dem nachläßigen Entwurf ihrer großen und freyen Werke zu übertreffen, und durch eine neue Verbindung ein neues Ganze hervorzubringen, das gleichsam ein Gemälde von höherer Vollkommenheit darstellt.[37]

Durch geschicktes Vorgehen und richtige Kombination übertrifft das Werk des künstlerisch begabten Menschen die schöpferische Leistung der Natur! Indem der Künstler die Farbfolge, Farbintensität und Farbverbindung nach ästhetischen Kriterien abstimmt, indem er den Farbton dem Charakter der jeweiligen Partie anpaßt und die Wirkung des Farbwandels im Wechsel der Tages- und Jahreszeiten sowie der Witterung vorauskalkuliert, indem er ferner unter Beobachtung weiterer Regeln die »vollständige Harmonie«[38] der Szenerie herstellt, so geht er »einen Schritt weiter, als die bloße rohe Natur; so handelt er als ein Mann von Geschmack«.[39]

Nach der Entdeckung der ästhetischen Werte des Einzelbaumes in Form und Farbe folgt diejenige der Baumgruppen und ihrer Effekte:

Ein Hain, der Würde und Majestät ankündigt, bildet sich durch Bäume von dem höchsten Wuchs, von starken Stämmen und breiten Zweigen, von dicken Wölbungen des Laubwerks. Ein zierlicher und edler Hain zeichnet sich durch feine schlanke und wohlgezogene Bäume von mittelmäßiger Höhe und schönem Laube aus. Die Vielheit der Äste, das Herabhängende der Zweige, das Dunkle und Dichte des Laubwerks, bildet den melancholischen Hain, wo die Liebe weinend an der Urne sitzt. Muthig aufschießende Bäume, in die Höhe sich verbreitende Zweige, leichtes, luftiges, oder heiteres und glänzendes Laub, offene Durchsichten, unverwehrte Blicke des Sonnenlichts, ein reiner, von kriechendem Gesträuch befreyter Boden, machen den Charakter des Lusthains.[40]

In vergleichbarer Weise werden die übrigen Gehölzgruppen beschrieben.
Zum grünen Bewuchs gehören auch die Wiesen, die zwar »selbst bey einer beträchtlichen Länge und Ausbreitung, keines erhabenen Charakters fähig«[41] sind, jedoch »auf eine vorzügliche Art der Empfindung der Ruhe und der stillen Ergötzung des Landlebens gewidmet zu seyn«[42] scheinen. Sie müssen ein möglichst natürliches Aussehen bewahren, sollen in keine künstlichen Figuren gepreßt und dürfen nicht völlig flach sein; denn »kleine Ungleichheiten des Bodens vermehren die Schönheit der Rasen, indem sie die Einförmigkeit der geraden Linie unterbrechen und angenehme Schattirungen veranlassen«.[43]
Vornehmste Aufgabe des Rasens ist es, jeden nackten Fleck der Erdoberfläche zu bedecken, »und ihr das gesunde und muntere Ansehen zu verschaffen, womit sie in den fruchtbaren Landschaften dem Auge entgegen lacht«.[44]

Das Wasser

Ein Element, das den Absichten des Gartenkünstlers in hohem Maße entgegenkommt, ist das Wasser. Er sieht darin ein vielseitig verwendbares Material. Und wenn es auch oft nicht zu bändigen ist, »so gehorcht es doch in den übrigen Fällen der Macht des Menschen. Er kann es leiten und bilden, wie er will«.[45] Die Forderung nach Varietas erfüllt das Wasser durch seine Lenkbarkeit, seine Farb- und Spiegelungseffekte, diejenige nach Bewegung erfüllen fließende und fallende Gewässer besser als alle anderen Elemente, die dem Landschaftsgärtner zur Verfügung stehen. »Das Wasser ist in der Landschaft, was die Spiegel in einem Gebäude sind, was das Auge an dem menschlichen Körper ist.«[46]
Gegliedert wird nach den passiven Formen wie Meer, See, Teich, Wasserstück und den aktiven Formen wie Strom, Fluß, Bach (laufend) und Wasserguß, Wasserfall, Wassersturz (fallend). Dem Meer wird der Charakter der Erhabenheit zugeschrieben, dem See der Charakter der Ruhe. Da sich das Meer jedem Gestaltungswillen des Menschen entzieht, bleibt der See das bevorzugte stehende Gewässer im Park. Ob natürlich oder künstlich, er wird nach allen Regeln der Verschönerung behandelt:

> [D]a ist alles sorgfältig zu verbergen, was diese Schöpfung verrathen könnte; und vornehmlich ist in Ansehung der Bildung der Ufer viel Aufmerksamkeit nöthig, um wenigstens den Anschein der Natur nicht zur verfehlen.[47]

Der kleinere Teich dagegen weckt zu stark die Erinnerung an die geometrisch geformten Bassins der französischen Gärten, die Hirschfeld entrüstet als »unausstehlich«, »unschicklich«, »verunstaltend« bezeichnet und – wenn er zu nahe am Wohnhaus liegt – als »stinkende Pfütze«[48] schmäht. Nur am verborgenen, schattigen Ort erzielt der dunkle, unbewegliche Teich einen Effekt von »Melancholie und Trauer. Man kann daher mit Schicklichkeit in solche Reviere Urnen und andere Denkmäler der Vergänglichkeit stellen«.[49] Ähnlich steht es mit Teichen, die zu Wasserstücken vereinigt werden. Sie verschaffen, besonders bei Mondlicht, »eine sanfte in das Innerste der Seele sich ergießende Erfrischung« und »ruhige Behagung«.[50]
Bewegtes Wasser aber bleibt das »wichtigste Mittel zur Belebung aller Scenen«.[51] Voran der Bach, weil er »mehr in der Gewalt des Gartenkünstlers, mehr einer bequemen Leitung und Bildung fähig« ist als etwa Fluß und Strom.[52] Ein breiter, majestätischer Fluß wird als Nachbar gern gesehen, soweit seine Ufer zähmbar sind. Sein Anblick bereitet »Empfindungen einer hohen Wonne«.[53] Der reißende Strom hingegen ist ein Naturereignis von zerstörerischem Elan, das der Gartenkünstler bei aller Naturbegeisterung besser meidet:

> Von dem wilden Getöse bebt die Einöde umher; denn das Wild ist verscheucht, und nur mit Schaudern schleicht der einsame Wanderer durch das Labyrinth schattenreicher Gebüsche herbey.[54]

Ebenso unheimlich erscheint ein großer Katarakt, der Unruhe, Staunen und Schrecken hervorruft:

> Die Natur scheint die Bildung der Katarakten allein ihrer schöpferischen Macht vorbehalten zu haben; die Kunst wird hier, nach vergebens verschwendeter Mühe und Aufwand, zurückweichen und ihre Schwäche fühlen.[55]

Die Höhe des Falles sei entscheidend für seine Wirkung. Hirschfeld zitiert die bekannten Zeilen Hallers, die dem Staubbachfall bei Mürren gelten:

Der Staubbachfall bei Mürren in der Schweiz.
Kupferstich von Medardus Thoenert nach Zeichnung von Johann Ludwig Aberli aus Hirschfelds »Theorie der Gartenkunst«

Der Wanderer sieht erstaunt am Himmel Ströme fließen,
Die aus den Wolken fliehn, und sich in Wolken gießen.[56]

Wie angesichts der Hochgebirge steht der Zeitgenosse, immer noch der Aufklärung verhaftet, irritiert vor solchen Erscheinungen, schwankend zwischen empfindsamer Naturbegeisterung und metaphysischem Schrekken. Das anakreontische Schäferidyll, dessen Rokoko-Natur wohlwollend, aber passiv die Szene umhegt, hat seine Wirksamkeit als Modell für die Landschaftsbetrachtung noch nicht ganz verloren.

Der Gartenkünstler will die Wirkung seiner Naturszenen auf den Wanderer unter Kontrolle behalten. Auch die Schrecknisse müssen wohldosiert sein, der Blick auf die Naturgewalten wird erst nach entsprechender Vorbereitung freigegeben. Das Maß für die Dosis bestimmt der Geschmack.

Als Nachfolger für die Fontänen der Barockgärten werden kleinere Wasserfälle angelegt. Sie »beleben die Landschaft nicht blos für das Auge, sondern auch zugleich für das Gehör; und ihre Eindrücke drängen

sich verstärkt der Seele zu«.[57] Die Gartenpartie ist auf solches Schauspiel eingestellt und auch die Lautstärke der fallenden Wasser richtet sich danach, ob ein mehr erhabener oder ein mehr romantischer Eindruck hervorgerufen werden soll.
Welche Gestalt man dem Gewässer auch gibt, es bleibt »einer der herrlichsten Gegenstände in der Schöpfung und die Seele der Landschaft«.[58] Naturgärten konnten nicht darauf verzichten. Wo natürlich fließende Gewässer fehlten, kam es daher zu manchen »kunstvollen« Entgleisungen. So täuschten stehende Wasser, deren Anfang und Ende unter Gebüsch versteckt waren, lebendige Flüsse und Bäche vor.[59]

Künstliche Elemente

Alle bisher geschilderten Bestandteile des Landschaftsgartens würden für ein Phantasiebild des Paradieses ausreichen, wenn man es leer von Menschen denkt. Doch der Park ist für die Menschen da, und ihre Spur ist mehr oder weniger deutlich eingeprägt. So sehr es den Puristen schmerzen mag, daß Wege den Rasenteppich durchschneiden und Gebäude mit horizontalen und senkrechten Kanten die unwillkürlichen Naturlinien stören, bleiben sie doch unentbehrlich. Hat man bei den Naturelementen jeden Anschein menschlicher Tätigkeit im Garten mit größter Anstrengung vermieden, so sollten die künstlichen Elemente der Anlage von seinem Leben zeugen, jedoch von einem Leben, das der natürlichen Umgebung harmonisch eingebunden ist. Die Diskussion über Anzahl und Umfang der künstlichen Elemente im Garten wurde während der ganzen Periode des Landschaftsgartens sehr lebhaft geführt.

Die Wege

Voran die Wegführung war dem Harmoniegedanken unterworfen. Die Gänge verknüpften alle Szenen in der vom Gartenkünstler beabsichtigten Reihenfolge, sie waren Träger der »Bildregie«. Hirschfeld fordert, sie so anzulegen, daß

> nicht allein überhaupt Abwechselung und Mannichfaltigkeit genossen wird, sondern auch die besten Prospecte bald auf einmal, bald allmählig, in der vorteilhaftesten Enthüllung erscheinen, hingegen der Anblick misfälliger Auftritte ganz verdeckt bleibt.[60]

Es galt, den Wanderer in einem ausgewogenen Verhältnis von direktem Weg und Umweg durch den Garten zu führen.
Das Wegenetz blieb stets ein Problem. Anfangs schwor man in brüsker Ablehnung der mathematisch-strukturierenden Linie im regelmäßigen Garten auf die unbedingte Wellenlinie. Jeder gerade Weg war verpönt. Die ästhetische Begründung dafür bot William Hogarth in *The Analysis of Beauty* (1753), wo die »undulated line«, »the line of beauty and grace« als wichtigstes Formprinzip der Malerei deklariert wird. Um wieviel mehr muß sich die Gartenkunst ihrer bedienen, wenn doch in der Natur überhaupt keine geraden Linien, sondern unwillkürliche – eben vegetabilische Formen zu finden sind. In *Kallias oder über die Schönheit* mißt Schiller dieser Linie den Ausdruck der Freiheit bei:

> Die Natur liebt keinen Sprung. Sehen wir sie einen tun, so zeigt es, daß ihr Gewalt geschehen ist. Freiwillig hingegen erscheint nur diejenige Bewegung, an der man keinen bestimmten Punkt angeben kann, bei dem sich ihre Richtung abänderte. Und dies ist der Fall mit der Schlangenlinie.[61]

Der Gartenkünstler folgt dem »genius loci« und markiert den künftigen Weg mit der eisernen Spitze des Stabes.
Lithographie aus Friedrich von Sckells »Beiträge zur bildenden Gartenkunst«. 1818

In den frühen Landschaftsgärten Englands (Chiswick, Claremont) wurde das Rezept mit großer Bereitschaft, jedoch mit wenig Überlegung blindlings übernommen. Die Wege schlängelten sich wie ein Ornament ohne Notwendigkeit und ohne Rücksicht auf die Bodenformen regelmäßig hin und her. Das Prinzip des Rokokoraumes war noch wirksam: ziellose Bewegung am umschlossenen Platz. Hirschfeld vereinigt bereits die beiden Extreme gerade und ondulierte Linie auf ein klassisches Mittelmaß:

> [D]ie gemeine reguläre Schlangenlinie enthält fast eben so viele Einförmigkeit, als die gerade Linie. Dagegen verdient die sich ohne Regelmäßigkeit frey krümmende und mit Abwechslung schlängelnde Manier unstreitig den Vorzug. Wir wollen sie die Naturlinie nennen [...].[62]

Anregungen und Ratschläge zur Anlage der Wege geben fast alle Werke, die sich mit Gartenkunst befassen. »Natürlich und zwanglos« war die oberste Devise. Doch auch die gerade Linie wird in der Form der breiten Allee oder der auf ein bestimmtes Ziel gerichteten Straße geduldet, wenn sie sich dem Gelände harmonisch anpaßt. Auch Breite, Krümmung und Erhaltungszustand sind von der Szene abhängig: »Zu einer Hütte oder kunstlosen Einsiedeley mag ein enger Pfad ablaufen; ein gerader, breiter, freyer Gang führe zu einem Tempel«.[63]
Eine wirklich organische Wegführung setzt sich erst durch, als man erkennt, daß es im Wesen der lebendigen Bewegung liegt, Hindernissen wie Hügeln, Bäumen, Gebüschen, Gewässern und Gebäuden im Bogen auszuweichen und andererseits vorgegebenen Grenzlinien wie Waldrändern und Uferböschungen zu folgen. So wird von einem »Kenner der Natur« berichtet,

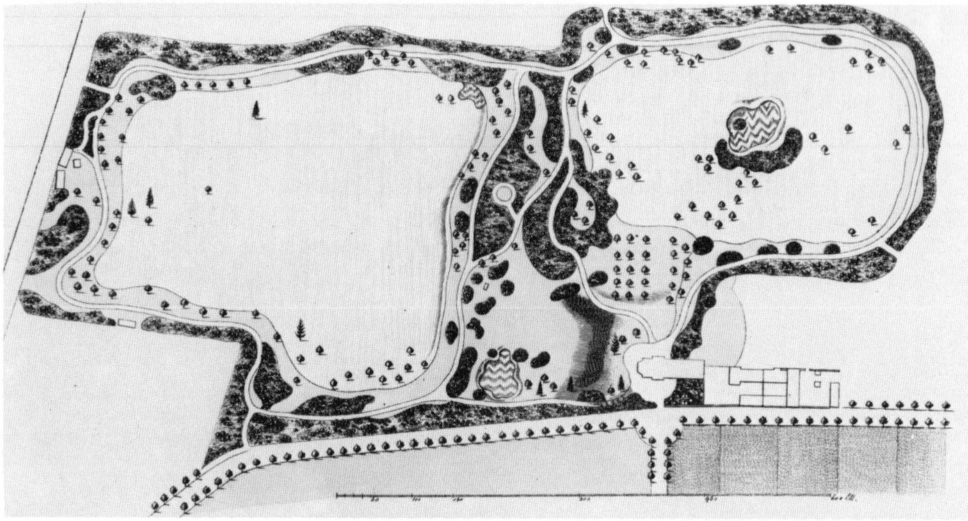

Musterbeispiel für die Anlage eines »belt«, um in einem kleinen Landschaftsgarten den Eindruck von Weiträumigkeit zu erwecken. Kupferstich von G. N. Angelo aus der Stichfolge von J. L. Mansa, »Plane zu Gartenanlagen im englischen Geschmack«. Kopenhagen [1796]

der eine Pflanzung mit ihren Gängen natürlich gut anlegen ließ, dennoch aber fand, daß seine Arbeiter die Gänge noch natürlicher betraten, und sie nach dieser Anweisung abändern ließ. Wie wohl thäte mancher, wenn er diesem Beyspiele folgte.[64]

Friedrich Ludwig von Sckell empfielt eine Methode, die dem intuitiven Verfahren bei der Gartengestaltung am gemäßesten ist. Der Gartenarchitekt ritzt im Durchwandern des Parkes mit einem großen Stab die Wegelinie hinter sich in den Boden:

Bei dem Zeichnen der Wege muß sich der Künstler größtenteils seinem Gefühl überlassen, eine Linie zu wandeln, die ihn gleichsam einladet, und die vorzüglich Vergnügen macht, ihr zu folgen [...]. In aufrechter Haltung, mit dem vorwärts nach der bestehenden Lokalität hingerichteten Blick folget er dann mit starken Schritten der schönen Wellenlinie nach, die ihm seine geübte Einbildungskraft vorbildet und gleichsam vor ihm herschweben läßt.[65]

Ein am Rande des Gartens umlaufender Pfad faßt das Wegenetz zusammen. Von seinem Erfinder, dem Gartenarchitekten Lancelot Brown, wurde er *belt*, also »Gürtelweg« genannt. Er verläuft noch innerhalb des Gartens und soll die Illusion wahren, man befände sich tief in Inneren des Parkes. Das Gartenrandgelände ist nur an den »Aha's« offen, wo die angrenzende freie Landschaft optisch in den Garten einbezogen wird. Es ist leicht, sich vorzustellen, wie ein geschickter Gartenkünstler mit diesem Trick dem Garten ein scheinbar weit größeres Aussehen geben konnte, als er in Wirklichkeit hatte. Diesen Anschein noch zu steigern dienen blinde Wege, die sich, vom Gürtelweg abzweigend, im Gebüsch oder freien Feld verlieren. Die Gefahr eines solchen Schwindels wird nicht verkannt:

Es kommt hiebey nur darauf an, daß das Auge mit dem Schein einer Erweiterung getäuscht werde; doch ohne es zu merken, indem die Wahrnehmung der Täuschung selbst eben so misfällig seyn würde, als die Vorstellung von der Umgränzung einer angenehmen Gegend.[66]

Die Gebäude

Der *Hauptbau* des Landschaftsgartens, sei es Schloß oder Villa, unterscheidet sich weniger durch Form oder Stil von demjenigen des französischen Parks, als vielmehr durch seine Lage. In vielen Fällen besteht das Gebäude bereits aus früherer Zeit, wenn der Garten im neuen Stil umgestaltet wird. Doch es bildet nun nicht mehr den zentralen Koordinationspunkt, von dem die

Das Schloß im Park von Wörlitz. Zeitgenössische Abbildung in einem Aquatinta-Blatt von Karl Kuntz 1797 und Photographie des gegenwärtigen Zustandes. Idealfall einer bewahrten Gartensituation

Der Venustempel im Park von Wörlitz.
Aquatinta von Karl Kuntz 1797

Anlage ihren Ausgang nimmt, sondern fügt sich in die Abfolge der Gartenszenerien, wenn auch als Dominante. Neu erbaute Gartenschlösser folgen klassizistischen Stiltendenzen (z.B. Weimar, Schönbusch), das Schloß im Wörlitzer Park (erbaut 1769 bis 1773 von F.W. von Erdmannsdorff) gehört zu den Initiationsbauten dieses Stils in Deutschland.

Abgesehen vom Hauptbau, der in jedem Landschaftsgarten eine andere, eigene Rolle spielt, nehmen unter den künstlichen Bestandteilen des Gartens die Kleinar-

Das Pantheon im Park von Wörlitz.
Aquatinta von Wilhelm Friedrich Schlotterbeck nach Karl Kuntz 1799

chitekturen und *Staffagegebäude* den ersten Platz ein. Sie bilden vielfach den Kern einer Gartenpartie, indem sie deren Bedeutung festlegen. Man wählt ausschließlich Bauwerke mit signifikantem Charakter, wie Tempel, Kapellen, Badehäuser, Grotten, Einsiedeleien, ländliche Hütten und Ruinen. Letztere sind zumeist Relikte der genannten Gebäude und mit Vorliebe nach antiken oder mittelalterlichen Stilmustern gebildet. Ursprünglich dienten alle Baulichkeiten einem nützlichen Zweck. Allmählich aber überwog der Staffage-Aspekt

Blick zum Pantheon im Landschaftsgarten von Stourhead (Wiltshire), einem Vorbild für Pantheon-Bauwerke in deutschen Gärten

Der Vestatempel (Synagoge) im Park von Wörlitz. Kupferstich von Johann Gottlieb Böttger 1801

Das Nymphäum im Park zu Wörlitz.
Kolorierte Radierung von Christian August Günther. Um 1794

Der »Tempel der Wohltätigkeit«.
Kupferstich von J. A. Darnstedt aus Beckers »Das Seifersdorfer Thal«. 1792

und wo eine banale Zweckbindung bestand, etwa als Stallung, Geräteschuppen, Küche, Schlafraum oder Eisgrube, da wurde sie weitgehend verschleiert.

> [Gebäude...] dienen zuvörderst zur Belebung einer Gegend überhaupt; sie nehmen ihr das Einförmige und Oede, durch die Idee der Bewohnung und der Gegenwart des Menschen. Diese Idee ist bey dem Anblick der Gartengebäude noch mit einem besondern Reiz vergesellschaftet. Der Mensch, dessen Anwesenheit angekündigt wird, ist nicht der zur Beschwerde und Sclaverey herabgesetzte Mensch, sondern der Mensch, der hier mit Freyheit, mit Geschmack und Vergnügen wohnt, der sich an den mannigfaltigen Scenen der Natur behagt.[67]

Im Gegensatz zu dieser recht bemerkenswerten Zweiteilung der Menschheit in Dienende und Genießende stehen die humanitären Begriffe und Forderungen, die zur Ideologie des Landschaftsgartens gehören und die zur Kennzeichnung der Gebäude herangezogen werden: Natur, Naturreligion, ethische und ästhetische Werte (Freigebigkeit, Milde, Humanität, Schönheit), Gefühlswerte, Patriotismus, Geschichtsbewußtsein, Jenseitshoffnung, aber auch Bildung, Wissenschaft, Gesundheit, Bequemlichkeit und Vergnügen. Für die übertragene Darstellung all dieser, gemäß ihrem postulativen Charakter verschwommenen Begriffe bot sich unter den architektonischen Formen der *Tempel* an. Die Antikenverehrung im achtzehnten Jahrhundert hatte mit den Formen der griechisch-römischen Heiligtümer vertraut gemacht und die seit dem Barock geläufige Kodifizierung der Göttergestalten nach menschlichen Eigenschaften und Tätigkeiten, verdeutlicht durch Embleme, zugeordnete Tiere und Pflanzen, öffnete eine Fülle von Darstellungsmöglichkeiten.[68]

Im Garten von Wörlitz zum Beispiel gab es mehrere solcher Tempel. Ein der Venus geweihter krönt den

»Tempel, dem Andenken guter Menschen, nebst dem Altar der Tugend«. Kupferstich von J. A. Darnstedt aus Beckers »Das Seifersdorfer Thal«. 1792

Der »Altar der Tugend« ist der letzte Überrest vom »Tempel, dem Andenken guter Menschen«

Der »Tempel der Waldbotanik« im Schwetzinger Schloßgarten, 1778 nach Plänen von Nicolas de Pigage errichtet. Aquatinta in Bisterton von Karl Kuntz. Um 1795

beschwerlichen Weg durch die symbolisch dargestellten irdischen Prüfungsstationen des Wanderers; Floras Tempel umgibt ein kleiner, üppiger Blumengarten, wie er sonst dem Landschaftsgarten fremd ist; das »Pantheon«, seit der Anlage in Chiswick beliebte römische Kulisse, enthält eine Sammlung antiker Statuen und Büsten; ein Judentempel, dem Vestaheiligtum in Rom nachgebildet, diente den jüdischen Einwohnern von Wörlitz als Synagoge; den Wassergeistern war das Nymphäum geweiht, ein Bau mit antikem Portikus, halb Tempel, halb Grotte, der sich im See spiegelt.
Seifersdorf, der Prototyp eines empfindsamen Gartens, wies einen Tempel der Wohltätigkeit auf. Er war aus Fichtenstämmen errichtet und mit Schilf gedeckt. Die Schlichtheit sollte das freigebige Herz ansprechen. Im Innern stand ein Altar mit der »Armenbüchse«, eine Art Opferstock für die Bedürftigen. Er trug die Aufschrift »Den milden Seelen« und für die Gebildeten: »Aux ames bien faisantes«.[69] Auch die Wände trugen Inschriften, deren eine lautete:

O ihr Brüder, seht im Bilde
Schon der Menschenliebe Glück.
Jede Wohlthat ist ein Blick
In elysische Gefilde.[70]

Ein weiterer Tempel war dem »Andenken guter Menschen« gewidmet. Seine Ausstattung bestand vornehm-

lich aus Symbolen für die Eigenschaften, die solche guten Menschen aufweisen sollen: Frömmigkeit, Treue, Beständigkeit, Großmut und Wahrheit. Als Lohn der guten Lebensführung winkte durch die rückwärtigen Fenster auch hier der Anblick des Elysiums, der »anmuthigsten« Gegend des Tales.

Die Seele wird da zu sanften Gefühlen gestimmt, und in dieser Stimmung huldigt sie willig der Tugend, [...] denn nur diejenigen, welche der Tugend opfern, können in diesen Tempel aufgenommen werden.[71]

Einen kultischen Akzent setzen die antik gestalteten *Altäre*. Vor dem eben genannten Tempel steht ein Altar der Tugend, unweit davon ist ein Altar der Wahrheit aufgebaut. Seine Inschrift bezieht sich auf die hinter ihm gepflanzte Tanne:

Göttliche Pflanze! Du vertreibst den Wahn der Meinungen, reinigst das Herz von Leidenschaft.[72]

Man huldigt dem natürlich wachsenden Baum, der sinnbildlich für die Wahrheit und Lauterkeit der Natur steht. Becker bezieht sich auf angeblich antike Traditionen: Die Wahrheit wurde »von den Alten nackt gebildet oder doch nur sehr einfach bekleidet. Man erwies ihr göttliche Ehre und hielt sie für die Mutter der Tugend«.[73] Im Landschaftsgarten wird die vormals künstlerisch gestaltete Allegorie in ein naturhaftes Symbol wie einen Baum umgesetzt.[74]

Blickschneise zum neugotischen Kirchturm im Park von Wörlitz. Im Vordergrund die »Goldene Urne« auf dem Grabhügel einer kurz nach der Geburt gestorbenen Dessauer Prinzessin

In der englischen Partie des Gartens zu Schwetzingen bildet ein Tempel der Waldbotanik das Zentrum des »Arborium Theodoricum«, eines Bezirkes, wo man im Zuge der wachsenden dendrologischen Liebhaberei vielerlei fremdländische Baumarten gesammelt hatte. Das Bestreben, die »Lustgärtnerei« auf eine wissenschaftlich-botanische Grundlage zu stellen sowie der aufklärerische Hang, die Wissenschaft zu vergöttern, spricht aus der Statue einer »Botanica silvestris« in der Innennische des Rundtempels. Der zylindrische Baukörper sollte einem mächtigen Eichenstamme gleichen, dessen Außenwände die Borkenrinde der Eiche imitieren. Im Inneren sind außerdem die Bildnisse der Naturforscher Plinius, Theophrastus, Tournefort und Linné angebracht. Dem Freundeskult der Epoche huldigt ein Tempel der Freundschaft im Park von Schönbusch bei Aschaffenburg.

An patriotische Gefühle appellierten Tempel, die den Heroen des Vaterlandes gewidmet waren. So z.B. die berühmte Tempelwand zu Stowe mit einer Büstensammlung der verdienten Briten, die William Kent 1735 entworfen hat. Die Anlage trägt die Bezeichnung »Shrine of British Worthies«. Nahebei erhebt sich in Form einer Tholos der »Temple of Ancient Virtue«, der den griechischen Vorbildern Homer, Sokrates, Lykurg und Epaminondas gewidmet war. Er bildet den Schwerpunkt der »Elysian Fields«. Als kontrastierendes Pendant hatte man einen »Temple of Modern Virtue« vorgesehen, der als epheuüberwachsene Ruine mit zerbrochenen Statuen und Arkaden drastisch den Verfall der zeitgenössischen Moral anprangerte.[75]

Heiligtümer der christlichen Religionen wurden seltener in den Bereich des Gartens aufgenommen. Man beschränkte sich auf den Veduteneffekt der den Gärten benachbarten *Kirchtürme*. In Wörlitz erhielt die Stadtkirche einen gotischen Turm, der bewußt als Blickpunkt für die Schneisen des benachbarten Parks konzipiert war. Nur *Kirchenruinen* und *Kapellen* ländlichen Charakters fanden in den Gärten Platz. Da sie oft allein des optischen Eindrucks wegen errichtet wurden, scheute man vor keiner Profanierung zurück. Der Kuhstall der Meierei auf der Pfaueninsel in der Havel bei Berlin ist zum Beispiel einer Kapelle nachgebildet, eine der vielen Entgleisungen bei der Jagd nach einprägsamen Staffagen. In Seifersdorf wurde eine »Capelle zum guten Moritz« geweiht:

So wie man in katholischen Ländern den Heiligen Capellen widmet, und darin die Wunder, die man ihnen beimißt, in Bildern aufbewahrt; so ist hier dem [lebenden] Besitzer von seiner Gemahlin diese

Vorschlag für eine Eremitenklause.
Kupferstich von Christian Gottlieb Geyser nach Zeichnung von Johann Heinrich Brandt aus Hirschfelds »Theorie der Gartenkunst«

Capelle gewidmet, und statt der Wunder findet man eine Art von kurzer Lebensgeschichte des Grafen, mit einigen seiner wohlthätigen und menschenfreundlichen Handlungen durchwebt.[76]

Im gotisch gestalteten Innern stand ein Altar mit einem Rauchgefäß. Der katholische Religionskult war hier spielerisch, aber mit sentimentalem Ernst zweckentfremdet worden. Die an Blasphemie grenzende, geschmacklich zweifelhafte Kühnheit dieser Anlage mag auch Becker empfunden haben, denn er schließt die Schilderung mit den entschuldigenden Versen:

Ein braver Mann kann Scherz und Ernst vertragen,
Und scherzend ernst und bieder seyn.
Zwar räumt man das in unsern Tagen
Nicht jedem ein.
Doch Moritz – Moritz darf es wagen,
Natürlich froh und ernst zu seyn.[77]

Eremitage im Garten von Louisenlund. In der Tür die Holzfigur eines Klausners. Nicht mehr vorhanden

Einsiedler-Puppe aus der Eremitenklause von Son Raxa auf Mallorca

Aber selbst wenn die Kapellen der christlichen Andacht vorbehalten bleiben, wird auf didaktische Lenkung nicht verzichtet. Hirschfeld empfiehlt im schlichten Innenraum derartiger Kapellen einen »Altar mit einem Gemälde, das die Anbetung unterstützt, an der Wand eine Inschrift, welche die Heiligkeit des Ortes empfinden lehrt«.[78] Die Kapelle erhält eine gezielte Funktion im Ablauf des Gartenprogramms:

Man tritt hinein, um seinem Gott näher zu seyn, um aus der Fülle aller empfundenen Reize seiner Schöpfung sich nun zu ihm selbst zu erheben.[79]

Die Lobpreisung des Schöpfers bei Betrachtung seiner Natur, das große Thema von Barthold Heinrich Brokkes, ist auch hier wirksam, doch mit psychologischem Kalkül an der ausgewählten Stelle der Parkanlage eingesetzt.

Zu den religiösen Motiven gehören ebenfalls die Einsiedeleien oder *Eremitagen* der Landschaftsgärten.[80] Daß auch hier nur mit Schein und mit Täuschung gearbeitet wird, geht aus Hirschfelds erstem Satz über diese Gebäude hervor:

Die Einsiedeleyen, die man zuweilen in den Gärten anlegt, sind [...] Werke der Nachahmung, nicht sowohl zur Bewohnung, als vielmehr zum kurzen Genuß der Ruhe und der Einsamkeit, und zur Verstärkung der Eindrücke bestimmt, die stille und melancholische Reviere machen sollen.[81]

Man stellte sich den wahren Einsiedler in stiller Einfalt vor.

Er hatte alle Ansprüche an dieser Welt für die Hoffnungen in jener vertauscht [...]; das Crucifix in der Hand, gieng er mit feyerlicher Heiterkeit von hier, und hinterließ einem betenden Bruder seine Zelle und das Andenken seiner Frömmigkeit.[82]

Dieser Frömmigkeit meint man sich schon zu nähern, »wenn man den Ort ehrwürdig findet, wo ein frommer Mann in der Anbetung liegt«.[83] Hirschfeld ist sich bewußt, daß solche Vorstellungen von »Irrthum und Schwärmerey getrübt« seien, »aber wo ist das Zeitalter, das nicht irrte oder schwärmte«?[84] Entsprechend dem Bilde vom asketischen Eremitendasein sind die Eremitagen von der schlichtesten Bauart, zeigen die »höchste Einfalt und Nachläßigkeit«.[85] Stein, Lehm, Holz, Stroh oder Moos sollen kunstlos gefügt sein. Im dunklen Innern herrsche Dürftigkeit, Bescheidenheit und Mäßigkeit. »Und dazu sind Inschriften, die den Geist auf wichtige Betrachtungen leiten, von vorzüglicher Kraft.«[86] Zur »Abwechslung« können derlei »Wohnsitze der Melancholie oder einsamen Betrachtung«[87] auch antiken Philosophen oder Dichtern geweiht sein. Allen voran wird Pythagoras empfohlen, dessen Philosophie in die natürliche Gartenumgebung paßt. Petrarcas idyllisches Refugium bei Vaucluse hat in den Gärten viele Nachfolger gefunden.

Aber man wünscht sich die Klause bewohnt. Die leere Eremitage weckte Unbehagen, wie ein Zitat aus den Briefen des Malers Johann Heinrich Brandt an Hirschfeld zeigt:

Eine Einsiedeley ohne Einsiedler kommt mir vor, wie ein Vogelnest ohne Vogel. Ich bin sehr dafür, daß der Besitzer sich selbst eine Einsamkeit bauen ließe.[88]

Derek Clifford berichtet von Gartenanlagen, für deren Eremitagen *Einsiedler* engagiert wurden, die sich gegen hohes Entgelt verpflichteten, dort mehrere Jahre lang ein echtes Eremitenleben zu führen. Ihre Verpflegung aus der Schloßküche war reichlich, doch mangelte es an jeder Bequemlichkeit. Zur Unterhaltung ließ man ihnen nur die Bibel und erbauende Lektüre. Um eine überzeugende Eremitenhaartracht zu erzielen, wurde

ihnen die Schere versagt.[89] Die vornehmste Aufgabe dieser Eremiten-Chargen bestand darin, Gartenbesuchern das wahre Leben in Gott beispielhaft vorzuführen und sie zu segnen. Da aber keiner der angestellten Eremiten ein wahrer Gottsucher war, ertrug auch keiner das einsame Leben während der Dauer des Vertrages. Unter Verzicht auf ihr »Eremiten-Honorar« entwichen sie schon vor Vertragsende aus den Einsiedeleien. Einen frivolen Ton schlägt die Beschreibung der Einsiedelei in »Bagatelle« an, dem Park der Grafen von Artois bei Paris:

Nichts fehlt als der Klausner, der sie bewohnen soll: man findet ihn nicht, aber man ist überzeugt, daß wenn jemals der Gott der Liebe Eremit werden sollte, er gewiß diese Wohnung allen andern vorziehn würde. Vor Zeiten wohnte wirklich ein wahrer Klausner in dieser künstlichen Einsiedeley. Allein er vermochte nicht den beständigen Versuchungen des bösen Geistes zu widerstehn, den die Frommen *Teufel*, die höflichern Dichter *Liebe* nennen: er unterlag ihnen, troz seines langen Rocks, und seiner Kutte. Die Sache machte Aufsehen, und Reue und Scham vertrieben den Einsiedler aus seiner Klause, und schufen ihn zum Soldaten um.[90]

Die Eremitage wird zum Liebesnest, der Eremit wird aus Reue zum Soldaten. Man sieht, wie gefährdet die Realisierungen solcher Gartenattribute sein konnten. Aus Beschreibungen deutscher Gartenanlagen ist durch Hirschfeld der Einsiedler im Park von Brese bekannt geworden.[91] Wo kein Eremit zur Verfügung stand, behalf man sich mit lebensgroßen, realistisch bemalten Holz- oder Steinfiguren, die in betender Haltung dargestellt waren.[92] Am Anfang dieser Entwick-

Ein Vorläufer von Sporcks »Betlehem« aus der Renaissance: Die »Bocca della Verità« im »Sacro Bosco« des Vicino Orsini in Bomarzo. Anspielung auf den Eingang zum Inferno in Dantes »Divina Comedia«

lung sind die wenig bekannten Anlagen des Grafen Sporck in Bethlehem bei Kukus (Böhmen) zu nennen. Seit 1711 war dort in einsamer Wald- und Felswildnis ein Naturpark entstanden, der einem ausschließlich religiösen Konzept folgte. Ursprünglich wohnten in seinen kleinen hölzernen Hütten tatsächlich Eremiten. Doch Graf Sporck geriet mit der katholischen Hierarchie mehrfach in Konflikt. Er war Jansenist und überzeugter Anhänger der katholischen Reformation. Entscheidende Impulse hatte er auch vom protestantischen Pietismus in der Form des werktätigen Christentums empfangen. Die Jesuiten strengten einen Ketzerprozeß gegen ihn an, in dessen Verlauf auch seine Einsiedler verhört wurden. Da ihre Aussagen offenbar nicht in

Der Einsiedler Garinus vor seiner Höhle. Überlebensgroße Steinplastik von Matthias Bernhard Braun aus dem religiösen Hain Betlehem bei Kukus in Böhmen, entstanden 1726/29

Sporcks Sinne waren, entließ er sie kurzerhand. Statt ihrer wurden steinerne Anachoretenstatuen aufgestellt bzw. aus den anstehenden Felsformen gehauen.[93] Sporck wählte Gestalten aus, deren Legende dem Betlehem-Programm der Gesamtanlage nahekam, oder aber solche, die ihre Gottesverehrung in der freien Natur geübt hatten oder denen sich Gott in Wildnis und natürlicher Umgebung offenbart hatte. So zum Beispiel St. Hieronymus, David als Hirte, die büßende Magdalena, St. Onuphrius, St. Garinus, St. Antonius u. a.[94] Wie stark die Eremiten-Mode das Motiv von seinem wahren Gehalt entfernte, zeigt auch ein Paradoxon aus der englischen Literatur: Daniel Defoe läßt seinen Robinson, dem es auf seiner Insel gewiß nicht an Einsamkeit mangelt, eine Einsiedelei anlegen. Defoes Roman und seine Nachfolger haben nicht unbedeutenden Einfluß auf die Naturvorstellungen der Zeit ausgeübt.[95]

Die Bücherei im Garten unterstreicht die aufklärerischen Aspekte der Landschaftsgartenkunst. Der Leser im Freien und im Garten ist im 18. Jahrhundert ein geläufiges Motiv.[96] Nun kommt die *Bibliothek* hinzu, die den Lesestoff zur Verfügung stellt. Der Wörlitzer Park besaß in der felsigen Partie des sogenannten Eisenhart eine kleine Leihbücherei über Gartenkunst, die jedem Gartenbesucher zur Benutzung offen stand. Franziska von Hohenheim ließ im »englischen Dörfle« eine Bibliothek einrichten, die in Form einer Köhlerhütte aus Holzbalken angelegt war. (Vgl. Abb. S. 79)

Die Ruinen

Obwohl das Thema reizvoll erscheint, ist die Geschichte der Ruine als einem selbständigen Motiv der Kunst noch nicht geschrieben worden.[97] Es ist eine offenbar zu vielschichtige Aufgabe. Sie erfordert eine eingehende Beschäftigung mit der Wirkungsgeschichte der Ruine, wofür noch wesentliche Vorarbeiten fehlen. Eine kunst- und sozialhistorische Analyse der venezianischen Villa im 16. Jahrhundert[98] zeigt, daß das Kunstmittel Ruine verschiedene Motivationen aufweist, die bis in das 19. Jahrhundert hinein Gültigkeit haben. Mit Fresken, auf denen römische Ruinen dargestellt waren, versuchte man eine Nobilitierung des eigenen Hauses zu erreichen: indem diese Staffage das ideale Abbild der antiken Landschaft herbeizitierte, das heißt Rom und Latium als Kernlandschaften historischer Größe ins Veneto versetzte sowie die große Vergangenheit im Bilde vergegenwärtigte. Geschichte wurde jedoch nicht als unproblematisches Faktum beschworen. Da die Ruine die Dimension der Vergänglichkeit ins Spiel brachte, wurde erstmals »Geschichtlichkeit als ständig sich abspielender Prozeß«[99] begriffen und gezeigt.

Nobilitierung und Geschichtlichkeit sind aber auch von Bedeutung für den Landschaftsgarten des 18. Jahrhunderts. Hirschfeld empfindet durchaus die scheinbare Unvereinbarkeit von Landschaftsgarten und Ruine, also von verschönerter Natur und zerstörter Architektur. Er konzediert, daß die Natur »sich wundern muß, mitten in ihrem Schooße klägliche Steinhaufen von der Hand des Menschen, die sie sonst wegzuschaffen beschäftigt war, hingeworfen zu sehen«.[100] Die Begründung künstlich hergestellter Ruinen stützt sich allein auf deren Gemütseffekt. Nicht die Ruinen an sich empfehlen eine Nachahmung, sondern die Wirkungen, die von ihnen ausgehen: »Zurückerinnerung an die vergangenen Zeiten und ein gewisses mit Melancholie vermischtes Gefühl des Bedauerns«.[101] Die Einbildungskraft wird angeregt und führt zu Vorstellungen, »die eine geheime, aber reiche Quelle des Vergnügens und der süßesten Melancholie enthalten«.[102] Hinweise auf die Geschichte, Bewußtmachen der Vergänglichkeit und daraus gewonnene Gefühlswerte sind beabsichtigt. Da der ganze Garten in erster Linie eine Abfolge von Gefühlserregungen hervorrufen wollte, genügte bereits die Gemütsbewegung an sich als Movens eines künstlerischen Unternehmens.

Die romanisch-gotischen Überreste der Fountains-Abbey im Park von Studley Royal (Helmsley)

Ästhetisch betrachtet, bietet die Ruine im Zusammenhang mit der Vegetation weit mehr Möglichkeiten, eine »malerische Szene« zu bilden, als das intakte Gebäude. Der Pflanzenbewuchs mildert die harten Linien der Zerstörung, und der Stein erwacht zu neuer Naturkraft. Er wächst gleichsam der umgebenden Natur entgegen.

Die Starrheit der tektonischen Form ist gebrochen, und indem die Mauer bröckelt, indem Risse und Löcher entstehen und Gewächse sich ansetzen, entwickelt sich ein Leben, das wie ein Schauer und Schimmer über die Fläche hingeht.[103]

Die künstliche Verfertigung von Ruinen ist erst mit dem englischen Garten in Gebrauch gekommen.

In der That, so lange man noch nicht angefangen hatte, von allen Gegenständen der Landschaft die Wirkungen zu berechnen, die sich zur Erweiterung und Verstärkung der Gartenempfindungen vortheilhaft anwenden lassen; so lange konnte man nicht auf eine künstliche Nachahmung der Ruinen fallen.[104]

Nun, da dies erreicht ist, gibt Hirschfeld genaue Hinweise, wie Ruinen auf die effektvollste Weise künstlich hergestellt werden können. Menge, Größe, Material und Zusammengehörigkeit der Trümmer ist zu beachten. Der ursprüngliche Zweck des Gebäudes soll noch zu erkennen sein. Ein geschickter Anstrich unterstützt den Anschein von Verwitterung, und die Überwucherung mit Moos, Gras, Epheu und Gesträuch vervollständigt das natürliche Aussehen:

Wenn künstliche Ruinen ihre Wirkung nicht verfehlen sollen, so muß die Täuschung beschleunigt und der Seele kein Anlaß verstattet werden, erst lange nachzusinnen, die Wirklichkeit oder die Nachahmung zu untersuchen, oder Zweifeln Raum zu geben. Bey dem Nachdenken wird die Täuschung schwach, und mit der Entdeckung der Nachahmung verschwindet sie unaufhaltsam dahin.[105]

Die Scheinruine darf also nicht entlarvt werden. Deshalb wird auf mittel- und nordeuropäischem Boden die antike, d.h. griechische oder römische Ruine abgelehnt, da sie ja hier nicht echt sein kann und bereits an den Stilmerkmalen als Kunstruine erkannt wird. Außerdem sieht man nach Home (*Principles of Criticism*, Kap. 24) aufgrund der historischen Entwicklung in der

griechischen Ruine »den Triumph der Barbarey über den Geschmack«, während gotische Ruinen nur »den Triumph der Zeit über die Stärke«[106] symbolisieren, was zwar melancholisch, aber nicht unangenehm berührt.
Hirschfeld verkennt nicht die Schwierigkeit, eine Ruinenimitation täuschend herzustellen, und verweist voller Neid auf jene Parkanlagen in England, die über die echten gotischen Ruinen säkularisierter Klöster verfügen, wie z. B. Sandbec oder Tintern. Bis heute bestehen in dieser Funktion auch Fountains Abbey im Park von Studley Royal und Rievaulx-Abbey in Rievaulx Terrace (Helmsley). Natürlich mußte die Ruine ihr eigenes Revier haben, wo Einsamkeit und Feierlichkeit, Ernst und Trauer, Öde und Dunkelheit vorherrschen.
Zu den Abirrungen vom wahren Landschaftsgarten-Geschmack gehört es, in Ruinen Speisezimmer, Musikzimmer oder ähnliche Einrichtungen anzulegen, die der Unterhaltung dienen. Denn hier kollidiert der Zweck mit dem äußeren Schein.[107]

Ruhesitze, Brücken und Tore

Dies sind die am meisten zweckgebundenen Elemente im Gartenraum. Für die Bänke, auf die kein Landschaftsgarten, der ja stets auch ein Wandergarten ist, verzichten kann, wird neben Ruhe und Bequemlichkeit eine »ergötzende« Aussicht gefordert. Die Holzbank zieht man aus gesundheitlichen Gründen einer Rasen- oder Steinbank vor.
Brücken dienen zur Verbindung von Gartenteilen, die durch Gewässer getrennt sind. Man kennt jedoch auch Brücken, die nur zur Dekoration oder als Blickfang geschlagen werden und die keinerlei Verkehrsbedeutung haben. In diesem Falle muß zumindest ein Anschein der Notwendigkeit hervorgerufen werden. Auch jene Täuschung ist kalkuliert, die entsteht, wenn man von einer Brücke auf fließendes Gewässer blickt: man erliegt der Illusion, daß sich die Brücke bewegt. Und naturgetriebene Bewegung ist ein höchst erwünschter Effekt.

Die »Eiserne Brücke« über den Georgenkanal im Park von Wörlitz. Erbaut 1791 nach dem Vorbild der frühesten Eisenkonstruktion in England, der Coalbrookdale-Bridge über den Severn von 1777

Das Denkmal für Salomon Geßner aus dem Englischen Garten in München. Es besteht nicht mehr. Weißgehöhtes Sepia-Tuschbild von J. G. von Dillis 1804

Natürlich konnte man auch diese Gegenstände den gewünschten Geschmacksrichtungen anpassen. Neben den naturgebundenen Formen wie Knüppelbrücken oder -bänken, neben chinesischen oder antiken Architekturen fanden auch moderne, avantgardistische Tendenzen Eingang in den Landschaftsgarten. Als Beispiel für die Faszination, die von den neu entwickelten Eisenkonstruktionen in England ausging, sei hier die Eisenbrücke über den Georgenkanal im Park von Wörlitz genannt.

Tore und Portale schließlich sind nur dort zugelassen, wo sie sinnvoll sind. Sie sollen von höchster Einfachheit sein. Wappen oder Schilder der Besitzer gelten als »unschicklich«.[108]

Statuen

Skulpturen werden nur bedingt im Landschaftsgarten geduldet.

> [Sie...] zeigen die Vollkommenheit des menschlichen Genies, und eine gewisse Pracht, die mehr den Gebäuden, als den Plätzen zukommt, wo die Natur ihre Reize verbreiten will. [...] Weil sie indessen durch die Länge der Zeit nun einmal eine Art von Bürgerrecht in den Gärten erhalten haben, so ist es der Klugheit gemäßer, zu zeigen, wie man einen guten Gebrauch von ihnen machen kann, als sie ganz zu verbannen.[109]

Eine erstaunliche Formulierung in einer gartenrevolutionären Situation. Sie zeigt einmal mehr, wie stark Hirschfeld von den bereits vollendeten Tatsachen beeinflußt ist und wie wenig programmatisch er für die neuen Gartenideen eintritt. Hirschfeld rät ab von Figuren der antiken Mythologie zugunsten allegorischer Gestaltungen humanitärer Ideale wie Frieden, Freude, Fröhlichkeit u.a. Statt der antiken Philosophen empfiehlt er voll patriotischen Gefühls Statuen »der Helden, der Gesetzgeber, der Erretter und Aufklärer des Vaterlandes« oder noch besser, deutsche Landschaftsmaler und Dichter, »welche die Schönheit der Schöpfung besangen« (das heißt vor allem Geßner, Hagedorn, Oeser, Haller und Kleist) sowie Philosophen, »die uns über die Weisheit der Natur und über den Gebrauch des Lebens unterrichteten«.[110] Hirschfeld erhoffte sich davon Gärten, die endlich den Deutschen angemessen wären, nachdem sie »so lange Nachahmungen der Mode und so selten Werke unseres Genies sind«.[111]

Die Statuen sollen einzeln stehen und zum Charakter ihrer Umgebung passen. Sie müssen »lauter Natur scheinen und gleichsam die Rolle denkender und empfindender Wesen spielen«.[112] Dieser Pygmalion-Effekt wird weiter gesteigert, indem man die Figur ohne Sok-

Entwürfe zu Park-Monumenten für Friedrich von Hagedorn (links) und Christian Ludwig von Hagedorn (rechts). Kupferstiche von Christian Gottlieb Geyser aus Hirschfelds »Theorie der Gartenkunst«

kel unmittelbar auf den Boden stellt. Auch die volle Lebensgröße und eine Polychromierung der Skulptur können dazu beitragen.

Trotzdem bleibt Hirschfeld skeptisch gegenüber der Einfühlungsgabe der Besucher. Die vorausgesetzten Kenntnisse aus Dichtung, Mythologie und antiker Geschichte, die zum vollen Verständnis der Anspielungen notwendig wären, fehlten selbst vielen Standespersonen, ganz zu schweigen von den ungebildeten Schichten. Die Identifizierung der Gartenszene erfordert

> eine gewisse Empfänglichkeit des Gefühls, eine gewisse Schnelligkeit der Phantasie, die zuvorkommt, die das zu ersetzen weiß, was der Nachahmung an Vollständigkeit abgieng. Denn der Charakter der Oerter und ihrer Verzierungen kann nie so vollkommen dargestellt, nie so täuschend werden, als die Beschreibung der Dichter ist.[113]

Das gilt cum grano salis für alle landschaftsgärtnerischen Bemühungen. Ohne persönlichen Einsatz von Imagination kann der Park seine Wirkung nicht voll entfalten, und das Ziel des Garten-Schöpfers wird nicht erreicht. Diese Imagination aber ist abhängig von einem gültigen Bildungskanon, mit dem der Besucher vertraut sein muß. Der Gartenkünstler orientiert sich am Dichter, am Philosophen, am Historiker. Er verlangt deshalb für die Rezeption seiner Szenen den literarisch gebildeten Menschen. Für »Zuschauer vom gewöhnlichen Schlag«[114] geht die Wirkung unvermeidbar verloren. Einen Ausweg aus diesem Dilemma scheint allein der Einsatz nationaler, zeitgenössischer Motive zu bieten, die von allen verstanden würden. So lobt Hirschfeld das Beispiel des sogenannten Normannsthales im Schloßpark von Frederiksborg bei Kopenhagen, wo man im Jahre 1780 vierundsechzig Steinfiguren von Untertanen des Königs von Dänemark und Norwegen aufstellte. Sie sind in ihren »verschiedenen Trachten, Beschäftigungen und Lustbarkeiten« dargestellt.

> Man sieht hier Arbeiter des Feldes und des Waldes, Fischer, Jäger, Seefahrer, Musicanten, Tänzer, Anwerber, Bräute, Hausfrauen, Mütter, alle mit wahrem Ausdruck der Gesichtsbildung, mit ihren Werkzeugen und Putzzierrathen.[115]

Die Gartenpartie folgt anscheinend der oben aufgestellten Maxime; sie ist national, zeitgenössisch und ohne Bildungs-Voraussetzungen verständlich. Doch der Schein trügt. Die Szene war nicht für das Volk angelegt worden. Ihren Zweck verrät Hirschfelds Bemerkung:

> Welcher Triumph für eine Nation, wenn ein Monarch, wie Friedrich V. war, die Bildnisse seiner geliebten Unterthanen vor Seinem täglichen Anblick, und selbst mitten in den Scenen Seines Vergnügens aufzustellen würdigt, wenn Er die Pracht Seines Palastes verläßt, um sich im Thal mit der Vorstellung ihrer Beschäftigungen und Lustbarkeiten zu ergötzen.[116]

Die Idee vom »Landesvater« und seinen »Landeskindern« unterliegt hier einem grotesken Mißverständnis. Der Monarch sucht den Kontakt mit seinem Volke auf dem Umweg über eine bequeme steinerne Substituierung eben dieses Volkes. Die Gartenszene gewährleistet ihm das Wachhalten landesväterlicher Gefühle und wahrt zugleich die Distanz zwischen Landesherren und Untertan. Die Nation darf jubeln, weil sie als steinerner »Volks-Ersatz« am Hofe gegenwärtig ist. Den geradezu zynischen Beigeschmack eines solchen Panoptikums hat Hirschfeld noch nicht wahrgenommen. Allerdings müssen hier persönliche Gründe in Betracht gezogen werden: Hirschfeld war dänischer Staatsbürger und hat die »Theorie der Gartenkunst« dem Erbprinzen von Dänemark und Norwegen zugeeignet.

Monumente

Mehr als Statuen empfehlen sich Monumente zur Aufstellung, wenn man historische Assoziationen hervorrufen will. Es kann sich um Denkmäler von beliebigen vorbildhaften Personen handeln, aber auch um Grabmäler von realiter im Garten Beerdigten. Vor allem die Erinnerung an Größen aus Politik, Philosophie, Poesie und Kunst, aber auch an Freunde und Verwandte soll geweckt werden. Denkmäler, »die mit gartenmäßigen Vorstellungen eine gewisse Verbindung haben oder sich auf Naturscenen und ihre Veredelung beziehen«,[117] haben selbstverständlich Vorrang. Die pädagogische Absicht ist deutlich. Außer einem Ort des Vergnügens will der Garten auch »hie und da« eine »Schule der Weisheit« sein.[118] Aufstellung und Form der Monumente sind so verschieden wie ihre Bestimmung, je nachdem, ob sie Verehrung, Freundschaft, Liebe, Trauer, Melancholie etc. hervorrufen sollen. Immer aber wird vor Häufung und vor Überladung gewarnt. »Je einfacher ein Monument ist, desto weniger kann es das Auge zerstreuen, desto sicherer und schneller ist sein Eindruck.«[119] Für das Detail gibt es keine Vorschrift, und die Fülle an Vorschlägen zu Monumenten ist erstaunlich, die in allen Ideenmagazinen, Vorlageblättern und Gartenbüchern gemacht wurden. Auch Hirschfelds Theorie enthält eine größere Anzahl solcher Entwürfe.[120]

Aus der Klage darüber, daß sich in Deutschland so wenige Ehrenmonumente finden – im Gegensatz zu England, das eine Westminster-Abbey und zu Frankreich, das wenigstens eine Akademie besitzt – regt er an,

Vorschläge zu Monumenten für Salomon Geßner (links) und Ewald von Kleist (rechts). Kupferstiche von Christian Gottlieb Geyser aus Hirschfelds »Theorie der Gartenkunst«

in den Gartenrevieren, die über genügend Platz verfügen, das Versäumte nachzuholen und appelliert: »Welcher Fürst, welcher Große, oder welcher Privatmann will den Anfang machen?«[121] Anschließend bringt Hirschfeld fünf illustrierte Vorschläge zu Monumenten für Albrecht von Haller, die Gebrüder Christian und Friedrich von Hagedorn, Ewald von Kleist und Salomon Geßner. Allein dem Dichter Christian Fürchtegott Gellert war bis dato ein Denkmal gesetzt worden. Es entstand im Jahre 1774 in einem Garten bei Leipzig nach Entwurf von Adam Friedrich Oeser.[122]

Hirschfelds Anregung fand ein kräftiges Echo. Zusehends mehren sich die Vorschläge für Denkmäler in den Publikationen. So unter anderem in dem von Schiller herausgegebenen »Wirtembergischen Repertorium der Literatur« von 1782/83. Dort veröffentlicht Schillers ehemaliger Mitschüler an der Hohen Karlsschule, Johann Jakob Atzel, ein *Schreiben über einen Versuch in Grabmälern nebst Proben*, worin er Entwürfe von Monumenten für Luther, Kepler, Haller und Klopstock vorlegt. Die lateinisch abgefaßten Inschriften dazu hat nach dem Zeugnis J. W. Petersens Schiller selbst beigetragen.[123]

Eines der Denkmäler ließ Herzog Karl Eugen tatsächlich im Landschaftsgarten von Hohenheim ausführen. Zöglinge der Hohen Karlsschule errichteten unter Lei-

Vorschlag für das Denkmal des Dichters Albrecht von Haller. Kupferstich von Chr. G. Geyser aus Hirschfelds »Theorie«

Denkmal für Herrmann, den Cherusker. Außer dem Stumpf der Eiche nichts mehr erhalten. Kupferstich von J. A. Darnstedt aus Beckers »Das Seifersdorfer Thal«. 1792

tung des Malers Nikolaus Guibal ein Monument für Albrecht von Haller aus Stuck.[124]
In der Folgezeit blieb fast keine Landschaftsgarten-Anlage ohne ein vergleichbares Denkmal. Im Weimarer Park an der Ilm wurde 1782 der Dessauer-Stein aufgestellt, ein unbehauener Felsblock in landschaftsgärtnerischer Umgebung nach Entwurf von Adam Friedrich Oeser. Er ist dem Fürsten Franz von Anhalt-Des-

sau gewidmet, zum Dank für Rat und Hilfe bei der Gestaltung des Weimarer Parks. Karl August von Sachsen-Weimar hatte mehrfach die Wörlitzer Anlagen des Fürsten besucht und sich, gemeinsam mit Goethe, Anregungen geholt. Im Park der Herzogin-Mutter Anna Amalia zu Tiefurt bei Weimar finden sich Gedenksteine für Wieland, für Herder, für Mozart, für Anna Amalias Bruder Leopold von Braunschweig und für ihren Sohn Konstantin. Das »Seifersdorfer Thal« bei Dresden wies nach der Beschreibung Wilhelm Gottlieb Beckers u. a. Denkmale auf für Wieland (Büste im Tempel der Musen), für Herrmann, den Cherusker (Eiche mit Waffentrophäen, Altar mit Tränen- und Aschenkrug, Inschrift von Klopstock: »Herrmann stritt! So stürzt von dem Gebürg' herab / Mit heulendem Sturme der Winterstrom!«[125]), für Laura (Petrar-

Monument für Herzogin Anna Amalia von Weimar im Seifersdorfer Tal. Kupferstich von J. A. Darnstedt 1792

cas Geliebte), für Herzog Leopold von Braunschweig und für dessen Schwester Anna Amalia von Weimar, für die Besitzer des Gartens sowie für Johann Gottfried Herder, dessen Herme ein Gedicht trug, das Herder der Schöpferin des Gartens, Gräfin Tina von Brühl, gewidmet hatte:

Des Menschen Leben beschränkt ein enger Raum,
Ein engerer beschränkt seinen Sinn,
Sein Herz der engste.
Um sich her zu sehen,
Zu ordnen was man kann, unschuldig zu
Genießen, was uns die Vorsicht gönnt,
Und dankbar froh hinweg zu gehen:
Das ist des Menschen Lebensgeschichte,
Nicht Idee, es ist Gefühl.

Ein treffendes Wort in einem Park, der die rührselig-sentimentalen Tendenzen der Landschaftsgartenkunst wiedergibt wie kein anderer zu seiner Zeit. Das Gefühl wird gegen die Idee gesetzt. Ein Element von Herders Grundposition schimmert hier durch, das sich im Kampf gegen Kants Philosophie niederschlagen sollte. Neben dem »Seifersdorfer Thal« hat man auch den etwa einen Kilometer entfernt liegenden Schloßgarten von Seifersdorf im landschaftlichen Stil umgewandelt. Dort entstanden Denkmale für C. C. L. Hirschfeld (Porzellanvase auf Rosenhügel), für Edward Young (Grotte mit einem Betaltar, auf dem die *Nightthougts* aufgeschlagen liegen) und für Goethe (Büste in einem Rindenhäuschen, dessen Wände mit einem »gemahlten Gebüsche von Rosen und Jasmin«[126] geschmückt sind, flankiert von Denkmälern für Werther und Marie von Beaumarchais). Geplant waren ferner in einer Art von Pantheon-Bau die Büsten von Haller, Lavater, Gellert, Klopstock, Karl Wilhelm Jerusalem und dem »Supranaturalisten« Georg Joachim Zollikofer.

Im Grote'schen Park zu Brese bei Dannenberg wurde 1781 das erste Denkmal für Lessing enthüllt. Es stellt eine Urne dar, deren Relief-Medaillon einen »aus seinem Ey« kriechenden Schmetterling und einen hochfliegenden Adler zeigt. Der Autor dieser Nachricht bedauert lebhaft, daß kein Lessingdenkmal in Deutschlands Schauspielhäusern zu finden sei.[127]

Denkmal für J. G. Herder im Seifersdorfer Tal, eines der wenigen erhaltenen Objekte des Parks.
Kupferstich von J. A. Darnstedt (1792) und Aufnahme aus dem Jahre 1979

In Horn bei Hamburg ließ der Etatsrath Richardi für verdiente Hamburger Denkmäler setzen, u.a. für Friedrich von Hagedorn, den Maler Denner und den Bildhauer Sonnin.[128] Neuartig muß auf die Zeitgenossen das Monument für Georg Philipp Telemann (gestorben 1767 in Hamburg) gewirkt haben. Es ahmte einen antiken Sarkophag mit Urne nach, der in einer Begräbnishöhle »nach Art der alten Katakomben« aufgestellt war. Zu seinem Dekor gehörten gelöschte Fakkeln, ein Ossuarium in Form eines Aschenkruges sowie ein überhängendes »Todtentuch, dessen sich die Alten zur Aufsammlung der Asche und Knochen der verbrannten Leichen bedienten«. Das ganze Arrangement trug die Aufschrift »Discite mori«.[129]

Denkmal für C. C. L. Hirschfeld (links) und Grotte für den englischen Dichter Edward Young (rechts) im Schloßgarten von Seifersdorf. Kupferstiche von J. A. Darnstedt 1792 Unten: Youngs Grotte im Zustand von 1979

»Lorenzos Grab« im Seifersdorfer Tal. Ein Felsblock, dekoriert mit Kutte, Bettelstab, Bettelsack und Tabaksdose, sollte an den Mönch Lorenzo in Laurence Sternes Roman »Yoricks empfindsame Reise durch Frankreich und Italien« erinnern. Kupferstich von J. A. Darnstedt (1792) und Photographie des gegenwärtigen Zustandes. Nur der Steinblock ist erhalten

Hier tritt zum Denkmalsgedanken der Grabgedanke, der im Sinne des »Memento mori« vorwiegend als Gefühls- und Gedankenstimulans gebraucht wird – Hirschfeld spricht von »Trauer«-Denkmälern[130] –, darüber hinaus aber in vielen Fällen wirkliche Begräbnisstätte ist. Für Hirschfeld können Gräber und Urnen in Gärten deshalb »schickliche Gegenstände seyn«[131], weil sie Ideen und Empfindungen erwecken, die eine melancholische Gegend allein nicht erzeugen kann: »Verehrung, Liebe, Verbindung, Trennung, Thränen,

Sehnsucht, Schmerz«.[132] Es sind vor allem Empfindungen, die auf einen bestimmten Mitmenschen gerichtet werden können und somit nicht unverbindlich bleiben. Die Betrachtung von Gräbern bringt dann ein »sympathetisches Gefühl« hervor, aus dem »ein Gemisch von melancholischem Schauer, von sanfter Wehmuth, von zärtlichem Verlangen und von dunklen Hoffnungen« quillt.[133] In diesem Sinne sind auch die Grabmäler für Gestalten aus poetischen »Bestsellern« der Zeit zu verstehen, wie zum Beispiel in Seifersdorf die Gräber für den Einsiedler Lorenzo aus Laurence Sterne's *Sentimental Journey* [...] und für D'Orestan aus Marmontels Erzählung *Adelaide, die Hirtin der Alpen*.

Begräbnisstätten

Um wieviel stärker muß der Appell an das Gefühl wirken, wenn der Besucher nicht einem fingierten, sondern einem echten Grabe gegenübersteht. Aber eine solche Begräbnisstätte im Freien außerhalb der üblichen Friedhöfe ließen die Kirchenbehörden bis dahin nicht zu. Auch hier dringt der Landschaftsgartentheoretiker auf einen Wandel der Auffassungen:

> Wie lange hat man nicht gegen die barbarische Gewohnheit geeifert, nahe an den Wohnhäusern in den Städten, und selbst in den Tempeln der Gottheit, Leichname verfaulen zu lassen? Was der Mönch in Italien der weisen Obrigkeit willig zugab, und die Geistlichkeit in Frankreich sich ausdrücklich erbat, das Begräbniß außer den Städten, das hat der Deutsche, der sich so gern seiner Freyheit rühmt, noch nicht eingeführt, nur erst gelobt. Was könnte indessen leichter und anständiger seyn, als daß ein Gutsbesitzer, wenigstens für seine Familie, in einem Theil seines Parks, oder in irgend einem Walde, einen Begräbnißplatz anlegte, und ihn zur Unterhaltung sittlicher Gefühle einrichtete?[134]

Hirschfeld wendet sich gegen die seinerzeit sehr engen und trostlosen Gottesäcker auf den Kirchhöfen der Städte, wo nur Höhergestellte sich eine aufwendigere Grablege oder ein Grab unter dem Kirchenboden lei-

Rousseaus Grabstätte im Park von Ermenonville. »Ihm, dem Frankreich das erste Licht verdankt, das über seine Gärten aufgieng.« Kupferstich von Medardus Thoenert nach Jean Michel Moreau. Aus Hirschfelds »Theorie«

Die Parksituation um Rousseaus Grabinsel in Ermenonville ist kaum verändert

sten konnten. Er stimmt damit ein in die allgemeine Tendenz gegen Ende des 18. Jahrhunderts, aus einer Kultstätte der christlichen Gemeinde, wie sie seit dem Mittelalter üblich war – »media vita in morte sumus« –, eine rational durchdachte Bestattungsanlage zu machen. Mit anderen Worten: von einer Stätte des Todes in unverhüllter Gestalt soll sich der Friedhof zu einem Ort wandeln, an dem die Nachbarschaft des Todes durch ein das Makabre ausklammerndes Bild friedvoller Trauer erträglich gemacht wird. Damit gewinnt auch der ästhetische Aspekt an Bedeutung. J. Schweizer hat diese Entwicklung unter Berücksichtigung sozialer, geistiger und religiöser Bezüge als einen Teilvorgang der allgemeinen Säkularisierung der Epoche dargestellt.[135]

Das Grabmal im Garten – das heißt, bewußt in »ungeweihter Erde« – ist seit Rousseau gesellschaftlich sanktioniert. Für ihn ließ im Jahre 1778 sein letzter Gönner, der Marquis de Girardin ein Grabmal im neugeschaffenen Landschaftsgarten zu Ermenonville anlegen.[136] Auf einer Insel des großen Sees steht der antikisierende Sarkophag, umgeben von einem Kranz hoher Pappeln. Das Grab wurde zu einer Wallfahrtsstätte der »empfindsamen Seelen«. Aber auch Souvenirsammler und Mutwillige stellten sich ein, die die Anlage beschädigten. 1794 wurden die Gebeine Rousseaus nach Paris überführt und im Pantheon beigesetzt. Nach dem Vorbild von Ermenonville entstanden in den europäischen Gärten mehrere Rousseau-Pappelinseln. Die erste ließ Fürst Franz von Dessau im Wörlitzer Park an bevorzugter Stelle anlegen. Die Nachbildung des Sarkophags trägt eine von ihm selbst verfaßte Inschrift[137] auf den verehrten Rousseau, den er im Jahre 1775 persönlich kennengelernt hatte.

Mit der Bestattung Rousseaus, ohne dessen Wirkung der Landschaftsgarten in Deutschland sicher nicht so große Verbreitung gefunden hätte, war der Bann gegen Gräber im Garten gebrochen. Man nahm Hirschfelds Anregung auf und stellte das Park-Grab in den Dienst der »guten Sache«, d.h. der Förderung »sittlicher Gefühle«. Auch hierin dürfte Franz von Dessau vorangegangen sein. Er ließ im Wörlitzer Park bereits nach 1773 (genaueres läßt sich nicht ermitteln) von Erdmannsdorff den sogenannten Drehberg errichten, eine turmartige Anlage mit klassizistischen Anbauten, die

Die Rousseau-Insel im Schloßpark von Wörlitz.
Aquarellierte Zeichnung von Georg Melchior Kraus. Um 1783

als »Begräbnis der fürstlichen Familie« dienen sollte,[138] jedoch nicht zur Verwendung kam, da später eine andere Grablege errichtet wurde.

Schon vorher, bereits im Jahre 1769, war eine Tochter des Fürstenpaares im Garten beigesetzt worden, die allerdings nur wenige Stunden gelebt hatte. Sie erhielt eine goldene Urne zum Grabmal. Eine weitere Grabstätte wurde 1793 für den Gärtner J. L. Ludwig Schoch und seine Ehefrau in derjenigen Partie des Parkes angelegt, die bis heute der »Schochische Garten« genannt wird. Der Fürst ließ als Inschrift die Worte anbringen:

Seiner Hände Fleiss verschönerte diese Gefilde. Sanft walle dort sein Geist, wie hier dieses Gebüsch.

Boettiger lobt den Fürsten, der sich damit selbst geehrt habe.[139]

Auch der herzogliche Garten zu Gotha wies ein Grab-

Graburne der Landgräfin Caroline von Hessen-Darmstadt im »Herrengarten« von Darmstadt

mal auf, das inmitten einer Insel des Park-Sees lag. Der Erbprinz und sein frühverstorbener Bruder waren dort bestattet, »und der Herzog will auch hier begraben seyn«.[140] Der Gothaer Bibliothekar Reichard berichtet vom Vater:

[O]ft weint Er hier über ihrem Staube, und weiht ihnen Thränen, Thränen, wie sie nur in das Auge der Fürsten kommen, deren Herz so weich und gefühlvoll ist, wie das Seinige[141].

Wielands Grab im Park von Oßmannstedt. Radierung von 1813. Anonym

Wielands Grabstätte im Schloßpark von Oßmannstedt im gegenwärtigen Zustand

Mit dem Grabmal im Landschaftsgarten ist ein Punkt erreicht, wo die Empfindsamkeit alles Verspielte und Gespielte verlieren muß, wenn das Ganze nicht zur Farce entarten soll. Echte Gräber passen nicht zu Eremiten-Schauspielern.

Johann Heinrich Merck beschreibt für Hirschfelds Theorie u. a. den »Herrengarten« zu Darmstadt mit der Grabstätte der »Großen« Landgräfin Caroline von Hessen-Darmstadt.[142] Eine Urne mit der Inschrift König Friedrichs II. von Preußen auf Caroline (»Femina sexu, ingenio vir«) krönt noch heute das Grab. Die Anlage hat bis in unsere Zeit ihren Stimmungswert unverfälscht behalten können.

Johann Wilhelm Ludwig Gleim wurde 1803 in seinem Garten zu Halberstatt beerdigt, mitten unter den Denkmälern, die er zur Erinnerung an seine Freunde errichtet hatte. Christoph Martin Wieland legte seine Grabstätte im Park zu Oßmannstedt bei Weimar an, wo er gemeinsam mit seiner Frau und Sophie Brentano ruht.

Joachim Heinrich Campe wurde 1818 zu Braunschweig in einer Familiengruft beigesetzt, die er mit Erlaubnis des Herzogs in seinem geliebten Garten hatte bauen lassen.

Die Tradition der Bestattung im Landschaftsgarten hielt sich bis weit in das 19. Jahrhundert hinein. So ließ Wilhelm von Humboldt im Jahre 1829 einen Natur-Ruheplatz im Schloßpark von Tegel für sich, seine Frau und seine Nachfahren schaffen. Über die Gräber erhebt sich eine jonische Säule mit der Figur der »Hoffnung« von Bertel Thorvaldsen (1817).

August von Platen wurde 1835 im Park der Villa Landolina zu Syrakus auf Sizilien beigesetzt und Richard Wagner erhielt 1883 seine Grabstätte im Park der Villa Wahnfried, die in den landschaftlich umgearbeiteten Hofgarten von Bayreuth übergeht.

Folgerichtig legte auch der berühmteste unter den Landschaftsgartenepigonen, Fürst von Pückler-Muskau, seine Grabstätte im Park von Branitz an. Sie hat die Form einer ägyptischen Pyramide. 1871 wurde Pückler darin beigesetzt.

Das Rumford-Denkmal im Englischen Garten zu München. Radierung von Simon Warnberger 1796

Inschriften

Wo vegetabilische, architektonische, plastische, malerische und akustische Hilfsmittel versagen, einen Gedanken oder eine Stimmung gezielt zu vermitteln, da bleibt dem Gartenkünstler als letzter Ausweg die Inschrift. Sie wird auf verzierte Brettchen gemalt, in Rinde geschnitten, in Stein gehauen, in Erzbuchstaben gegossen und kann an Bäumen, Vasen, Denkmälern, Bänken oder Architekturen, kurz- an allen Natur- wie Staffagegebilden angebracht werden. Der Gartentheoretiker Cl. H. Watelet vergleicht in seinem *Essay sur les*

Der Apollo-Tempel im Englischen Garten zu München. Feder- und Bleistiftzeichnung, Sepia laviert, von Simon Warnberger. Vor 1800

Das »Denkmal des Gartens« im Park von Schwetzingen. Peter Anton von Verschaffelt 1771.
Ein Putto, der Wasser aus der Urne schüttet, Spaten, Schaufel, Spitzhammer, ein Korb mit Früchten und Blumen, eine mit Seilen umwundene Winde und ein Garten-Grundriß symbolisieren die Gartenarbeit im regelmäßigen Park

Jardins (Paris 1774) die Naturelemente des Gartens mit der Musik und die Inschriften daran mit dem Text dazu.[143] Ob in Prosa oder in Versform, die mit Vorliebe epigrammatisch verfaßten Inschriften sollen »kurz, stark und ungeschmückt«[144] sein. Empfohlen wird »Einfalt und Nachdruck«[145] im Wortlaut, sparsamer Gebrauch in der Anwendung:

Ein Gartenkünstler, der überall, wo man ruhen will, zum Lesen auffordert, der jede Bank, jedes Bret mit einer Inschrift bekleckt, ist eben so unerträglich, als ein dreister Schwätzer, der uns seine Einfälle oder seine Belesenheit unaufhörlich aufdringen will.[146]

Wie alle anderen Elemente des Gartens dienen auch die Inschriften in erster Linie als Stimulanzien. Hirschfeld schreibt ihnen Aktivierung des Denkens, der Phantasie, der Sensibilität und des Erinnerungsvermögens zu:

[S]ie halten doch oft den flüchtigen Lustwandler an; sie reizen das Nachdenken zu einer Zeit, da man sich blos den sinnlichen Bewegungen überläßt, sie unterhalten in der Einsamkeit, beleben die Einbildungskraft, wecken die Empfindlichkeit, oder streuen nützliche Erinnerungen über den Pfad des Vergnügens oder über den Sitz der Ruhe aus; und fast immer sind sie doch wichtig als Veranlassung zu einer Folge von Ideen und Empfindungen, welchen sich die Seele vielleicht ohne sie nicht so leicht überlassen hätte.[147]

Quellen für die Inschriften sind vornehmlich Dichter aus der Antike oder aus dem eigenen Sprachraum, wenn nicht die persönliche »Erfindungskraft«[148] des Gartenschöpfers ausreicht, geeignete Texte zu verfassen.

Wer sie nicht aus sich selbst zu schöpfen weiß, der kann seine Zuflucht zu unsern besten Dichtern nehmen, bey welchen hin und wieder Stellen vorkommen, die sich mit Glück als Inschriften gebrauchen ließen.[149]

Deutsche Texte werden den antiken oder gar französischen und englischen Inschriften vorgezogen – nicht nur aus patriotischen, sondern auch aus sozialen Rücksichten, »weil in einer alten oder ausländischen Sprache ihre Wirkung für den größern Haufen verloren geht«.[150] Der Verzicht auf Fremdsprachen erfolgt offenbar in der politisch-pädagogischen Absicht, den Sinn des »größern Haufens« durch die Wirkung der Naturbestandteile und der Beschriftungen im Garten zu veredeln. Ungeachtet dessen hat Hirschfeld in seinen fünf Theorie-Bänden in reichem Ausmaß fremdsprachige Zitate eingestreut, die alle zu Garteninschriften verwendet worden waren oder als solche empfohlen wurden. Voran lateinische Verse von Vergil, Horaz, Statius, Rapin, Il Penseroso, französische aus der Nouvelle Heloïse, von Delille und Berin, englische von Milton und Mason.

Inschrift im Seifersdorfer Tal. Den Ausruf tat Jenny von Pourtâles, Tina von Brühls Schwiegertochter, als sie im Jahre 1814 den Landschaftsgarten zum ersten Mal betrat

Vielfach zitiert Hirschfeld ohne Autorenangabe, so auch bei einer Zusammenstellung von »Stellen« aus Gedichten deutscher Autoren.[151] Ich habe von den 56 Texten 23 ermitteln können. Von diesen entfallen fünf auf Johann Peter Uz, vier auf Albrecht von Haller (der anderweitig noch elfmal zitiert wird), zwei auf Ludwig Hölty und je einer auf Karl Wilhelm Ramler, Johann Wilhelm Ludwig Gleim, Johann Nikolaus Götz, Ewald von Kleist (sechs Zitate an anderem Ort in Hirschfelds Theorie), Johann Martin Müller, Friedrich von Hagedorn (zwei weitere Zitate an anderer Stelle), Christian Felix Weiße (ein Zitat an anderem Ort), Thomsen, Justus Friedrich Wilhelm Zachariä (zwei Zitate und drei Milton-Übersetzungen an anderen Stellen), Friedrich Gottlieb Klopstock, Friedrich Leopold Stolberg und Johann Georg Jacobi. An anderer Stelle taucht ein Geßner-Zitat auf. Es ist bemerkenswert, daß Hirschfeld zur Zeit der Abfassung seiner Theorie, also zwischen 1779 und 1785, ausschließlich Texte im Tenor der Anakreontik oder noch früherer Stilepochen heranzieht. Ein Ton aus der Zeit der Empfindsamkeit kommt allein durch Klopstocks »Schön ist, Mutter Natur, deiner Erfindung [recte: Schöpfung] Pracht [...]« aus der Ode *Der Zürchersee* hinein. Selbst in der Beschreibung des Parks von Weimar aus dem Jahre 1782, die Hirschfeld bei dem Gothaer Bibliothekar Reichard bestellte, ist kein Goethe-Vers zitiert, sondern das Jacobi-Lied »O! laßt, beym Klange süßer Lieder [...]«.[152] Im gleichen Jahr ließ Goethe das Gedicht *Die Ihr Felsen und Bäume bewohnet, o heilsame Nymphen* [...] an einer Felsengruppe des Weimarer Parks anbringen, dem später weitere Inschriften, vor allem im Bereich seines Gartenhauses folgten.

Allgemein herrscht das »carpe diem« vor. In den geläufigen anakreontischen Topoi werden die Sanftmut, die Bescheidung, der Verzicht auf Reichtum, der Rückzug aus der Stadt, das Leben auf dem Lande und die Schönheiten der Natur gepriesen. Hirschfeld gibt also in seinen Vorschlägen nirgends jene Fülle und Variations-

Von Goethe selbst verfaßte Inschrift für die Felsenpartie »Kalte Küche« im Park von Weimar (1782)

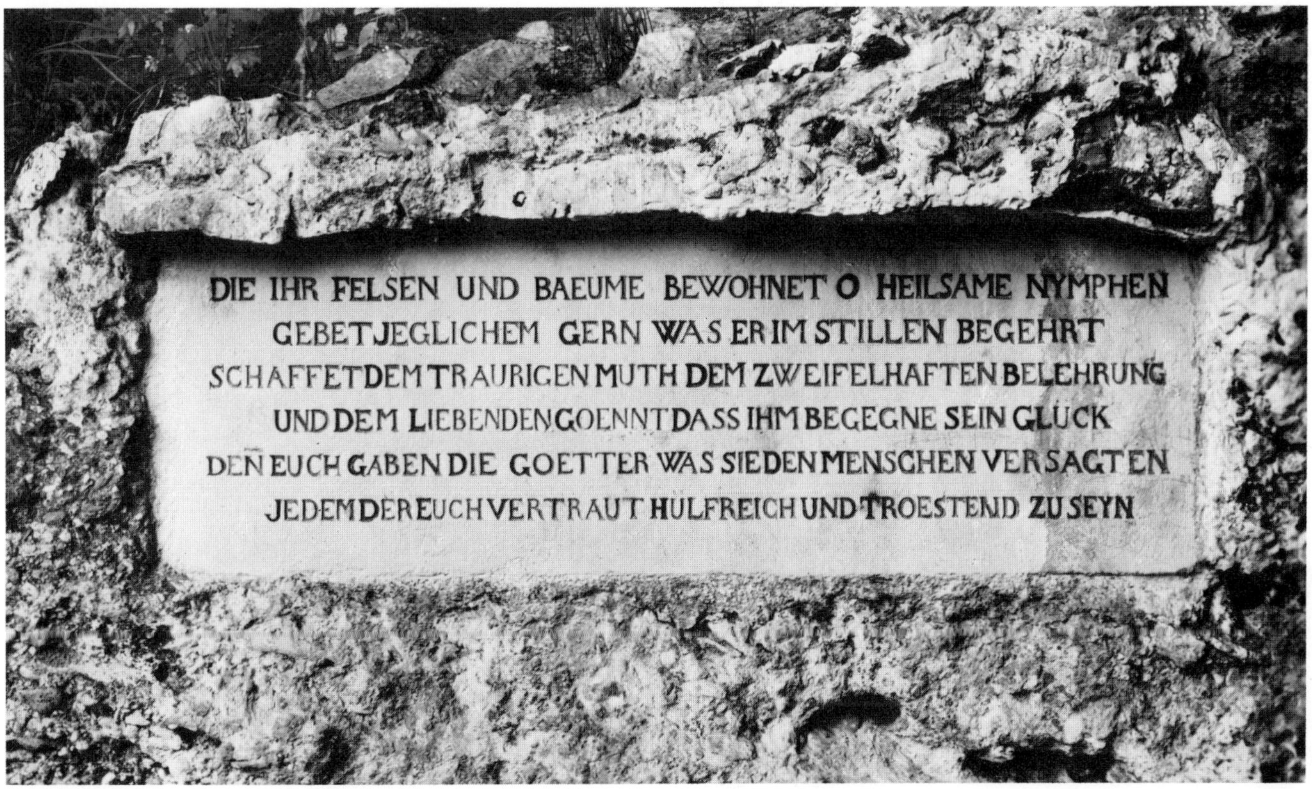

breite an Inhalten, die er in der Theorie von den Inschrifts-Textern fordert.
Doch von Hirschfeld abgesehen, bot die Landschaftsgartenmanie ein weites Feld für die Gelegenheitsdichtung. Gegen Ende der Epoche, im Jahre 1808, gibt der Geheime Rath und Kammerherr Franz von Böcklin noch ein 90seitiges Bändchen mit Anregungen heraus: *Inschriften für schöne Gartenplätze und Gartenanlagen wie auch zu Monumenten an Gräbern*, das die ganze Palette der empfindsamen Gartenassoziationen zusammenfaßt.
Welche banalen Formen diese Epigraphik annehmen konnte, zeigt eine Inschrift im Seifersdorfer Tal: »Ach wie schön« soll die Braut des Sohnes von Tina von Brühl ausgerufen haben, als sie den Landschaftsgarten erstmals erblickte. Man schlug das kostbare Wort in eine Steinplatte, die sogleich aufgestellt wurde.

Der Landschaftsgarten, eine eigene Kunstgattung?

Der Landschaftsgarten erfuhr zur Zeit seiner Blüte eine erstaunlich hohe gesellschaftliche Wertschätzung, deren Ursache in einem »Syndrom« ästhetischer, philosophischer, religiöser und politischer Tendenzen zu suchen ist.

Die Geschichte der Ästhetik zeigt seit der Renaissance ein wachsendes Streben der einzelnen Kunstgattungen nach Autonomie. Zum ersten Mal treten ihre Repräsentanten, die Künstler im Bewußtsein ihres Wertes vor ihr Werk. Das damit einhergehende Rivalitätsgefühl nicht nur dem Künstler der eigenen Gattung, sondern auch den anderen Künsten gegenüber ließ die Diskussion um die Rangstellung der Kunstgattungen zum ständigen Thema werden.[1] Dichtkunst, Musik, Malerei, Architektur, Bildhauerei wurden gegeneinander gewogen, nach trennenden, parallel laufenden oder verbindenden Kriterien abgetastet und nach ihrem Kunstwert einzustufen versucht. In der zweiten Hälfte des achtzehnten Jahrhunderts (in England wird bereits das Jahr 1720 mit den ersten Schöpfungen des Gartenkünstlers Kent genannt) greift nun ein Neuling in den Wettstreit der bis dahin anerkannten Künste ein und fordert sogar den Primat: die Gartenkunst, genauer: die Kunst des Landschaftsgartens.

Kunstgärten sind seit Urzeiten in allen Literaturen der Welt überliefert. Zwischen dem reinen Nutzgarten und dem verspielten Ziergarten gab es alle nur denkbaren Variationen. Doch immer diente der Garten einem übergeordneten Zweck, war einem übergeordneten Formkonzept eingefügt. Auch die grandiosen Gartenschöpfungen des französischen Absolutismus waren nur Elemente der Architektur, waren Dekoration und Erweiterung der Schloßkomplexe mit anderen »Baustoffen«. In der Form des Landschaftsgartens gewinnt die Gartenkunst erstmals einen autonomen Status unter den Künsten. Die Forderung ihrer revolutionären Jünger zielt darauf ab, sie zur ersten aller Künste zu erheben; nicht, weil ihr ästhetischer Wert an sich alle überrage, sondern weil sie erstens ihre Gesetze der Natur entlehne und zweitens alle anderen Kunstgattungen simultan einschließe und sich dienstbar mache:

> Die Gartenkunst kann sich in gewisser Absicht mit Recht eines merklichen Vorzuges vor den übrigen schönen Künsten rühmen. Sie ist Kunst, und doch ist keine ihrer Geschwister gleichsam mehr in die Natur selbst eingeflochten, als eben sie. Sie giebt das mannichfaltige und große Vergnügen ländlicher Szenen ganz, was der Landschafts-Mahler nur teilweise gewähret; sie giebt es auf einmal, was der schildernde Dichter nur durch eine fortschreitende Folge seiner Bilder nach und nach erweckt. Sie rührt nicht durch den langen Umweg der Nachahmung; sie ergreift unmittelbar die Sinne, schlägt gerade zu an die Organe unserer Empfindung, durch die Herbeiführung wirklich gegenwärtiger Gegenstände, ohne sie erst durch Hülfe der Wiedererinnerungskraft und der Imagination wahrnehmen oder fühlen zu lassen.[2]

Hans Sedlmayr spricht in logischer Konsequenz seiner Definition des Begriffes »Gesamtkunstwerk« im *Verlust der Mitte* vom Landschaftsgarten als einem »Übergesamtkunstwerk«.[3] Die Gartenkunst

> schließt Architektur und Skulptur räumlich in sich wie die Architektur ihrerseits Skulptur, Ornament und Malerei. Sie schafft also die umfassendste Form des Gesamtkunstwerks, die man sich überhaupt vorstellen kann.[4]

Was die Landschaftsmalerei nur auf die Fläche bannen kann, komponiert die Gartenkunst zu einem plastischen Bild der Natur, und zwar » – darin der Musik vergleichbar – ganze *Folgen* solcher Bilder, ein Vorzug, der von anderen Künsten außer der Musik nicht erreicht werden kann«.[5] In Deutschland postuliert als erster Johann Georg Sulzer in seiner *Theorie der Schönen Künste* (1771–1774):

Diese Kunst hat eben so viel Recht als die Baukunst, ihren Rang unter den schönen Künsten zu nehmen. Sie stammt unmittelbar von der Natur ab, die selbst die vollkommenste Gärtnerin ist.[6]

Daraus folgt die verständliche Forderung, daß die Gartenkunst zum akademischen Lehrfach erhoben werde und ihren Platz unter den anerkannten Künsten einnehme. Hirschfeld bettet sie bereits 1779 in die ersten Sätze seiner Widmung der *Theorie der Gartenkunst* an den Erbprinzen von Dänemark ein:

Noch erwartet diese Tochter der neuern Zeit, diese jüngste der liebenswürdigen Künste, in den Academien ihrer ältern Geschwister eine Stelle. Eben so edel, wie irgend eine ihrer Schwestern, mehr, wie irgend eine, reich und sich verbreitend in dem Ausguß ihrer Ergötzungen.[7]

Und drei Jahre später, im vierten Bande, wiederholt er:

[V]erdient sie es weniger, als die übrigen schönen Künste, in ihren Tempel aufgenommen zu werden? Wie nahe ist sie nicht mit ihnen verwandt? [...] Ist sie nicht fast mehr, wie irgendeine der andern, für das Vergnügen der Fürsten und für die Verschönerung der Erde beschäfftigt?[8]

Das Postulat verstummt von nun an nicht mehr und taucht in fast allen theoretischen Abhandlungen zur Gartenkunst auf.[9] Stellvertretend hier in einer Formulierung von Kasimir Medikus:

Wir haben so viele Akademien der Baukunst, der Malerey, der Bildhauerei, der Zeichenkunst u. d. m. Aber eine Akademie der Gartenkunst fehlet uns gänzlich, wo Jünglinge mit den wahren Regeln der Schönheit bekannt gemacht würden, solche innigst studirten, mit der Natur vertraut, und mit eigenen erfinderischen Gaben ausgerüstet, uns die angenehme Kunst lernten, schöne Gärten anzulegen.[10]

Kasimir Medikus nennt sie eine »bildende« Kunst, die

alles vereint, was die Sinne der Menschen reitzen, und in sanftes Vergnügen auflösen kann. [...] Dennoch ist von allen bildenden Künsten keine bisher weniger bearbeitet worden, als eben diese: und ein Gärtner mit den schöpferischen Gaben eines Landschaftsmalers ist die seltenste Erscheinung.[11]

Fachgerechte Ausbildung wird angestrebt. Man will offenbar wegkommen vom herrschaftlichen Dilettantismus, der die Gestaltung der frühen Landschaftsgärten Deutschlands bestimmte, von den Adelsgärten in Hamburg und Schleswig-Holstein über den Wörlitzer Park des Franz von Anhalt-Dessau, die Weimarer Parks der dortigen Hofgesellschaft bis zum empfindsamen Park der Tina von Brühl in Seifersdorf bei Dresden.

Johann Georg Sulzer entwarf bereits ein, wenn auch vages Berufsbild vom akademischen Gärtner. Er bedarf ausführlicher praktischer Kenntnisse im Bereich von Gartenbau, Landwirtschaft, Dendrologie, allgemeiner Botanik usw.

Außer diesen aber muß er das gar allen Künstlern nöthige Genie zur Erfindung, den Geschmack zur Anordnung und Verwirrung, den Verstand und die Beurtheilungskraft zum Schicklichen, Dauerhaften, und überhaupt zur Erreichung des Vollkommenen in seiner Art, besitzen. Und hieraus läßt sich hinlänglich abnehmen, daß zur Gartenkunst eben so viel Talente und vielleicht mehr erworbene Kenntnisse, als zu irgend einer anderen der schönen Künste erfordert werden.[12]

Trotz all dieser literarischen Initiativen hat es noch über ein Jahrhundert gedauert, bis das Fach an den Hochschulen Eingang fand. Erst im Jahre 1929 wurde der erste Lehrstuhl für Gartenkunst an der Landwirtschaftlichen Hochschule in Berlin eingerichtet.

Auch der Anspruch, die Gartenkunst zur *ersten* aller

Künste zu erheben, blieb rein rhetorisch. Doch die volle Anerkennung dieser Gattung unter den übrigen Künsten war gegen Ende des achtzehnten Jahrhunderts fraglos vollzogen. Das beweist vor allem die rege Diskussion um ihre Einordnung innerhalb der bildenden Künste.

Während in der Barockzeit Gartengestaltung zur Domäne des Architekten gehörte, heißt es nun: »Der Gärtner muß beynahe überall das Gegentheil von dem thun, was der Baumeister thut.«[13] Dagegen wird die Parallele zur Malerei, d.h. zur Landschaftsmalerei gezogen. Das Motto kommt aus England, wo William Mason von der Landschaftsgartenkunst als einer »sister art of landscape painting«[14] spricht und Horace Walpole über den Gartenkünstler William Kent urteilt:

> So verlieh der Pinsel seiner Einbildungskraft den Szenen, die er bearbeitet, alle Künste der Landschaftsmahlerey. Seine großen Grundlagen waren Perspektive, und Licht und Schatten.[15]

Hirschfeld macht die Landschaftsmalerei zur »vertrautesten Schwester der Gartenkunst«.[16] Der Begriff »Landschaftsgemälde« taucht mehrfach schon in den Titeln von Gartenbeschreibungen auf.[17]

In allen Landschaftsgartentheorien ist der Vergleich mit der Malerei üblich. Hirschfeld führt einige Kriterien an, die beiden Künsten gleichermaßen eigen seien: das Auswählen von Landschaftsmotiven, die »Composition« der einzelnen Landschaftselemente, die Darstellung von Bewegung (etwa durch Wegführungen, Gewässer, Laub, Wolken) und die Farbgebung (»Colorit«). Als Ergebnis seiner Nebeneinanderstellung der zwei Kunstgattungen konstatiert er:

> Nach diesen Vergleichungen beyder Künste wird man dennoch leicht wahrnehmen, daß im Grunde die Gartenkunst die Landschaftsmalerey so weit übertrifft, als die Natur die Copie. Keine der nachahmenden Künste ist in die Natur selbst mehr verwebt, oder gleichsam mehr Natur, als die Kunst der Gärten. [...] Die Farben glühen oder schimmern dem Auge mit einem Glanz, mit einer Heiterkeit, mit einer Wärme entgegen, welche die Zaubermacht der Titiane vergebens zu erreichen strebt. [...] Endlich bleibt die Zusammensetzung des Landschaftsgemäldes immer dieselbe, mag man sie von einer Seite betrachten, von welcher man will; [...] die Wirkung der Anordnung ist daher auch eben so unveränderlich. Allein der Gartenkünstler kann seine Zusammensetzung durch die Gesichtspunkte, aus welchen er sie betrachten läßt, gleichsam vervielfältigen. Er kann durch die Richtung der Gänge mehr Standpunkte vorzeichnen, wo der Beobachter stille stehen, wo er seine Anordnung von einer neuen Seite wahrnehmen soll. Er kann also durch die Abwechslung und Mannigfaltigkeit der Ansichten, die er nach seinen Absichten bestimmt, eine Reihe von Bewegungen hervorbringen, die sich durch ihre eigene Kraft unter einander heben und der Seele einen Genuß gewähren, den sie selbst von den Meisterwerken eines Sachleven oder Elzheimers vergebens erwartet.[18]

Bei einer so weitgehenden Annäherung des Landschaftsgartens an die Natur muß die Landschaftsmalerei zwangsläufig ins Hintertreffen geraten. Wenn der Beurteilungsmaßstab nicht aus der ästhetischen Phantasie des Künstlers allein, sondern ausschließlich aus einer vom Künstler erlauschten und allgemein sanktionierten Vegetations- und Morphologie-Form der Natur gewonnen wird, bleibt der Malerei keine Chance. Hirschfeld setzt zudem die Räumlichkeit und damit die Bewegungsvariabilität für den Betrachter des Gartens gegen das Definitive einer Gemäldedarstellung. Er mißt so zwei unvergleichbare »Medien« aneinander und wertet nach der psychischen Wirkungsintensität (»der Seele einen Genuß gewähren«). Die Frage nach dem Kunstwert wird nicht gestellt.

Sehr weitreichend ist die Verknüpfung, die Immanuel Kant vornimmt. Er meint, daß die »Malerkunst« in die schöne »Schilderung der Natur« und in die schöne »Zusammenstellung ihrer Produkte«[19] einzuteilen sei:

> Die erste wäre die *eigentliche Malerei,* die zweite die *Lustgärtnerei.* Denn die erste gibt nur den Schein der körperlichen Ausdehnung; die zweite zwar diese nach der Wahrheit, aber nur den Schein von Benutzung und Gebrauch zu anderen Zwecken, als bloß für das Spiel der Einbildung in Beschauung ihrer Formen. Die letztere ist nichts anders, als die Schmückung des Bodens mit derselben Mannigfaltigkeit (Gräsern, Blumen, Sträuchen und Bäumen, selbst Gewässern, Hügeln und Tälern), womit ihn die Natur dem Anschauen darstellt, nur anders und angemessen gewissen Ideen, zusammengestellt. Die schöne Zusammenstellung aber körperlicher Dinge ist auch nur für das Auge gegeben, wie die Malerei.[20]

Als Lustgarten gilt für Kant offensichtlich nur der Landschaftsgarten, keinesfalls der formale Garten, der im Jahre 1790 nicht mehr zur Diskussion stand.[21]
Unter ästhetischem Aspekt zusammengehörig erscheinen Malerei und Gartenkunst deshalb, weil beide den »Sinnenschein künstlich mit Ideen verbunden«[22] darstellen. Zwar sei der Garten real in Ausdehnung und Material, doch täuscht er eine Art der »Benutzung« und einen »Gebrauch« vor (als Nutzwaldung, Saatfeld, Weide etc.), der davon nicht gemacht wird, da der Landschaftsgarten ja vornehmlich »das Spiel der Einbildung« befördern soll, also in vergleichbarer Weise auf die Sinne des Beschauers einwirken will wie das Gemälde. Der Unterschied zur freien Naturlandschaft liegt darin, daß die Naturkomponenten im Garten »anders« und »gewissen Ideen« gemäß »für das Auge« zusammengestellt werden. Diese »gewissen Ideen« aber trägt der Künstler in den Garten hinein. An welche Art von Ideen er dabei denkt und in welcher Weise diese sich von denjenigen in der Landschaftsmalerei unterscheiden, verschweigt Kant. Er macht auch nicht klar, ob es sich um optisch-formale oder psychisch-geistige Ideen handelt. In jeder Hinsicht sind sie im zeitgenössischen Landschaftsgarten so vielfältig und oft auch so diskrepant, daß ihre Darstellung wohl den Rahmen dieses Paragraphen mit dem Titel »Von der Einteilung der schönen Künste« gesprengt hätte.
Kant hielt es für notwendig, seine Ausführungen zur Gartenkunst noch in einer Fußnote zu verdeutlichen, da sie ihm offenbar selbst zu kühn erschienen:

> Daß die Lustgärtnerei als eine Art von Malerkunst betrachtet werden könne, ob sie zwar ihre Formen körperlich darstellt, scheint befremdlich; da sie aber ihre Formen wirklich aus der Natur nimmt (die Bäume, Gesträuche, Gräser und Blumen aus Wald und Feld, wenigstens uranfänglich), und sofern nicht, etwa wie die Plastik, Kunst ist, auch keinen Begriff von dem Gegenstande und seinem Zwecke (wie etwa die Baukunst) zur Bedingung ihrer Zusammenstellung hat, sondern bloß das freie Spiel der Einbildungskraft in der Beschauung: so kommt sie mit der bloß ästhetischen Malerei, die kein bestimmtes Thema hat (Luft, Land und Wasser durch Licht und Schatten unterhaltend zusammenstellt), sofern überein.[23]

Nach Kant gehört die Plastik, zu der er sowohl Bildhauerei wie Baukunst zählt, zur ersten Art der bildenden Künste, die Malerei zur zweiten, Musik und Farbenkunst[24] zur dritten Art, die er als »Kunst des schönen Spiels der Empfindungen«[25] bezeichnet. Doch sieht er diese Einteilung nicht absolut, sondern relativiert sie sofort wieder in einer Anmerkung:

> Überhaupt wird der Leser dieses nur als einen Versuch, die Verbindung der schönen Künste unter einem Prinzip, welches diesmal das des Ausdrucks ästhetischer Ideen ([...]) sein soll, beurteilen, und nicht als für entschieden gehaltene Abteilung derselben ansehen.[26]

Durch diese Einschränkung wird einige Seiten später eine Feststellung ermöglicht, die sonst widersprüchlich wäre:

> Unter den bildenden Künsten würde ich der Malerei den Vorzug geben: teils weil sie, als Zeichnungskunst, allen übrigen bildenden zum Grunde liegt; teils weil sie weit mehr in die Region der Ideen eindringen und auch das Feld der Anschauung, diesen gemäß, mehr erweitern kann, als den übrigen verstattet ist.[27]

Läßt man diese Auffassung ebenfalls für den Landschaftsgarten gelten, so ist zu resümieren, daß auch Immanuel Kant der Gartenkunst den obersten Platz innerhalb der Kunstgattungen zuordnet. Er begründet dies mit Eigenschaften, die in der Landschaftsgartenkunst tatsächlich grundlegend sind und in der Gartendiskussion weiten Raum einnehmen:

1. Der gezeichnete Plan, d. h. die grundriß- und aufrißmäßige Verteilung der Gartenelemente.
2. Die Darstellung und Veranschaulichung von Ideen.

Zählt man die erste Eigenschaft zur Malerei, so gehört die zweite zur Literatur. Die Dichtung aber steht bei Kant an erster Stelle. In § 53 von der »Vergleichung des ästhetischen Werts der schönen Künste untereinander« heißt es: »Unter allen behauptet die *Dichtkunst* ([...]) den obersten Rang«.[28]

Vehement gegen akademische Dogmatik und Einordnungslust (»Sklaveneintheilung«[29]) erklärt Johann Gottfried Herder die Gartenkunst zur zweiten freien Kunst des Menschen:

> In der Natur Harmonie und Disharmonie unterscheiden, den Charakter jeder Gegend kennen und gebrauchen lernen, mit dem regen Triebe, das Schöne der Natur allenthalben zu erhöhen, zu versammeln; wäre dies keine schöne Kunst, so gäbe es keine.[30]

Herder leitet seine Gliederung von den Elementarbedürfnissen und von der manuellen Fertigkeit der Menschen ab. Demnach ist die Baukunst die erste der freien Künste, obwohl sie kein »reines Ideal«[31] hat. Aus Bäumen wurden Säulen, aus Höhlen Säle: »So ward aus der Natur Kunst, durch Mühe, zu Zwecken, aus Bedürfniß.«[32] Ihre »mitgebohrne Schwester, die Kunst des Gartens«[33] wird in dem weiteren Sinne begriffen, »daß eine Gegend mit allen ihren Erzeugnissen ein Garten werde«.[34] Sie hat damit ebensowenig ein »reines Ideal«, weil auch hier der Zweck mitspricht:

> Die Kunst ist zur Natur, die Natur zur Kunst geworden, nicht ohne Mühe, nicht ohne Nutzen und Bedürfniß. Glücklich die Menschheit, die an Bemühungen und Gegenständen dieser Art Freude zu haben, frühe gewöhnt ward.[35]

Analog zu Kants Argumentation, daß die Malerei als Schilderin der Natur zur Gartenkunst gehöre, weil sie die Naturprodukte zusammenstelle[36], bringt Herder Poesie und Gartenkunst zusammen:

> »Sollen Beschreibungen der Natur nur als schöne *Dichtungen* gelten, deren Ausübung und Darstellung keine *schöne Kunst* wäre?«[37]

Auch Medikus zieht den Vergleich zum Poeten. Der Gartenkünstler müsse Charakter und Eigenart eines jeden Baumes genau kennen (z. B. die babylonische Weide, die Trauer und Wehmut weckt, oder die Platane, die als großer majestätischer Baum »die Seele zur Stille und Einsamkeit« einlädt),

> da er nicht allein mit dem Geiste eines Landschaftsmalers durch diese Zusammensezung ganz eigenthümlicher Karaktere würdige Naturszenen darstellen, sondern auch mit dem schöpferischen Genie eines epischen Dichters ganze Handlungen und Begebenheiten auf eine würdige und feierliche Art abschildern soll.[38]

Die Diskussion um den Stellenwert dieser Kunst wurde dadurch erschwert, daß jeder Autor eine andere Perspektive an den Garten anlegte. Infolgedessen kann keiner der bestehenden Gärten alle Ansprüche der Gartentheoretiker erfüllen. Schiller konstatiert in seiner Rezension *Über den Gartenkalender auf das Jahr 1795*:

Da es so schwer hält, der ästhetischen Gartenkunst ihren Platz unter den schönen Künsten anzuweisen, so könnte man leicht auf die Vermutung geraten, daß sie hier gar nicht unterzubringen sei. Man würde aber Unrecht haben, die verunglückten Versuche in derselben gegen ihre Möglichkeit überhaupt zeugen zu lassen.[39]

Aber auch Schiller versucht zu rubrifizieren, indem er vom »architektonischen Geschmack« und vom »poetischen Gartengeschmack«[40] spricht und vor der Verirrung warnt, die Gartenkunst in die Malerei hinüberzuführen, mit dem wenig überzeugenden Argument, daß die Malerei in verjüngtem Maßstabe arbeite und man im Garten, der die Natur durch sich selbst repräsentiert, ins »Tändelhafte« und »Willkürliche« verfalle, wenn man ihr folgen wolle.[41]

Summiert man die Stimmen, so ergibt sich im Fazit, daß die ästhetischen Kriterien von Malerei und Dichtung denjenigen der Gartenkunst am nächsten kommen. Das Pittoreske und das Poetische werden in die Waagschalen geworfen und gegeneinander gewogen oder sie werden miteinander als Grundlage der neuen Gartenideologie angesehen. Die Ideen, die hinter dem Landschaftsgarten stehen, sind ebenso poetisch, weil von Dichtern oder Philosophen übernommen, wie die Formen pittoresk, weil von Landschaftsmalern entlehnt.

Es fällt auf, daß mit einer gewissen Stereotypie immer wieder die gleichen Maler als Vorbilder des Landschaftsgärtners genannt werden: Salvatore Rosa, Nicolas Poussin, Claude Lorrain, Jacob und Salomon von Ruysdael. Hirschfeld erwähnt daneben die Landschafter Lucas van Uden, Bernhard Graat, Pieter Breugel (Bruegel), Felix Meyer, Hermann d.J. und Cornelisz Sachleven sowie Adam Elsheimer.[42] Kein Maler aus dem 18. Jahrhundert wird empfohlen.

Rekonstruiertes Paradies

Wie schon mehrfach angeklungen, liegen der Landschaftsgartenidee transzendentale Vorstellungen zugrunde. Der Vergleich mit dem Paradies oder – »heidnisch« gesagt – mit dem Elysium ist seit altersher geläufig.[1] Bis zum 18. Jahrhundert blieb der Vergleich rein metaphorisch, denn man hielt das Ideal von vornherein für nicht realisierbar. Nun aber, mit den Möglichkeiten des Landschaftsgartens vor Augen, erwächst aus den Vorstellungen des Pantheismus die Überzeugung, daß man dieses Paradies durchaus auch auf Erden »rekonstruieren« könne. Es wird vorausgesetzt, daß das Paradies ein Konzentrat der größten Naturschönheiten gewesen sei, d. h. daß auf der Erde alle Bauelemente des Paradieses vorhanden seien, jedoch verstreut über alle Länder und unterbrochen von Wüsteneien, Ozeanen und Zerstörungen durch Menschenhand. Im Grunde wirkt latent die Hypothese des englischen Philosophen Burnet weiter, an dessen Schrift *The Theory of the Earth* (London 1684) sich die Streitfrage entzündet hatte, ob mit dem Sündenfall Adams und Evas nicht nur die Menschheit, sondern auch die Erde als Landschaftsraum verdammt worden sei.[2] Dieser Vorstellung steht selbst der Pantheist Shaftesbury noch nahe, der angesichts des Gebirges die Welt nur als eine »erhabene Ruine« empfinden kann.[3] Für den Gartenschöpfer erwächst aus der Earth-theory die Verlockung, den Paradieseszustand wiederherzustellen. Das Problem heißt: Wie kann man die verstreuten Schönheiten der Erde wieder auf ein Gartenareal konzentrieren? Eine Antwort war schnell zur Hand. Man gab vor, nach den Gesetzen der Natur vorzugehen. Diese Gesetzgebung aber war nicht kodifiziert, und ihre Exegese hat die Auseinandersetzung um die gültige Gartenform stets begleitet. Die Nachahmung schien der beste Weg zu sein, sie kennenzulernen, und so füllten die Natur-Nachahmungstheorien die ästhetischen opera des achtzehnten Jahrhunderts. Hier sei nur auf Moses Mendelssohn verwiesen, der bereits den zweiten Schritt von der Nachahmung der Natur zu ihrer Korrektur macht. Er geht davon aus, daß die Schönheit der Natur uns bezaubert, wo wir sie »ursprünglich«, wenn auch »zerstreut« antreffen.[4] Daraus resultiert der Auftrag an den Künstler, sich über die gemeine Natur zu erheben:

Sein ganzer Endzweck ist, die Schönheiten, die in die menschliche Sinne fallen, in einem eingeschränkten Bezirke vorzustellen. Er wird also den idealischen Schönheiten näher kommen können, als die Natur in diesem oder jenen Theile gekommen ist, weil ihn keine höheren Absichten zu Abweichungen veranlassen. Was sie in verschiedenen Gegenständen zerstreuet hat, versammelt er in einem einzigen Gesichtspunkte, bildet sich ein Ganzes daraus, und bemüht sich, es so vorzustellen, wie es die Natur vorgestellt haben würde, wenn die Schönheit dieses begränzten Gegenstandes ihre einzige Absicht gewesen wäre. Nichts anderes als dieses bedeuten die gewöhnlichen Ausdrücke der Künstler, die Natur verschönern, die schöne Natur nachahmen usw.[5]

Besser kann kein Gartentheoretiker die Maximen der Landschaftsgartenkunst formulieren und ihre Absichten rechtfertigen. Hirschfeld äußert die gleichen Gedanken etwas hausbackener im Zusammenhang mit der Erklärung des Wortes »Gartenkunst«:

Kunst bedeutet hier, dasjenige, was die Natur Angenehmes und Interessantes hat, auf eben die Art, durch eben die Mittel, deren sie sich bedient, vereinigen, und die Schönheiten, die sie in ihren Landschaften verstreuet, auf einen Platz sammeln zu wissen; ein neues Ganzes, dem weder Harmonie noch Einheit fehlt, hervorzubringen; durch Verbindung und Anordnung zu schaffen, und doch nicht von der Natur abzuweichen.[6]

Noch im Jahre 1794 wird diese Theorie unangefochten vertreten. In seinen *Fragmentarischen Beiträgen zur Ausbildung des deutschen Gartengeschmacks* fordert Gottlob Heinrich Rapp:

Zu allem finden sich Muster in der Natur, aber sie müssen gewählt und mit Klugheit zusammengestellt seyn, so daß das Schönste aus vielen Gegenden, in Eine gesammelt, ein vollkommenes Ganzes ausmacht.[7]

Da das Paradies als Urbild eines jeden Gartens galt, mußten den Gartenliebhaber alle Dichtungen über diesen Gnadenort faszinieren. Und da die Landschaftsgartenidee aus England gekommen war, wurde auch das englische Vorbild für absolut genommen: Miltons *Paradise Lost*. Horace Walpole, der populärste englische Literat seiner Zeit, der sich für die Verbreitung des Landschaftsgartens unermüdlich einsetzte, spricht anläßlich seines Lobes auf Milton von der »allmächtigen Hand [...], welche die Freuden des Paradieses gepflanzt hatte«[8] und von den Entgleisungen in irdischen Gärten, die dieser Hand unwürdig seien. Er hält die Beschreibung des Gartens Eden durch Milton »für eine wärmere und richtigere Darstellung des gegenwärtigen Styls, als Claude Lorrain sie nach den Situationen zu Gogley[9] und Stourhead hätte mahlen können.«[10]
Man zieht bei der Suche nach dem paradiesischen Ideal das poetische dem malerischen Phantasiebild vor. Zum Beweis zitiert Walpole zwei Seiten lang Milton-Verse in einer Weise, als seien es Beschreibungen ebendieser beiden englischen Parks, nur nach einem »prächtigeren Maßstabe«.[11] Milton habe zwar kein Vorbild für seine Paradiesesszenerie gehabt, aber er hatte die Naturlandschaft Englands vor Augen.

Es genügte ihm, daß er die Materialien gesehen hatte, aus welchen er schaffen konnte. Die Energie einer unbeschränkten Einbildungskraft sagte ihm, wie man eine Anlage entwerfen könnte, wodurch die Natur verschönert und die Kunst in ihren wahren Beruf, ächte Verbesserung und Nachbildung jener, wieder eingesetzt werden könnte.[12]

Die Kunst ist nicht nur eine Nachahmung, sondern eine Verbesserung der Natur! So weit war Milton in seinem Werk niemals gegangen. Walpole interpretiert ihn aus dem Verständnis seiner eigenen Epoche.
Im Zusammenhang mit der Hypothese von Burnet steht meines Erachtens auch die leidenschaftliche Anteilnahme an der Entdeckung exotischer, d.h. vom abendländischen Menschen unberührter Völker und Landschaften, weil man in ihnen noch heile Überreste des zerstörten irdischen Paradieses vermutete. Sie spielen im Landschaftsgarten eine Rolle als Staffagelieferanten. Hütten aus Tahiti, Moscheen aus dem Morgenland, Pagoden aus Indien, Türme aus China und dgl. waren überaus beliebt.
Alles, was an utopischen Bildern aus der neuen Naturzuwendung im Gefolge Rousseaus entwickelt worden war, schien durch die Entdeckungen der siebziger Jahre, vor allem durch Cooks Reisen zwischen 1769 und 1779[13], bestätigt zu werden. Um so geringer wurde auch die Scheu, diesen greifbaren Traum in Form von Nachbildungen in die eigene Nähe zu rücken, eben in den Garten. Den nostalgischen Aspekt dieses Phänomens hat Thomas Lange in seiner Arbeit *Idyllische und exotische Sehnsucht* herausgestellt.[14] Reichliche Informationen enthält auch Winfried Volks Dissertation über *Die Entdeckung Tahitis und das Wunschbild der seligen Insel in der deutschen Literatur*.
Es wäre reizvoll, diese exotische Form einer Entelechie

des Landschaftsgartens zu verfolgen, würde jedoch den Rahmen der vorliegenden Studie überschreiten. Ich beschränke mich auf die Stilkontroverse um die rechte Form, nach der ein Park im 18. Jahrhundert gestaltet werden sollte. Das Exotische ist insofern nicht stilrelevant, als es sowohl im französischen wie im englischen Garten seinen Platz hatte. Eine viel gewichtigere, ja die entscheidende Komponente der Gartenbegeisterung war der Kult der Empfindsamkeit, ohne den der Landschaftsgarten niemals seinen exorbitanten Stellenwert unter den Künsten gewonnen hätte. Im folgenden werden zwei Beispiele vorgestellt, die für die »Empfindelei« der literarisch gebildeten Kreise in Deutschland charakteristisch sind.

Der sentimentale Garten

Johann Heinrich Merck und die »Darmstädter Empfindsamen«

Vorwiegend wegen der Teilnahme Goethes und Herders hat der Kreis der »Darmstädter Empfindsamen« das wissenschaftliche Interesse geweckt und ist zu einem literarhistorischen Begriff geworden. Naturschwärmerei und Dichtung waren dort eine enge Verbindung eingegangen und übten auch auf die dilettierende Gartentätigkeit eine starke Wirkung aus. Mögen die Ansätze auch unbeholfen und provinziell gewirkt haben, so gaben sie doch Anregungen, die weit über den Darmstädter Lokalbereich hinausgingen.

Die dominierende Gestalt des Kreises war J. H. Merck. Auch er hat sich persönlich mit Gartenfragen beschäftigt und ist der einzige Autor von literarischem Rang, der einen Aufsatz zu Hirschfelds großer *Theorie der Gartenkunst* beigetragen hat. Hirschfeld druckte zur Erläuterung seiner theoretischen Darlegungen zahlreiche Schilderungen bestehender oder geplanter Landschaftsgärten ab. Er entnahm sie zu einem großen Teil bereits vorliegenden Publikationen. In einigen Fällen ließ er sich durch Korrespondenten und Mitarbeiter informieren oder verfaßte die Beschreibungen selbst.

Merck schildert unter der Überschrift *Beschreibung der Gärten um Darmstadt* die Anlagen des Präsidenten von Moser, des Oberjägermeisters Baron von Riedesel und den Herrengarten der Landgräfin Caroline von Hessen-Darmstadt.[1] Alle drei sind Landschaftsgärten der frühen, sentimentalen Stufe.

An Mosers Garten hebt Merck das Wohnhaus hervor, »das an Niedlichkeit, Simplicität und Geschmack, sowohl in der Architektur als der Auszierung seines Besitzers und Erfinders vollkommen würdig ist«. Der religiöse Aspekt ist eingebracht durch »ein niedliches Kapellchen, so wie man es auf Kirchhöfen erwarten könnte, worin aber, statt der Totenopfer, dem Komus[2] gedient wird«.

Das bis heute bestehende Perspektiv im Schloßgarten von Schwetzingen, genannt »Ende der Welt«

Ein »Teich von unregelmäßiger Form« wird erwähnt, »woran eine gerade Allee angelegt ist, die zu einer auf die Wand gemalten Perspektive hinführt«.[3] Das Rui-

nenmotiv tritt in der Form einer ruinös gebauten »gothischen Kirche« auf, deren Portal »Ruhe und Aussicht darbietet« und hinter deren mittelstem Fenster sich das Schreibkabinett verbirgt. Ein »Eremitenhäuschen, das auf russische Art aus ganzen Stämmen erbauet, und mit Stroh gedeckt ist«, fehlt ebensowenig wie eine Insel mit chinesischem Pavillon, eine Pappelallee und Statuen des Apoll und Neptun.
Merck zieht im Anschluß an die Schilderung ein Resümee, das nach Bewunderung klingt:

Das Ganze der Anlage bildet den pikantesten Anblick und zeugt von der blühenden Imagination seines Erfinders. Bey einer glücklichen Beleuchtung entdeckt man die schönsten Massen, und der Zeichner wird überall versucht, sein Portefeuille aufs Knie zu nehmen. Die glücklichsten Einfälle sind überall mit einer solchen Klugheit ausgeführt und die Wirkung ist so fein berechnet, daß man nicht weiß, ob man mehr der Beurtheilung oder mehr dem Gefühl das Lob sprechen soll. Man hat weder versucht, eine Wildniß zu erschaffen, noch das Große der Natur auf einen Tisch zu zaubern, wie so viele mit Ängstlichkeit suchen; sondern es ist ein angenehmer Morgentraum realisiert, und ein heitrer Ruheort für die Seele des empfindungsvollen Betrachters bereitet worden.

Trotz der Kürze dieser Gartenbeschreibung läßt sich Mercks Stellung innerhalb der Stildiskussion gut erkennen. Obwohl auch er sich der stereotypen Schlagwörter derartiger Schilderungen bedient (»Niedlichkeit«, »Geschmack«, »freye Aussicht«, »schönste Massen« u.ä.), kommt er doch zu einem eigenen Urteil. Er formuliert klar die Extrempositionen möglicher Naturnachahmung im Landschaftsgarten und schließt sie aus: Weder die »Wildniß«, d.h. die von Kunst unberührte Natur am Gartenrande[4] noch »das Große der Natur auf einem Tisch», d.h. die künstliche Vereinigung der kanonisierten Naturschönheiten auf kleinem Raum, erscheint ihm richtig. Er schätzt den Mittelweg, der Ruhe für die empfindsame Seele in einem realisierten Morgentraum gewährt.[5] Die Akkumulation der Naturschönheiten auf einem begrenzten Gartenplatz widerspricht auch dem Naturprinzip, das Merck kurz darauf in einem Aufsatz ästhetischen Inhalts darlegt:

Die *hohe Schöne* ist leider ein Abstraktum, das der Schöpfer nicht über den ganzen Erdboden mit gleich freygebiger Hand ausgestreut hat, aber sie wäre auch das *Göttliche* nicht, das wir in ihr verehren, wenn sie, wie Wasser zu jedem Gebrauch bereit stünde, und so verschwendet werden könnte.[6]

In merkwürdigem Gegensatz zur Beschreibung von Mosers Garten steht Mercks Haltung zur Person Mosers. Der hessen-darmstädtische Kanzler Karl Friedrich von Moser (1723–1798) hatte am 16. Mai 1780 dem Kriegsrat Merck einen Besuch abstatten wollen, um ihm für den Aufsatz in Hirschfelds eben erschienenem zweiten Bande zu danken. Merck ließ sich verleugnen, deshalb schrieb Moser am folgenden Tage:

Ew. W. danken Garten und Gärtner vor das ehrenvolle Creditiv, womit Sie beyde beym Publikum aufgeführt haben. Den *Hirschfeld* unterm Arm wollte ichs gestern mündlich sagen, Sie haben mich aber nicht angenommen und wird mirs schwer zu schreiben, was Sie gewiß aus einem dankerfüllten Blick gelesen hätten. Ich bekenne froh, wie sehr mich Lob und Zeugniß eines Kenners just in dem Punct geschmeichelt habe, der mir die meiste Mühe bey diesem Gartenplan gemacht, die Standpuncte so zu wählen, daß keine Parthie der andern [...] im Wege seye und doch kein mißwachsenes und überladenes Ganze herauskomme.[7]

Die Reaktion Mercks auf diesen freundlichen Brief ist nicht bekannt. Wenige Wochen später wird Moser abgesetzt und es zeigt sich, daß Merck ihm schon lange feindlich gesonnen war. Noch drei Jahre danach schreibt er in Anspielung auf das von Moser verfaßte

Grabstätte der Landgräfin Caroline von Hessen-Darmstadt im »Herrengarten« zu Darmstadt

Rechtfertigungsschreiben *Necker, in Briefen an Herrn Iselin in Basel* den polemischen *Anti-Necker*. Merck ist überzeugt, daß Moser »ein Pasquillant, ein Verleumder, ein Lügner, ein ehrloser Mensch« sei.[8] Über seinen Geschmack urteilt er bissig in *Lebensbild*:

In seinem ganzen Hause zeigte sich der *bourgeois gentilhomme*. Er wollte ein geborner Kenner von Allem seyn, ein Beschützer aller Künste. Er hatte Gemälde, Kupferstiche, Statuen, Vasen, aber Alles von der höchst mittelmäßigen Sorte. Nichts war kostbar daran, als das Gold, das er unwissender Weise dafür bezahlt hatte.[9]

Der Garten des Barons von Riedesel[10] scheint nach Mercks kurzer Beschreibung mehr eine ›ornamented farm‹ gewesen zu sein, auf der man »die schönste Art Schweizervieh in den reinlichsten Ställen« hielt. Es gab neben Obst- und Weingärten, Feldern und Gebüschen ein Vogelhaus mit Fasanerie, ein Bosquett mit Allee, ein chinesisches Haus und ein Eremitenhäuschen. Ein Urteil über den Garten gibt Merck nicht ab.
Am ungewohnlichsten erscheint der sogenannte Herrengarten der Landgräfin Caroline in Darmstadt[11], wo »hinter dem Schloß der herrschaftliche Küchengarten in einen Garten im neuen Geschmack umgeschaffen« worden ist.

Ein kleines Gehölz von Rüstern gab den ersten Einfall dazu [...]. Von da gelangt man in verschiedene krumm laufende Gänge, bis man zum Grabe der Landgräfin kommt, das aus einem einfachen mit Epheu bewachsenen Grabhügel besteht, der auf den Seiten mit Taxusbäumen besetzt, rundum aber durch die schönsten babylonischen Weiden und andre dunkle Nadelhölzer zu einem heiligen Hain eingezäunt wird. Sie hat dieses Grab selbst zu ihrem Ruheplatz ausersehen, und auf einer Bank gegenüber viele Jahre vorher ihre Betrachtungen genährt.[12] Nicht weit davon ist ein Eremitenhaus, worin sie den Sommer über ihre meisten Briefe schrieb, und die Einsamkeit suchte. Das Ganze ist ohne Grundriß schwer zu beschreiben, indem man bald auf geschmückte Rasenstücke, bald auf freyere Wiesen, auf Plätze mit allerley Rosen besetzt, auf Gruppen von Linden, und wieder auf Alleen stößt. Ueberall aber herrscht Geschmack und Gefühl.[13]

Die Umwandlung eines Nutzgartens in einen sentimentalen Park hatte Justus Möser in seiner Satire *Das englische Gärtgen* bereits im Jahre 1773 verspottet. Hier ist davon in vollem Ernst die Rede, weil die Verwandlung offenbar gelungen ist und mit angemessenen Mitteln vorgenommen wurde. Das von Merck geschilderte Stimmungsbild einer melancholischen Gartenpartie im Landschaftsgarten entspricht vollkommen dem Stilbewußtsein, das sich in Hirschfelds Theorie äußert. Ein

Leben, wie es Caroline angesichts des »memento mori« ihres Gartens zum Zwecke der Besinnung und Entspannung führt, erinnert stark an das Barock. Es muß hier jedoch als Ausdruck der Gefühlskultur in den siebziger und achtziger Jahren des 18. Jahrhunderts, das heißt während der Hauptphase der »Empfindsamkeit«, gedeutet werden.

Diese Art von Grabessentimentalität wird verständlicher, wenn man das Treiben der sogenannten Darmstädter Empfindsamen betrachtet, das sich am Rande des Hofes der Großen Landgräfin abspielte. Zu diesem Kreis von rund zehn Personen, deren jede einen poetischen Wahlnamen trug, gehörten die Hofdamen Henriette Helene von Roussillon (Urania) und Louise von Ziegler (vgl. Mercks *Lieder an Lila*), ferner Caroline Flachsland (Psyche), Goethes Schwester Cornelia (Sophia), Franz Michael Leuchsenring, der überspannte Apostel der Empfindsamkeit (Goethes *Pater Brey* von 1773), Johann Heinrich Merck und, in lockerer Verbindung, Goethe, der gelegentlich zu Fuß oder zu Pferd von Frankfurt herüberkam, sowie Johann Gottfried Herder (heimlich mit Caroline Flachsland verlobt), Sophie von Laroche und ihre Tochter Maximiliane.

Goethe fand für den Kreis die Bezeichnung »Gemeinschaft der Heiligen«.[14]

Man kam reihum in den Wohnungen zusammen und las gemeinsam Klopstock, Ewald von Kleist, Wieland, Gleim, Sterne, Voltaire u.a. Aber auch eigene Werke trug man vor.[15] Von 1769 bis 1773 dauerte das schwärmerische Wesen, dann hatte es sich erschöpft – nicht zuletzt infolge intimer Intrigen und Verstimmungen.

Doch solange die Eintracht vorhielt, lockte die Schwärmerei auch ins Freie.

> Man wanderte an schönen Tagen Arm in Arm, eng aneinandergeschmiegt, mit Blumen geschmückt durch Wald und Feld, oft bei Sternengefunkel und im Scheine des Mondes [...]. Der ›Herrgottsberg‹ der ›Gehaborner Hof‹ und die ›Bergstraße‹ waren Ziele der Wanderungen, oft fuhr man auch bei Mondschein auf dem Wasser. Wie körperlose Schemen wiegten sich die schönen Seelen auf der schwankenden Leiter der Gefühle und schwärmten unter heißen Küssen.[16]

Ein Waldfest wird auf hohem Berg mit weiter Aussicht gefeiert.

> Oben war ein freier Platz, da hatte er [der Landgraf] einen Tempel von Brettern und Fichtenbäumen zurecht machen lassen mit Blumenkränzen ausgezieret, da waren Tische und Stühle und zu Essen vor die, die da essen konnten. Ich war so gerührt, so mannigfaltig gerührt [...]. Da trocknete ich meine Tränen.[17]

Fünf Jahre später sollte ein ähnlich arrangiertes Fest mit einem schnell gezimmerten Borkenhäuschen in Weimar zum Ausgangspunkt des Landschaftsgartens an der Ilm werden.

Alle himmelten sich gegenseitig an und trieben geradezu einen Namenskult. Sie schnitten ihre Namen in die Rinden der Bäume und unterzeichneten die Briefe mit eigenem Blute. Die Verbindung von Schwärmerei und Freundschaftskult war in keinem anderen Kreis so eng wie in Darmstadt. Man verschloß sich in einem Gefühlszirkel von Eingeweihten, der manche Züge der Freimaurerei aufwies.

Goethe war Hahn im Korbe. Er dichtete Lila (*Pilgers Morgenlied*), Urania (*An Uranien*; *Uns gaben die Götter auf Erden Elysium!*) und Psyche an (*Felsweihe-Gesang an Psyche*). Das letztere Gedicht bezieht sich auf einen Spaziergang Ende April 1772 auf den Herrgottsberg, wo Goethe in einen Felsvorsprung mit Namen »Teufelsklaue« seinen Namenszug einschlug.[18] Damit war der Fels zur Wallfahrtsstätte der »Empfindsamen« geworden. Eine Rasenbank lud zur Lektüre der Lieblingsdichter ein. Caroline erklärte ihn zu *ihrem Felsen* und Goethe mußte sich mit dem empfindlichen und eifersüchtigen Herder (»Aber, mein liebstes Mädchen, die Felsweihe an Psyche gefällt mir nicht«)[19] auseinandersetzen[20], der in einer »Antwort auf die Felsweihe an Psyche« Goethe einen »irren Götzenpriester« genannt hatte.[21]

Die Empfindelei griff natürlicherweise besonders in den Gärten um sich. Der Schloßgarten von Homburg war in seiner Grundanlage ein später Barockgarten, nun aber durchzogen von schlängelnden Wegen zwischen lauschigen Gebüschen und ausgestattet mit Grotten. Louise von Ziegler nutzte ihn auf ihre Weise. Caroline Flachsland berichtet am 6.2.1772 darüber an Herder:

> Sie ist ein süßes schwärmerisches Mädchen, hat ihr Grab in ihrem Garten gebaut, ein Thron in ihrem Garten, ihre Lauben und Rosen, wenns Sommer ist, und ihr Schäfchen das mit ihr ißt und trinkt.[22]

Nach dem Vorbild der Großen Landgräfin hat sie sich ab und zu in das zugerichtete Grab gelegt, um das Sterben im voraus zu empfinden.[23] Das Lamm sowie eine Glucke mit dreizehn Küken hatte ihr ein empfindsamer Verehrer (von Boden) geschenkt. Nach dem heftig beweinten Tode des Tieres trat ein Hündchen an seine Stelle.

Unweit von Homburg ließ der Landgraf von Hessen-Homburg, der auf Reisen keine Gelegenheit ausgelassen hatte, neue Parkanlagen kennenzulernen, einen »Grand bois«, einen »Großen Tannenwald« anlegen, den er mitunter seinen »Lusthain« und sein »Tempe« nannte. Zwei lange, stimmungsvolle Gedichte hat er darüber verfaßt.[24] Goethe und Merck waren vermutlich die ersten Besucher, die den Park im April 1772 sehen durften. Merck sandte seiner Frau einen begeisterten Bericht:

> [...] nous avons trouvé un pais de fées. Il n'y a pas moien de s'imaginer à quel degré de beauté pittoresque tout se trouve calculé. J'ai admiré l'imagination de Msgr. dans tout cela, plus que je ne saurois le dire.[25]

Dieses »Feenland« scheint laut Grundriß und Beschreibung ebenfalls ein Garten am Übergang vom Rokoko zum empfindsamen Landschaftsgarten gewesen zu sein. In dieser seiner Lieblingsschöpfung wollte der Landgraf auch bestattet werden, was aber offenbar wegen kirchlichen Einspruchs nicht möglich war. Für sein Lieblingspferd jedoch ließ er 1773 ein Grab anlegen, dessen Grabstein die von ihm verfaßte Inschrift trägt:

> Hier liegt das schönste Pferd begraben,
> Das alle Tugenden vereint.
> Könnt' man mit Tieren Freundschaft haben,
> so läge hier mein Freund![26]

»Lila« wandelte häufig in diesem Park, nannte ihn ihren »Heiligen Hain«, schnitt die Namen ihrer Seelenfreunde in die Rinden und küßte in Ermangelung der Freunde die Bäume.

Die Verquickung von Poesie, Natur- und Freundschaftskult trieb die seltsamsten Blüten. Mercks Biograph Helmut Prang konstatiert bei den »Empfindsamen« einen

> Gefühlskultus, in den man sich gegenseitig hineinsteigerte und der eine Offenheit voreinander mit sich brachte, die man heute als schamlos empfinden würde. Ein überhitztes Schwelgen in Gefühlen brachte

eine Treibhausatmosphäre hervor, die nur durch einen elementaren Sturm behoben werden konnte. Denn hier gab es keine organische Entwicklung zum Gemilderten und Maßvollen mehr, sondern hier war nur plötzliche Ernüchterung und völliges Erlöschen möglich.[27]

Schönes Ideal und rauhe Wirklichkeit kollidieren auch in zwei Erzählungen J. H. Mercks, die die Naturbegeisterung dieser Epoche zum Gegenstand haben. In der *Geschichte des Herrn Oheims*[28] singt Merck uneingeschränkt das Lob des bäuerlich schlichten Lebens im Gegensatz zu Stadtgesellschaft und Staatsdienst. Es ist eine erträumte Alternative zu seiner persönlichen Existenz als Kriegsrat am Darmstädter Hofe, in der er alles andere als glücklich war. Merck will darin zeigen, daß man der rustikalen Seligkeit nur habhaft werden kann, wenn man sich vollständig dem Lande verschreibt und nicht nur gastweise und aus Zeitvertreib zum Bauern wird:

Ich sah, der erste Beruf der Menschen, der Erde sein Brod abzuverdienen, war zu ernsthaft, als daß es ein Herr in seidnen Strümpfen als Liebhaberey treiben dürfte.[29]

So lebt Oheim ausschließlich als Landwirt. Er ist glücklich im Kreise seiner Familie und geachtet von den Nachbarn. An sein früheres Leben erinnern nur mehr eine silberne Kanne und Dresdner Tassen mit goldenem Rand, die als ein »memento mori«[30] der vormaligen Lebensumstände aufbewahrt werden.

Das Schwierige und nahezu Utopische eines solchen Ideallebens erkennend, verfaßte Merck drei Jahre später eine Art Selbst-Persiflage auf diese erste Erzählung: *Herr Oheim der Jüngere, eine wahre Geschichte*.[31] Hier mißlingt trotz ähnlicher Ausgangslage und trotz bester Vorsätze die Erprobung einer ländlichen Existenz vollkommen. Der Held Strephon will aus seiner dienenden Stellung als Sekretär eines Edelmannes in ein freieres Leben ausbrechen. Er ist »nur mit dem kleinen Fehler behaftet, daß er alle neue teutsche Schriften«[32] liest und deren Inhalt in seiner lebhaften Phantasie nachzuleben versucht. So beeinflußt ihn auch die *Geschichte des Herrn Oheims*, die er im Teutschen Merkur liest. Er kauft das nächstbeste Bauerngut, quittiert seinen Dienst und beginnt entschlossen das Leben eines Landwirts. Freunde ermuntern ihn:

Sie haben alle möglichen Aspekten und Lagen. Ebenen, Thäler und Berge, und, was das beste ist, 24 Morgen Waldes, der Nadel- und Laubhölzer bringt. [...] Wenn ich mich nur ausdehnen könnte, wie Sie alsdenn ohngestört vermögen, ich wollte bald die Gegend in ein Elysium umschaffen.[33]

Doch weder Berge noch Elysien sind dem landwirtschaftlichen Erwerb sonderlich günstig, was Strephon bald zu spüren bekommt. Es stellen sich Schwierigkeiten ein, an die kein Stadtmensch zu denken pflegt, wenn er den Bauernstand idealisiert. Anwachsende Steuerlasten, Frontage und Versicherungskosten nehmen alle Ersparnisse und Gewinne weg; die Quellen auf seinem Grund und Boden sind königliches Regal, folglich dem Besitzer nicht verfügbar. Am Ende will gar die geliebte Oberförsterstochter den in ihren Augen sozial Abgestiegenen nicht mehr zum Manne nehmen: sie hatte sich in den höfischen Städter verliebt, der er vorher war. Alles verschwört sich gegen Strephon. Merck weist kritisch auf die ungerechte Verteilung der Lasten hin:

Die Landesväterliche Vorsorge war in den Händen der Schultheißen, der Gerichtsleute, der Rentsecretarien und des Amtmanns. Diese Personen sämtlich hatten ein Einziges Principium: *sie musten leben*, und dies Principium gieng über alle andere.[34]

Resigniert kehrt Strephon aus dem »freien« bäuerlichen Stand in den »sclavischen« eines Sekretärs zurück.

Der Aufbruch in die Freiheit der Natur muß unter den Bedingungen der bestehenden Sozialordnung mißlingen.

Johann Carl Wezel hat ebenfalls in diesen Jahren (1780) ein solches Scheitern zu einem zentralen Motiv seines Romans *Herrmann und Ulrike* gemacht.

Jung-Stilling: Landschaft und Gefühl

Ein authentisches Zeugnis für die Landschafts- und Gartenbetrachtung der Empfindsamkeitsperiode ist Johann Heinrich Jungs (Pseudonym Stilling) vielgelesene *Lebensgeschichte*,[35] deren ersten Teil, *Heinrich Stillings Jugend*, Goethe ohne Wissen des Verfassers im Jahre 1777 veröffentlichen ließ. Sie ist von einem geradezu pietistischen Konfessionsdrang erfüllt, und es bedeutet wenig, daß Stilling immer wieder um eine Grenzziehung zwischen seiner, von ihm als Berufung verstandenen Lebens- und Glaubenshaltung, und der Position des Pietismus bemüht war.[36]

Auch in der Begegnung mit Landschaft ist allenthalben dieser persönliche, stark emotionelle Zugriff zu beobachten.

Es ist in Stillings Charakter etwas Eigenes, daß die Landschaften einen so tiefen und wohltätigen Eindruck auf ihn machen: wenn er reiset oder auch nur spazieren geht, so ist es ihm immer wie dem Kunstliebhaber, wenn er in einer vortrefflichen Gemäldegalerie umherwandelt – Stilling hat ein ästhetisches Gefühl für die schöne Natur.[37]

Die Betrachtungsweise der Natur, als ob es sich um gemalte Bilder handle, bestätigt nur die Theorie, daß die neue Entdeckung der Landschaft von der Landschaftsmalerei ausgegangen sei. Schilderungen von Landschaftsausschnitten lesen sich wie Beschreibungen von Landschaftsveduten des 18. Jahrhunderts.

Westwärts sah man eine große Strecke hin, diesen prächtigen Strom im Schimmer der Abendsonne majestätisch auf die Niederlande zueilen; rundumher lagen tausend buschigte Hügel, wo überall entweder blühende Bauernhöfe, oder prächtige Kaufmannspaläste zwischen den grünen Bäumen hervorguckten; dann waren Nagels und Stillings Gespräche herzlich und vertraulich, sie ergossen sich ineinander [...].[38]

Geschildert ist hier das Panorama der Stadt Schauberg, südwestlich von Schönenthal-Elberfeld mit Blick auf den Rhein. Es klingt wie die Beschreibung eines Gemäldes von Claude Lorrain. Der Pfälzer Wald um Kaiserslautern erscheint folgendermaßen:

Nun ging die Reise in das waldigte und gebürgigte Austrasien; ungeachtet der rauhen Jahreszeit und der entblätterten toten Natur staunte doch Stilling rechts und links die steilen Gebürge und Felsen, die uralten Wälder und die allenthalben an den Klippen hangende ruinierte alte Ritterwohnungen an, alles sah ihm so vaterländisch aus; es war ihm wohl und bald sahe er dort in der Ferne das waldumkränzte Rittersburg mit allen seinen alten Türmen liegen [...].[39]

Jede Naturschilderung aber ist Hinführung oder Folie zur Darstellung von Gefühlen. So heißt es bei Frühlingsbeginn: »[...] die Ausgeburt der Natur erfüllte alles mit Wonne. Von jeher sympathisierte Stilling mit der Natur, daher war es ihm auf dieser Reise innig wohl.«[40] Vornehmlich klingt diese Sympathie im wahren Sinne des Wortes (Mit-Gefühl) in vielen Herbst- und Winterbildern an:

Er mußte über eine große lange Heide gehen; hier fühlte er so etwas Schauerhaftes und Melancholisches, er dachte an die Vergänglichkeit aller Dinge: ihm war's beim Abschied der schönen Natur, wie bei dem Abschied einer lieben Freundin; allein ihn schreckte auch ein dunkeles Ahnden, so, als wenn man beim Mondschein, an einem berüchtigten einsamen Ort vorbeigeht, wo man Gespenster vermutet.[41]

Damit leitet Stilling die Schilderung eines aus unerwiederter Liebe zu ihm in Wahnsinn verfallenen Mädchens ein. Das Naturbild dient unmittelbar zur Einstimmung in den beabsichtigten Gefühlszustand.
Im Gegensatz zu dieser passivischen Haltung der Natur gegenüber steht Heinrich Stillings Aktivität, sobald er die Landschaft in seiner Phantasie verändert und Gebilde hineinsieht, die an Staffagen aus zeitgenössischen Landschaftsgärten erinnern und die für ihn die eingebildete Funktion übernehmen. Den Stoff für die Phantasiegebilde entnimmt er den Volksbüchern des 16. Jahrhunderts. Er liest als Kind den *Gehörnten Siegfried*, den *Kaiser Oktavianus mit seinem Weib und Söhnen*, die *Vier Haymonskinder*, die *Schöne Melusine* u.a., steigt mit der *Asiatischen Banise* Zieglers ins 17. Jahrhundert hinauf und kommt erst viel später zur Literatur seiner Zeit. Dem kleinen Heinrich ist erlaubt, vor dem Hause zu spielen, soweit der Vater die Gegend überblicken kann.

Diese Gegend, Stillings Baumhof und ein Strich Waldes, der an den Hof grenzte, wurde von unserm jungen Knaben also täglich bei gutem Wetter besucht, und zu lauter idealischen Landschaften gemacht. Da war eine ägyptische Wüste, in welcher er einen Strauch zur Höhle umbildete, in welche er sich verbarg und den heiligen Antonius vorstellte, betete auch wohl in diesem Enthusiasmus recht herzlich. In einer andern Gegend war der Brunn der Melusine; dort war die Türkei, wo der Sultan und seine Tochter, die schöne Marcebilla, wohnten; da war auf einem Felsen das Schloß Montalban, in welchem Reinold wohnte u.s.w. Nach diesen Örtern wallfahrte er täglich, kein Mensch kann sich die Wonne einbilden, die der Knabe daselbst genoß; sein Geist floß über, er stammelte Reimen und hatte dichterische Einfälle.[42]

Das kindliche Poesie-Spiel steht durchaus auf der Höhe des Zeitgeschmacks und trifft den Tenor der »empfindsamen Parklandschaft« recht gut, vor allem seine Tendenz zum religiösen Park einerseits und zum romantischen, d.h. poetisch-romanhaften andererseits.
Die phantasiereiche Umsetzung von Naturbildern zeigt sich auch beim Besuch in der Köhlerhütte des Großvaters Eberhard:

Heinrich, der alles idealisierte, fand auf diesem ganzen Wege lauter Paradies; alles war ihm schön und ohne Fehler. Eine recht düstere Maibuche, die er in einiger Entfernung vor sich sah, mit ihrem schönen grünen Licht und Schatten, machte einen Eindruck auf ihn; alsofort war die ganze Gegend ein Ideal und himmlisch schön in seinen Augen. Sie gelangten dann endlich auf einem sehr hohen Berg zum Arbeitsplatz. Die mit Rasen bedeckte Köhlerhütte fiel dem jungen Stilling sogleich in die Augen; er kroch hinein, sah das Lager von Moos und die Feuerstätten zwischen zween rauhen Steinen, freute sich und jauchzte.[43]

Jene mittels kindlicher Einbildungskraft gestalteten Landschaften ziehen auch den erwachsenen Heinrich immer wieder an:

Als er vor die Tür kam, übersah er seine alte romantische Gegenden; die Herbstsonne schien so hell und schön darüber hin; und da es noch früh am Tage war, so beschloß er alle diese Örter noch einmal zu besuchen, [...] er fand noch alle die Gegenden, wo er so viele Süßigkeiten genossen.[44]

Unter dem Einfluß der Lektüre von Gottfried Arnolds *Leben und Altväter* und *Kirchen- und Ketzer-Historie* intensiviert sich die Natursicht: »Alles, was er in der Natur sahe, jede Gegend idealisierte er zum Paradies, alles war ihm schön, und die ganze Welt beinah ein Himmel.«[45] Das Ruinenmotiv in Form eines verfallenen Bergschlosses in der Nachbarschaft erscheint ausschließlich im Zusammenhang mit Jenseitsgedanken:

Köhlerhütte im »Englischen Dorf« von Hohenheim bei Stuttgart. Sie enthielt die Bibliothek der Franziska von Hohenheim. In der abgestorbenen Eiche an der Rückwand befanden sich Kamin und Rauchloch.
Kupferstich aus Hirschfelds »Theorie der Gartenkunst«

wenn Personen wie der Vater oder der Großvater von Todesahnung ergriffen werden oder wenn Jung-Stilling an seine verstorbene Mutter denkt. Die Bereitschaft zur Verklärung und transzendentalen Befrachtung der Landschaft wird nirgendwo in der Empfindsamkeitsepoche so deutlich wie in Stillings naiver Verdichtung.

Einen realiter gestalteten, historischen Landschaftsgarten schildert Stilling nur einmal in ausführlicher Form.[46] Mit seiner Braut Selma besucht er in Kreuznach den »schönen, und vielen Kennern wohlbekannten Garten« des Kaufmanns Schmerz.[47] Wie in einem Reiseführer werden die Lage und die Eigentümlichkeiten des Gartens im Durchschreiten beschrieben.[48] Da gibt es den »Rasenplatz mit einer Bauernhütte«, eine »zierliche Kammer« in der »Felsenkluft«, italienische Pappeln an der alten Stadtmauer, eine Rasenbank, eine Urne, ein Grabmal mit Ruhesitzen und Inschriften, das »Faß des Diogenes«, eine verdorrte hohle »Eiche, in welcher ein Einsiedler in Lebensgröße mit einem langen Bart an einem Tischchen sitzt, und dem, der die Tür öffnet, ein Kompliment macht« sowie eine Eremitage zwischen Garten- und Blumenbeeten, zwei Pyramiden mit Aussichtsaltanen (Blick auf das Nahetal) u.a.m. In Stillings Darstellung wird die Gesellschaft nach einer Erholungspause in der Felsenkluft – es ist inzwischen Nacht geworden – mit Illuminationen überrascht. »Die Urne oben im Pappelwäldchen war mit vielen Lampchen erleuchtet, so daß der ganze Wald, wie grünes Gold, schimmerte.« Derartige Vorführungen gehörten zu den theatralischen Effekten der Gemütserregungskunst mittels Gartenelementen. Was im Betrachter dadurch an Gefühlen ausgelöst wurde, hing allerdings von seiner individuellen Empfänglichkeit und seelischen Disposition ab. Stilling findet sogleich die auf ihn passende Symbolik heraus:

Der Schmerz hatte Stillingen seine Urne erleuchtet, und neben ihm wandelte nun seine Salome [Salome = Friede], die Verkündigerin eines zukünftigen hohen Friedens!!! Schöner! Schöner, rührender Gedanke!

Die platte Parallele von Stillings persönlichem Trauer-Schmerz um seine verstorbene erste Gemahlin zu dem Namen des Gartenbesitzers und Veranstalters der Illumination (Schmerz) kann man als Kalauer bezeichnen, die Gleichsetzung Selma = Salome – Friede ist sehr gewollt, doch zeigen diese Beispiele das wirksame Funktionieren der mit künstlichen Mitteln erzielten Gefühlslenkung besser, als manche umschreibende Darstellung. Der betonte Ausruf am Schluß entspricht dem Tonfall von Beschriftungstafeln sentimentaler Gärten.[49]

Der Regisseur im Schmerz'schen Garten setzte zur weiteren Empfindungs-Aktivierung die Tonkunst ein:

Als nun alle ihre frohe Verwunderungsausrüfe geendigt hatten, so begann [...] eine rührende Musik, und zwar die vortreffliche Arie aus Zemire und Azor, welche hinter dem Spiegel gesungen wird; zugleich war der Himmel mit Gewitterwolken überzogen, und es donnerte und blitzte dazwischen. Stilling schluchzte und weinte, die Szene war für seine Seele und für sein Herz zu gewaltig, er küßte und umarmte bald Schmerzen, bald seine Selma, und floß für Empfindung über.

Stilling macht dieses Gartenerlebnis zum Gradmesser der Emotionen bei sich und seiner Braut. Die Heftigkeit der Gefühle gilt ihm offenbar als besonderer Wert. Seiner eigenen Auflösung in reine Empfindung stellt er die zwar gerührte, aber dennoch sehr gefaßte Haltung Selmas gegenüber, deren Empfindung »kein herabstürzender Felsenstrom, sondern ein ruhig fortrieselnder Bach im Wiesenthal« ist. Ihre Gelassenheit irritiert ihn. Es ist etwas Neues, das er an ihr entdeckt. Die unterschiedliche Reaktion auf die gefühlsintensive Situation im Garten signalisiert eine für den überschwenglichen Stilling ernste Disharmonie beider Seelen.

Der Landschaftsgarten in satirischer Kritik

Ein guter Teil aller literarischen Beschäftigung mit Gartenideen ist der Didaktik und der Kritik des Landschaftsgartens gewidmet. Vor allem der Kritik an verunglückten Anlagen, die von verzerrten »Grundideen«[50] ausgehen. Da keine ausgearbeitete Theorie des neuen Gartenstils bestand und das Beispiel gelungener Gärten nur denjenigen als Muster dienen konnte, die sie auf Reisen besichtigen durften, und da ferner der landschaftliche Stil zu eigener Erfindung und Improvisation anregte, ist es nicht weiter verwunderlich, daß Mißgriffe und Übertreibungen allenthalben vorkamen. Besonders zu Beginn der Landschaftsgartenmanie in Deutschland, also in den siebziger Jahren des 18. Jahrhunderts, war die Vorstellung von einem solchen Garten sehr vage. Man sah die Natur, die nachgeahmt werden sollte, noch weitgehend mit den Augen der Anakreontiker. Daran änderte auch die *Nouvelle Heloïse* Rousseaus nichts, denn der Garten seiner Hauptfigur Julie gleicht trotz aller beabsichtigten Natürlichkeit eher einem Schäferparadies als einem gestalteten Park. Die Natur ist hier nicht als Garten, d. h. als mindestens partiell fiktives Gebilde wahrzunehmen. Die Künstlichkeit dieser Natur ist »hinter sich selbst« verborgen.[51] Illusionsbildende Elemente, die der Gartenkünstler in Praxi hätte nachahmen können, sind nicht vorhanden.

Reisen nach England, wo die klassischen Parkvorbilder entwickelt worden waren, wurden nur von den progressivsten Fürsten unternommen, denn die traditionelle Bildungsreise führte immer noch nach Italien – bestenfalls mit einem Umweg über die Schweiz. Die Literatur über die Gärten in England, denen man nacheiferte, war anfangs spärlich. Sulzer klagt im Jahre 1774 in seiner *Allgemeinen Theorie*: »Man ist in keiner Kunst mehr von den wahren Grundsätzen, auf denen sie beruhet, abgewichen, als in dieser.«[52] Und auch als die Flut theoretischer Schriften einsetzte, ausgelöst durch Hirschfelds große Theorie (1779–1785), blieb vieles im Argen. Noch zwölf Jahre später, nämlich in der zweiten Auflage von Sulzers Theorie (Leipzig 1786/87), schließt Friedrich von Blankenburg, der den Artikel über die Gartenkunst mit bibliographischen Zusätzen versehen hat:

> Übrigens glaube ich, mit Wahrheit hinzu setzen zu können, daß Trotz allem, was über den so genannten Gartenbau geschrieben worden, der Begriff davon, selbst in Köpfen derer, welche dergleichen anlegen, noch nicht bis zur Klarheit gediehen ist, welches die so genannten englischen Gärten, die kaum groß genug zu einem Bowling Green wären, und selbst auch größere, beweisen; und daß selbst die Theorien davon [...] bis zum Ungereimten und Lächerlichen getrieben worden sind. H. Mösers englisches Gärtchen (*Patriot. Phantas. Th.* 2, S. 465) hat nicht die Wirkung gehabt, die es billig hätte haben sollen.[53]

Der Gartengestalter blieb folglich auf die eigene Phantasie und auf das angewiesen, was er vom Hörensagen über die englischen Gärten erfuhr. Weil der erste Zweck jeden Landschaftsgartens war, die Empfindungen des Menschen zu aktivieren, klopfte man alle Naturszenerien und -erscheinungen nach ihren Wirkungen auf das Gemüt ab. Wo die Effekte nicht genügten oder nicht eindeutig genug hervorgerufen werden konnten, verdeutlichte man sie durch Zusätze, voran durch Denkmäler, Bauwerke, Büsten und Inschriften aller Art. Die Schwierigkeiten werden in der Rezension einer Beschreibung des Gutsgartens Stein in Ostpreußen folgendermaßen beschrieben:

Denn theils haben die Farben, womit der Gartenkünstler malt, seine Bäume und Sträucher, zumal wenn sie, wie hier der Fall ist, bloß aus einheimischen bestehen, selten charakteristische Bezeichnungskraft genug, um eine jede Idee deutlich und bestimmt, ohne alle Verwechselung, auszudrücken; man muß daher, was ihnen von dieser Seite abgeht, durch Zugesellung mehr und stärker bezeichnender Werke der Kunst, zu ersetzen und zu heben suchen; und doch bleiben tausend feine Nüancen zurück, die sich ohne Hilfe sowohl besonderer Bilder, als auch Inschriften, nicht ganz darstellen lassen.[54]

In diesem Bereich trieb die Phantasie der Gartengestalter die wildesten Blüten. Dem Dilettantismus der Bauherrn kam die Zeitströmung der Empfindsamkeit entgegen. Sie erlaubte ihnen, voller Überzeugung allein ihren Gefühlen zu folgen und ihnen ebenso unbedenklich Ausdruck zu verleihen. Der Filter eines kritischen Kunstverstandes hätte nur die gefühlsmäßige Spontaneität gedämpft.

Auch die kleineren Bürgergärten der Städte, die ja ursprünglich als Nutz- oder Blumengärten gedacht waren, sollten nun zu ganzen Landschaften heranwachsen. Aber die übergroße Diskrepanz zwischen Absicht und Vermögen führte zur Komik und reizte zum Spott. Die treffendste Satire steht bereits am Anfang der Landschaftsgartenbewegung in Deutschland: Im Jahre 1773 erschien Justus Mösers, von Blankenburg genannter, köstlicher Aufsatz *Das englische Gärtgen*.[55] Weil darin alle wichtigen Kriterien der Gartenmanie angesprochen bzw. karikiert werden, sei er hier vollständig zitiert:

Was das für eine Veränderung ist, meine liebe Großmama! Sollten Sie jetzt Ihre kleine Bleiche, worauf Sie in Ihrer Jugend so manches schöne Stück Garn und Linnen gebleichet –, sollten Sie den Obstgarten, worin Sie, wie Sie mir oft erzählet haben, so manche Henne mit Küchlein aufgezogen –, sollten Sie das Kohlstück, worauf der große Baum mit den schönen rotgestreiften Äpfeln stand, suchen: nichts von dem allen würden Sie mehr finden. Ihr ganzer Krautgarten ist in Hügel und Täler, wodurch sich unzählige krumme Wege schlängeln, verwandelt; die Hügelgen sind mit allen Sorten des schönsten wilden Gesträuches bedeckt, und auf unsern Wiesen sind keine Blumen, die sich nicht auch in jenen kleinen Tälergen finden. Es hat dieses meinem Manne zwar vieles gekostet, indem er einige tausend Fuder Sand, Steine und Lehmen auf das Kohlstück bringen lassen müssen, um so etwas Schönes daraus zu machen. Aber es heißt nun auch, wenn ich es recht verstanden, eine Shrubbery oder, wie andre sprechen, ein englisches Boskett. Ringsherum geht ein weißes Plankwerk, welches so bunt gearbeitet ist wie ein Drellmuster, und mein Mann hat eine Dornhecke darum ziehen lassen müssen, damit unsre Schweine sich nicht daran reiben mögten. Von dem auf der Bleiche angelegten Hügel kann man jetzt zwei Kirchtürme sehen, und man sitzt dort auf einem chinesischen Kanapee, worüber sich ein Sonnenschirm von verguldetem Bleche befindet. Gleich dabei soll jetzt auch eine chinesische Brücke, wozu mein Mann das neueste Modell aus England erhalten, angelegt und ein eigner Fluß dazu ausgegraben werden, worin ein halb Dutzend Schildkröten, die bereits fertig sind, zu liegen kommen werden. Jenseits der Brücken, gerade da, wo der Großmama ihre Bleichhütte war, kommt ein allerliebster kleiner gotischer Dom zu stehen, weil mein Mann Goterich Dom heißt. Wie ich vermute, hat er diese Idee aus dem Garten zu Stowe genommen, worin der Lord Tempel so viele Tempel angelegt hat. Der Dom wird zwar nicht viel größer werden als das Schilderhäusgen, worin der Onkel Toby mit dem Korporal Trim (doch Sie werden dieses nicht verstehen, Sie haben den Tristram Shandy nicht gelesen) die Belagerungen in seinem Garten kommandierte. Aber die gotische Arbeit daran wird doch allemal das Auge der Neugierigen an sich ziehen, und oben drauf kommt ein Fetisch zu stehen. Kurz, Ihr gutes Gärtgen, liebe Großmama, gleicht jetzt einer bezauberten Insel, worauf man alles findet, was man nicht darauf suchet, und von dem, was man darauf suchet, nichts findet. Mögten Sie doch in Ihrem Leben noch einmal zu uns kommen und alle diese Hexereien mit ansehen können!

Sie waren sonst eine so große Bewundererin der Bären und Pfauen von Taxus, womit in Ihrer Jugend die fürstlichen Gärten geschränkt waren; was für ein Vergnügen würde es Ihnen nun nicht sein zu sehen, durch was für erhabene Schönheiten diese altfränkischen Sachen verdrängt worden! Sie müssen aber bald kommen; denn wir werden noch vor dem Winter nach Schevelingen reisen, um den englischen Garten zu sehen, welchen der Graf von Bentink dort auf den Sanddünen angelegt hat. Alles, was die Größe der Kunst dort aus dem elendesten Sande gemacht hat, das, denkt mein Mann, müsse auf einem guten Ackergrunde gewiß geraten; und er bedauret nichts mehr, als daß er die Sandhügel so mühsam anlegen muß, welche dort die See aufgespület hat. Von Schevelingen gehen wir dann vielleicht nach England und so weiter nach China, um die große eiserne Brücke, den porcellainen Turm von neun Stockwerken und die berühmte Mauer in Augenschein zu nehmen, nach deren Muster mein Mann noch etwas hinten bei dem Stickbeerenbusche, wo Sie Ihre Krausemünze stehen hatten, anzulegen gedenket. Wenn Sie aber kommen: so bringen Sie uns doch etwas weißen Kohl aus der Stadt mit; denn wir haben hier keinen Platz mehr dafür. Ich bin in der ungedultigsten Erwartung etc. Anglomania Domen[56]

Die abschließende Bitte der Enkelin verdeutlicht als Pointe am treffendsten, wie grotesk die Verwandlung eines soliden Nutzgartens in einen Landschaftspark ausfallen kann. Die Komik des Unterfangens resultiert aus dem Mißverständnis von beschränkten Mitteln und grandiosen Ideen. Die »Bleiche«, der »Obstgarten«, das »Kohlstück« und der »Krautgarten« müssen den modischen Gartenelementen weichen. Die Satire nimmt die künstlichen und gewaltsamen Veränderungen des Bodenreliefs, den fehlerhaften Gebrauch fremdsprachlicher Begriffe (Shruberry), die sklavische Nachahmung englischer und chinesischer »Modelle« für die Staffagen aufs Korn und macht sich über die Substitution lebendiger Wesen durch künstliche (Schildkröten), über die Spielerei mit dem gotischen Stil, über den Insel-Kult, über die Technik des »schönen Blicks« (hier auf Kirchtürme) und anderes lustig.
Ein besonderer Reiz dieser Schilderung liegt darin, daß die Unterzeichnerin trotz aller Schwärmerei für die neuen »Hexereien« nicht ganz ohne Selbstironie ist, wie aus dem wiederholten Hinweis auf den Ehemann deutlich wird. Darauf weist auch die Erwähnung des Onkel Toby aus dem *Tristram Shandy* hin.
Erstaunen muß die Tatsache, daß Möser seine Satire zu einer Zeit schrieb, als die Landschaftsgartenidee in Deutschland erst zaghaft Fuß faßte und Hirschfelds große *Theorie der Gartenkunst* noch nicht erschienen war. Man darf sie aber nicht etwa als pauschale Verurteilung des neumodischen Gartenwesens mißverstehen. Wie differenziert Möser das Phänomen betrachtet, zeigt sich einige Jahre später, wenn er mit voller Überzeugung die englische Gartenidee zur Verdeutlichung seiner Verteidigung Shakespeares und der zeitgenössischen deutschen Literatur gegen die Frankophilie Friedrichs des Großen verwendet (Vgl. S. 107 ff.).

In die Reihe der falschen Weltfreuden des Menschen stellt Johann Karl Wezel die Landschaftsgärtnerei in seinem letzten Roman *Kakerlak oder Geschichte eines Rosenkreuzers aus dem vorigen Jahrhunderte* von 1784. Wezel bedient sich des umgekehrten Faust-Motivs: Die in eine Hexe verwandelte Fee Tausendschön kann nur durch einen Menschen erlöst werden, »den nie der Überfluß beschwert, [...] der niemals im Vergnügen / Nach Wechsel gähnt, solang es währt«. Sie gerät an den Philosophen Kakerlak, der den »moralischen Stein der Weisen, die Glückseligkeit« sucht (Vorrede S. XI), ihn aber weder in seinen Büchern noch in seinem Innern finden kann. So wird er des Geistes überdrüssig und sucht das Glück auf dem Weg über die Sinne. Er ruft die Kunst der Hexen zu Hilfe, die ihn durch alle Vergnügen der Welt hetzen. Was ihm Tausendschön an Lust verschafft, verleidet ihm deren Konkurrentin Schaber-

nak derart, daß er nirgends verweilen mag. So eilt er von Zeitvertreib zu Zeitvertreib.
Unter anderem besucht er in Gestalt eines englischen Lords, begleitet von der Königin,

alle merkwürdigen Gärten, diese herrlichen Nachahmungen der Natur, die Berge, Thäler, Flüsse und Wasserstürze hinsetzen, wo die Natur keine schuf. Die Königin war sehr zufrieden damit und fand bloß das auszusetzen, daß man immer auf und nieder steigen müßte, und daß die Wege nicht in gerader Linie gingen. Desto mißvergnügter wurde Kakerlak: bey jeder neuen Schönheit, die ihm entgegen kam, dachte er, ›Ach, der Glückliche, der einen Park hat! Ach, ich Unglücklicher, daß ich keinen Park habe! Wie wenig ist doch das herrlichste Antikenkabinett gegen einen Park!‹ Hexe Schabernak brachte in seinem Herze die Unzufriedenheit und seinen Wunsch zur Flamme, und er war noch nicht durch die Hälfte des Gartens, so schwur er schon, daß er lieber nichts als Salz und Brot essen wollte, um einen Park zu haben. Sehnsucht, Ungeduld und Gram sprachen aus seiner Miene: Mylady konnte kein Wort aus ihm bringen: Tag und Nacht quälte ihn der verdammte Park [...] ›Mylady‹, rief er, ›schaffen Sie mir einen Park, oder ich sterbe.‹ – Aber Mylord hat ja ein Antikenkabinet, eine Gemäldesammlung und einen Porzellänsaal. – ›Ach, was Antikenkabinet‹, fuhr er entrüstet auf, ›was Gemäldesammlung? Einen Park will ich oder ich kann nicht leben. Einen Park! oder ich erhänge mich, wie ein rechtschaffener Engländer. Betteln will ich lieber, als keinen Park haben.‹

Kakerlak verschleudert allen Besitz, verschuldet sich hoffnungslos und läßt ein »Wunderwerk an Gartenkunst« anlegen. In einem Hymnus von 96 Zeilen, der alle Topoi der anakreontischen Naturlyrik enthält, wird nun der Park gepriesen und Tausendschön ruft aus:

›Glücklicher Kakerlak, [...] wie kannst du eines Vergnügens satt werden, das dich dem Schöpfer der Natur gleich sezt? Du riefst Berge, Thäler, Wasserfälle, Seen und Wälder aus dem Nichts, pflanztest Schatten, wo die Sonne den Kopf verwundete, und bahntest Wege, wo die Wildheit keinen Fuß wandeln ließ. Glücklicher Kakerlak! Du wirst deine Beschützerin erlösen.‹

Doch die Hexe Schabernak tritt wieder in Aktion und zaubert in den Garten all die Widrigkeiten, die in einer so künstlich hergestellten Natur auch realiter auftreten konnten und dem Gartenkünstler das Leben schwer machten, wie verdorrende Bäume, unerwünscht sprießende Gräser, infolge verstopfter Röhren versiegende Wasserfälle usw. Bald ist Kakerlak auch dieses Vergnügen leid, zumal ihn die Gläubiger bedrängen. Unter Verzicht auf Park und letzte Habseligkeiten muß er fliehen.
Er kehrt zurück zu seinen Büchern:

›Willkommen, Freunde!‹ rief er entzückt. ›Willkommen, ihr theuern Gefährten meines Lebens, eh ich undankbar euch verließ! Ich durstete nach Vergnügen und fand keins: ich irrte von einem täuschenden Schimmer zum andern, hielt es für ein Vergnügen und betrog mich.‹

Statt des Gartens findet er zur unverfälschten Natur zurück, von der ihn selbst die Helfer der Hexe Schabernak nicht mehr weglocken können:

›So ein weiser Mann‹, riefen sie [...] ›und freut sich! freut sich wie gemeine Sterbliche, über ein Blümchen, einen Baum, einen romantischen Felsen, über Wasserstürze, Sonnenschein und Regen! Wie erniedrigst du deine erhabne Seele!‹ – ›Weit gefehlt!‹ sprach Kakerlak lachend. ›Die Freuden der Natur sind mein Beruf: alles, was Menschen ersannen und Vergnügen nannten, ist nur eine Krankenspeise: die gesunde Seele will nichts, was nicht von den Händen der Natur kommt.‹[57]

Kakerlak erkennt, daß nur eine auf Betätigung des Verstandes und auf Naturliebe gegründete Philosophie das dauernde Glück gewähren kann. Damit ist die Fee Tausendschön von ihrem Hexendasein erlöst.

Goethes Antwort auf die Verzerrungen der Gartenkunst und die Übertreibungen des Gefühlskultes war der *Triumph der Empfindsamkeit*, ein Stück, das am 30. Januar 1778 zum Geburtstag der Herzogin Louise in Weimar uraufgeführt wurde.[58] »Eine dramatische Grille [...] hab ich erfunden, eine komische Oper die Empfindsamen, so toll und grob als möglich«, schreibt Goethe während der Abfassung an Charlotte von Stein (12. September 1777). Es wurde zwar keine Oper daraus, aber ein Lustspiel mit Gesang und Tanz.

Das rückblickende Urteil Goethes über diese Epoche ist eindeutig kritisch:

Als der Dichter den Werther geschrieben, um sich wenigstens persönlich von der damals herrschenden Empfindsamkeitskrankheit zu befreien, mußte er die große Unbequemlichkeit erleben, daß man ihn gerade diesen Gesinnungen günstig hielt.[59]

Ein Xenion an Schiller von 1796 lautet:

Auf das empfindsame Volk hab' ich nie was gehalten, es werden, / Kommt die Gelegenheit, nur schlechte Gesellen daraus.[60]

Und in den *Tag- und Jahresheften* äußert er, daß damals »überhaupt eine schale Sentimentalität überhandnehmend manche harte realistische Gegenwirkung veranlaßte«.[61] Realistisch scheint diese Gegenwirkung im *Triumph der Empfindsamkeit* aber nur im Hinblick auf die Tatsache, daß der zeitgenössische Zuschauer und Leser durchaus verstand, was gemeint war, und die Absicht dieser Karikatur wohl zu würdigen wußte, nämlich die Maßstäbe auf reale Verhältnisse zurückzuführen. Da Goethe selbst an den Sentimentalitäten und Gartenspielereien nach Kräften Anteil genommen hatte, ist im *Triumph der Empfindsamkeit* auch ein gut Teil Selbstverspottung zu finden.

Man muß sich vor Augen halten, daß Goethe zur gleichen Zeit im Weimarer Park an der Ilm begeistert empfindsame Gartenkunst betrieb.

Er hatte 1776 das Gartenhaus in den Ilmwiesen erworben und war nun bis zum Jahre 1782 aufs engste mit dem Park verbunden. Diese Gartenhausjahre weisen immer wieder Zeugnisse eines Naturrausches auf, der zwar stürmischer und kräftiger war als die Gefühlskultur von Darmstadt, aber aus der gleichen Wurzel kam (höchste Bereitschaft zum Gefühlsüberschwang) und letztlich auch zu ähnlichen Ergebnissen führte (Felsentreppchen, Inschriften, Denkmäler, Borkenhäuschen etc.).[62]

Da solche Aktivitäten auch noch lange nach der Aufführung des *Triumph der Empfindsamkeit* fortgeführt werden, ist Renate Krügers Folgerung zu widersprechen, daß Goethe mit dieser kleinen Dichtung ein »scharfes, abschließendes Urteil über das Zeitalter der Empfindsamkeit« gefällt habe.[63] Die Anspielungen auf Personen der Weimarer Gesellschaft in diesem Stück wurden wohl verstanden. Die Figur des Hauptheldden Oronaro war auf Jakob Reinhold Lenz gemünzt, der mit seinem schwärmerischen Wesen und unglücklichen Verliebtsein den Spott der Weimaraner weckte. Das Stück ist überaus parodistisch konzipiert, wie schon die Regieanweisungen verraten (z. B. im ersten Akt: »Er macht ihnen die hergebrachten Bewegungen vor, womit die Schauspieler gewöhnlich die Empfindungen auszudrücken denken.«).[64]

Der Inhalt ist kurz folgender: Prinz Oronaro hat mit seiner Empfindsamkeit die Frau des nüchtern-klugen Königs Andrason, Mandandane, betört. Sie schwärmt für ihn, folgt seinem Vorbild, »geht im Mondscheine

spazieren, schlummert an Wasserfällen und hält weitläufige Unterredungen mit den Nachtigallen«[65]; ihren Garten läßt sie in einen grotesken Sentimental-Park umgestalten.
Andrason heilt sie, indem er ihr beweist, daß Oronaro nur ihr lebloses Abbild liebt, das er in seinem Reisegepäck mit sich führt.
Dieses prinzliche Gepäck wird voller Ironie ausgebreitet. Es enthält nämlich eine »Reisenatur«, die dem Illusionismus des Theaters entlehnt ist: Kisten voller Requisiten wie sprudelnde Quellen, lieblichen Vogelgesang, Mondschein, der auf Flaschen gezogen ist, Rasenbänke, Felsen, Gebüsche und eine Laube, in der die Geliebte sitzt. Solch eine künstliche Natur, die den Innenraum in eine Parklandschaft verwandelt, vermeidet alle Nachteile der freien Natur, als da sind: »die Feuchtigkeit des Morgen- und Abendthaus«, die »Ausdünstungen der Thäler«, Mücken, Spinnen usw.

> Denn wenn man oft in himmlischen Entzückungen aufgefahren ist, erinnert einen das leidige Geziefer mit seinen Stacheln und krabbligen Füßen gleich wieder an die Sterblichkeit.[66]

Das »Corriger la nature« für die menschlichen Bedürfnisse, das im Landschaftsgarten geübt wird, ist hier bis zum Äußersten getrieben, zum lächerlichen Ersatz eben dieser Natur.[67] Sogar der Mensch wird ersetzt. Oronaro bastelt sich nach dem Vorbild Pygmalions sein eigenes Wunschbild. Die Geliebte in der Laube entpuppt sich als ausgestopfter Leinensack, der von Mandandane nur das Aussehen hat. Hier wird ein Grundzug der Empfindsamkeit entlarvt, den bereits Balet und Gerhard in ihrem 1936 verfaßten Buche *Die Verbürgerlichung der deutschen Kunst, Literatur und Musik im 18. Jahrhundert*[68] betont haben: der *Subjektivismus* all dieser Emphase. Oronaro braucht kein wirkliches Gegenüber, keinen Menschen zum Kontakt. Ihm genügt der autistische Genuß einer Selbsterregung durch Illusionen, die nicht einmal der eigenen Phantasie entspringen. Denn die geheimnisvolle Anziehungskraft der geliebten Puppe beruht nicht auf dem Äußeren, sondern auf den Büchern, mit denen sie innen ausgestopft ist. Das erste heißt *Empfindsamkeiten* und ist eine Anspielung auf die zahlreichen Nachahmungen von Lawrence Sternes *Sentimental Journey through France and Italy* von 1767; weiter beinhaltet der Sack den *Siegwart* von Johann Martin Miller[69], den *Guten Jüngling* (vermutlich F. H. Jacobis *Eduard Allwills Papiere*), die *Nouvelle Heloïse* Rousseaus und schließlich *Die Leiden des jungen Werthers*. Der besonnene Andrason erkennt in den Büchern des Pudels Kern, den Zauber nämlich, der die Menschen erst für den Empfindsamkeitskult disponiert. Sie haben eine »magische Gewalt [...] wie sonst magische Zeichen, geweihte Kerzen, Alraunen und Todtenköpfe, Geister und Schätze«. Andrason nennt sie lügenhafte Träume und befiehlt: »Nur ins Feuer damit.«[70]
Die Wirkung der erfolgreichsten zeitgenössischen Romane wird mit dem Hokuspokus verlogener Zauberei verglichen. Wenn aber der empfindsame Effekt von solcherlei Texten abhängig ist und durch sie perpetuiert wird, erweist er sich als manipulierte Phantasie. Da auch der Landschaftsgarten Gefühle zu erzeugen und zu lenken sich anmaßt, trifft ihn dieses Verdikt im gleichen Maße.

Den ganzen vierten Akt der Posse nimmt der Monolog von Mandandanes Kammerdiener Askalaphus ein.[71]

Er stellt sich als »Hofgärtner in der Hölle« vor. In Hans-Sachsischen Knittelversen und holprigen Reimen berichtet er von der Umgestaltung einer Gartenpartie zu einem Reich Plutos. Ein reisender englischer Lord habe diesen seltenen »Gusto« hier durchgesetzt. Die Hölle als Park ist allein schon eine paradoxe Vorstellung; nun werden auch noch Steine und Sande »um des Mannigfaltigen willen« zusammengeschleppt, dazu Dornen und Disteln, und das Ganze wird »Paradies« genannt.

Denn, Notabene, in einem Park
Muß alles Ideal sein,
Und, Salva Venia, jeden Quark
Wickeln wir in eine schöne Schal' ein.
So verstecken wir zum Exempel,
Einen Schweinstall hinter einen Tempel;
Und wieder ein Stall – versteht mich schon –
Wird geradeswegs ein Pantheon.
Die Sach' ist, wenn ein Fremder drin spaziert,
Daß Alles wohl sich präsentirt;
Wenn's Dem denn hyperbolisch dünkt,
Posaunt er's hyperbolisch weiter aus.
Freilich der Herr vom Haus
Weiß meistens, wo es stinkt.

Wie ich also sagte: unsre Elysischen Bäume
Schwinden wie Elysische Träume,
Wenn man sie verpflanzen will.
Ich bin zu allen Sachen still;
Denn in einem Park ist Alles Prunk;
Verdorrt ein Baum und wird ein Strunk,
Ha, sagen sie, da seht die Spur,
Wie die Kunst auch hinterdrein der Natur
Im Dürren ist! – Ja, leider stark!
Was ich sagen wollte! Zum vollkommnen Park
Wird uns wenig mehr abgehn.
Wir haben Tiefen und Höhn,
Eine Musterkarte von allem Gesträuche,
Krumme Gänge, Wasserfälle, Teiche,
Pagoden, Höhlen, Wieschen, Felsen und Klüfte,
Eine Menge Reseda und andres Gedüfte,
Weimuthsfichten, Babylonische Weiden, Ruinen,
Einsiedler in Löchern, Schäfer im Grünen,
Moscheen und Thürme mit Kabinetten,
Von Moos sehr unbequeme Betten,
Obelisken, Labyrinthe, Triumphbogen, Arkaden,
Fischerhütten, Pavillons zum Baden,
Chinesisch-Gothische Grotten, Kiosken, Tings,
Maurische Tempel und Monumente,
Gräber, ob wir gleich Niemand begraben;
Man muß es Alles zum Ganzen haben.[72]

In dem zitierten Ausschnitt häuft Goethe die abgegriffensten Formeln der Landschaftsgartenkunst zu einem grotesken Salat, ohne sich selbst zu schonen; denn viele der inkriminierten Begriffe verwendet er ohne jede Ironie an anderer Stelle in seinen Schriften. Viele Spitzen stimmen mit Mösers *Gärtgensatire* bis in die Wortwahl überein. In beiden Fällen handelt es sich um einen nach englischem Vorbild verwandelten Miniaturpark, in beiden wird die Zerstörung fruchtbaren Bodens angeprangert, hier wie dort gibt es keine Gartenfrüchte mehr, die es zu ernten lohnte usw.[73]

Im Monolog des Askalaphus führt Goethe den direktesten und heftigsten Angriff auf die empfindsame Gartenkunst, den er je unternommen hat. Sie ist zu verstehen als souveränes Durchschauen einer Spielerei, die er zwar noch lange Zeit persönlich mitbetrieben hat, deren Entartung er aber zunehmend kritisiert.

Sein *Triumph der Empfindsamkeit* bedeutet eine Klarstellung. Eine ähnlich scharfe Kritik an den Verirrungen des neuen Gartenstils in satirischer Form wird erst in

Denkmal in Form einer Bombe im Landschaftsgarten »Arcadia« bei Warschau

den neunziger Jahren des achtzehnten Jahrhunderts wieder geübt.

Durch Mösers *Gärtgen* und vermutlich auch durch Lawrence Sternes *Tristram Shandy* (6,21) wurde eine kleine Gartensatire angeregt, die anonym in Hirschfelds *Kleiner Gartenbibliothek* erschienen ist. Der Herausgeber spricht von einer »Posse«.[74] Sie hat ebenfalls die Form eines »Originalbriefes«, der in diesem Fall an einen Kunstgärtner gerichtet ist. Er enthält den Auftrag, den Garten eines pensionierten Obristen im neuen Stil zu gestalten, und zwar nach dessen Vorstellungen im »militairischen Geschmack«. Die Ironie richtet sich hier im besonderen gegen die Überfrachtung der Landschaftsgärten durch naturfremde Thematik:

Zuerst sollen sie mir mit dem Hause Parallel eine Allee anlegen, diese soll die Courtine vorstellen, zu beyden Seiten setzen sie die Flanken- und Bolwerk-Allee, und so weiter um das Haus herum fahren sie fort, mich zu befestigen. Wenn ich alsdann spaziere, kann ich visiren und den Feind erwarten. Point de Vues müssen sie nicht versäumen, die liebe ich sehr, aber auf Bäume halte ich wenig, weil ich sie nicht mehr groß sehen kann. Ich liebe mehr die Sonne, diese hat mich in meiner Jugend im Felde genung beschienen. Diese soll mich auch im Alter erwärmen. Um die Festung müssen sie auch Laufgräben machen. Diese können sie mit Buschwerk andeuten. In dem Laufgraben will ich mich zu Ehren ein Monument setzen lassen. Einen Wasserfall habe ich auch, diesen sollen sie verschönern und durch einen Mörser fünf und vierzig Grade steigen und fallen lassen, einen Konstabel von Holz dabey stellen, mit einer Zündruthe in der Hand. Aus der Zündruthe muß das Wasser ganz genau auf das Zündloch fallen, damit das Kunststück natürlich wird. Auch will ich das Kunststück mit einer Gallerie von alten Flintenläufen versehen und einige hohle Bomben von Blech machen lassen. Diese sollen auf dem Bassin vom Wasser umhergetrieben werden und tanzen. Ueber dieses Kunststück freue ich mich sehr, weil alles so natürlich ist. Auch rathe ich ihnen an, niemals die Natur aus den Augen zu lassen. Nicht weit von diesem Kunststück will ich eine Miene anlegen, aber ohne Pulver, der Teufel mögte sonst sein Spiel mit mir machen und mich in die Luft sprengen. Kurz und gut, mein Garten soll auf militairischen Fuß eingerichtet werden und ganz Original seyn. Hat man Berggarten, Klostergarten, Volksgarten, auch Gärten vor Schulfüchse, so kann man auch einen militairischen Garten haben [...].[75]

Eine gründlichere Pervertierung aller Landschaftsgartenideale ist kaum mehr vorstellbar. Alles übertriebene

Natürlichkeits- und Originalitätsdenken endet im absoluten Mißverständnis, wo die Freude am Kunststück und die Forderung nach Natürlichkeit im selben Satz aufeinanderstoßen. Der Garten als geschlossene »Festung« bedeutet den äußersten Gegensatz zum englischen Garten, der sich offen in die umgebende Landschaft integrieren will, indem er deren Schönheiten im Konzentrat zu sublimieren versucht.

Das Thema der satirischen Gartenbeschreibung bleibt bis weit ins 19. Jahrhundert aktuell. Noch 1832 nimmt es Ludwig Tieck in der Novelle *Der Jahrmarkt*[76] auf. Auch hier zielt die Satire auf die sentimentalen Parkanlagen, die bis in diese Zeit Bestand hatten. Eine zusammengewürfelte Gesellschaft unter Führung eines Jean Paul-Enthusiasten namens Titus besucht den »weltberühmten Garten« eines Barons in Schönhof, der ein »Zaubergarten«, ein »Elysium« und »mehr als ein Wunder der Natur« sein soll. Das ganze Inventar der Landschaftsgartenstaffagen ist aufgeboten: »Es soll [...] soviel zu sehen sein, daß es kaum auszuhalten ist.« Die diversen Partien dürfen nur in einer »geziemlichen Folge« absolviert werden, »damit die Wirkung umso eindringlicher sei«. Der Besitzer wird sehr grob gegen jeden Fremden, der seinen Garten »gegen den Strich« genießen will. Denn es handelt sich um einen Programmgarten, der fünf große Bereiche umfaßt. Sie werden von Tieck ganz so beschrieben, als ob es sich um einen ernsthaften zeitgenössischen Park handelte. Nur aus der Reaktion der Besucher wird die Ironie des Autors deutlich.
Die Lebensalter sind durch ein »Thal der Kindheit«, durch eine »Ebene der Jugend«, durch »Tempel und Hütten« des Mannesalters sowie durch »abgestorbene Bäume« des Greisenalters mit anschließenden Gräbern und Kreuzen charakterisiert. Da diese Partie unmittelbar an diejenige der Geschichte der Menschheit grenzt, die Elysium, Tartarus, christlich-gothisches Zeitalter, China, die Türkei und die französische Zeit umfaßt, gerät der Besucher Titus, der sich unerlaubt separiert hatte, abrupt aus dem Tal der Kindheit ins Elysium und in den Tartarus. Wenn man also die Führungslinie verläßt, hat man »zwischen allen diesen herrlichen Contrasten [...] das irdische und ewige Leben übersprungen, ehe man nur weiß, was man thut«.
Weiterhin gibt es »Gegenden der menschlichen Leidenschaften und Gemüthsstimmungen« mit einem »Thal der Thränen«, einem »Saal der Sinnlichkeit« und einer »Höhe der Verzweiflung« (zum Herunterfallen). Wer ungezügelt seinen Leidenschaften folgt, muß damit rechnen, aus Vexierfontänen vollgespritzt zu werden. Offenbar nach dem Vorbild des Gartens von Wörlitz ist ein explodierender Vulkan angelegt sowie ein Schacht, aus dem die »gut gefärbte und geschnitzte Figur« eines Bergmanns heraufsteigt und die Besucher erschreckt.[77] Auch »Natur, welche die Natur selbst darstellt«[78], ist vertreten, mit Wasserfällen, die auf einen Glockenzug zu stürzen beginnen[79], Gewächshäusern, die als »tropische Länder« fungieren; sogar das Weltmeer ist da, wenn auch nur in perspektivischer Malerei und mit Spielzeugschiffchen ausgestattet.[80] All das, rühmt sich der Besitzer des Gartens, habe er »mit großer Kunst so zusammengedrängt, daß Sie ohngefähr nur eine halbe Stunde brauchen, um den Park von außen zu umwandeln«. Also Kritik an der Überfrachtung mit Ideen in einem viel zu kleinen Gelände. Höhepunkt der Parodie

Der »Stein« in Wörlitz, dessen Vulkan zur Eruption gebracht wird, indem laut August Rode »allerlei brennbare Materien angezündet werden, welche vielen Dampf und Schmauch verursachen, der dann aus angebrachten Oefnungen hervorbricht und das Haupt des Berges in schwarze Gewölke einhüllt, während die Mündung des Schlundes die hohe, Millionen Funken sprühende Feuersäule gen Himmel erhebt und, von geschmolzener Lava überströmend, auf allen Seiten des Berges Feuerströme in die Tiefe hinabgießt«. Die »Lavaströme« wurden durch Wasserkaskaden imitiert, die mit Hilfe eines besonderen Pumpwerks erzeugt wurden. Aquatinta von Karl Kuntz 1797

Goethes Handzeichnung vom »Stein« im Wörlitzer Park Bleistift mit Sepialavierung 1794

ist die Episode mit dem Eremiten, dessen Aufgabe es ist, auf ein Glockenzeichen hin zu erscheinen und die Besucher zu segnen. Er soll den Anschein erwecken, ein frommer Einsiedler zu sein und bedürfnislos mit Kruzifix und Totenkopf in einer Mooshütte zu leben. Doch erst nach wiederholtem Glockenton erscheint der Eremit. Er ist betrunken und verliert seine Tabakspfeife. Wegen dieser Sünde wider die Illusion vom »Kunstbaron« gescholten, entflieht er. Nun stellt sich heraus, daß es ein Abenteurer ist, der ohne Überzeugung, aus materieller Not, diese Pfründe als »nachgemachter Einsiedler« annahm. Die Heuchelei, die Langeweile und das karge Leben im Eremitenstand nennt er die Hölle, und von seinem Kunstbaron sagt er: »Seine Natur ist eine schlechte Comödie, und seine Andacht mit den Eremiten Gotteslästrung«. Er dränge sich danach, den Besuchern »die Raritäten selbst zu zeigen, um sich an ihrem Maul-Aufsperren, Aha!-Schreien, Zappeln, Verwundern, Kreischen oder gar ihren Thränen der Dummheit zu ergötzen«.

Trotz dieser schonungslosen Entlarvung eines derart überladenen Landschaftsgartens der sentimentalen Spielart sind die Besucher keineswegs desillusioniert. Der Pfarrer unter ihnen ist nur über die Gottlosigkeit dieser »Garten-Anstalt« entrüstet – die Methode des Ganzen kritisiert er nicht. Er würde aber »alle vernünftigen Beweise für das Dasein Gottes in seinem Garten aufpflanzen und ausmauern«. Man könne die »Augsburgische Confession so gut zu einem Garten machen, wie jener Phantast seine Weltgeschichte und Zeitalter«. Auch dies ein Hieb auf die Programmgärten! Doch im Grunde gehen Tiecks Angriffe ins Leere. Er bezieht sich auf eine Zeit, die längst vergangen ist. Falls im Jahre 1832 noch derartige sentimentale Gartenanlagen entstanden sein sollten, waren sie völlig anachronistisch und kaum des Spottes wert.[81]

Spiel, Realität und Illusion im Garten:

Johann Carl Wezels »Herrmann und Ulrike«

Wezels Roman ist 1780 erschienen.[82] Nach kurzer Zeit des Erfolges geriet er in Vergessenheit und wurde erst 1919 von Carl Georg von Maassen neu herausgegeben.[83] Bereits die ersten zeitgenössischen Kritiken betonten die große Wirklichkeitsnähe des Romans und erhoben ihn sogar »zum besten deutschen Roman«.[84] Maassen übernimmt dieses Urteil; auch für ihn handelt es sich um einen reinen Wirklichkeitsroman, er spricht vom »besten deutschen Roman des achtzehnten Jahrhunderts« und stellt ihn gleichberechtigt neben Fieldings *Tom Jones*.[85] Die Frage, ob er der Gattung »Wirklichkeitsroman« oder »realistischer Roman« zuzuordnen sei, diskutieren Eva D. Becker und Burghard Dedner.[86] Für die Gartenthematik wichtiger ist die Tatsache, daß man Wezels Darstellung seinerzeit als realistisch empfunden hat, – was seinen programmatischen Absichten entsprach. Wezel versucht, ein Schicksal zu fixieren, indem er es in ein Zeitbild stellt, das die Begriffe und Erscheinungen seiner Epoche summiert. Unter den Erscheinungen und Begriffen der siebziger Jahre des achtzehnten Jahrhunderts aber hat die Gartengestaltung eine vornehme Stelle. Auch Wezel bedient sich ihrer Motive, doch sein origineller, kritischer Geist übernimmt mit den Motiven nicht unbesehen auch die Schlagworte und Theorien. So sagt er in der Vorrede zu seinem Roman, daß er die Menschheit nicht nur von der Seite der Tugend schildern wolle;

> er findet, daß diese kostbare Pflanze in unserer Welt nur dünne gesät ist, und will sich also nicht so sehr an dem Schöpfer versündigen und seine Welt schöner machen, als er es für gut befand.[87]

Solch eine sarkastische Stellungnahme zum Topos von der menschlichen Tugend darf auch für die Gärtnerparole von der »Verschönerung der Natur« gelten, die die Schöpfung zu korrigieren sucht.

Wezel wendet sich auch betont gegen die Passivität der Empfindsamkeit, einen der Motoren der Gartenbegeisterung. In der Vorrede zu seiner Neubearbeitung des *Robinson Krusoe* heißt es:

> Will der Schriftsteller auch das Seinige zu dem Behufe tun, so muß er's freilich durch ein Buch bewerkstelligen, das die Menschen von der Passivetät zur Tätigkeit hinzieht; [...] Es muß ein Buch sein, das an Einbildungskraft, Witz, Verstand und Dichtergeist allen die Waage hält, die die Empfindsamkeit ausgebreitet haben.[88]

Garten als modisches Spiel

In *Herrmann und Ulrike* tritt das Gartenmotiv an vielen bedeutenden Stationen der Handlung auf. Alle Gartenstile vom strengen französischen Park über den verspielten Rokokogarten und die sentimentale Arkadienphantasie zum empfindsamen englischen Park, zum weiten Landschaftsgarten, zum Volksgarten und zur »ornamented farm« werden verwendet. Das geschieht je nach Situation mit ironischem oder emphatischem, kritischem oder auch neutralem Vorzeichen.

Gegen die französierte Welt der deutschen Duodez-Fürstenhöfe richtet sich zu Beginn des Romans die Schilderung einer Geburtstagstafel für die Gräfin. Sie ist durch Tischaufsätze in einen Garten nach französischem Geschmack verwandelt worden und soll die Gärten der »Alcina«[89] vorstellen. Tafelaufsätze aus Porzellan sind seit dem 18. Jahrhundert geläufig, auch – und vor allem – in Form von Gartendekorationen.[90] Für die im Illusionieren geschulten Barockmenschen ist die Umsetzung von organischer Natur in artfremdes Mate-

Tafeldekoration nach Art einer Gartenanlage, gefertigt zur Hochzeitsfeier der bayerischen Prinzessin Maria Anna Josepha nach Entwurf von Joseph Ponhauser 1755. Auf derartige Tischdekorationen spielt Wezel in seiner Festmahlschilderung in »Herrmann und Ulrike« an
Staatliche Porzellanmanufaktur Nymphenburg

rial selbstverständlich. Für die Vertreter der Landschaftsgartenideologie aber, die so heftig die Eigengesetzlichkeit und Materialgerechtigkeit der Naturbilder verfechten, ist sie unannehmbar. Wezel bedient sich der Parodie, um in einer dramaturgisch ausgeklügelten Steigerung diese Verballhornung des Gartens lächerlich zu machen:

[A]uf Brettern, die auf kupfernen Füßen ruhten, prangten Alleen und Hecken von grünem Wachs, Parterre, Boulingrins und breite Gänge zum Lustwandeln aus bunten Zuckerkörnern, klare Seen, Teiche, Bassins von Spiegelglas, Statuen von Meißner Porzellan, Nischen, Pavillons, Eremitagen, Monumente, in Wildnissen versteckt – alles, was nur einen französischen Garten verschönern kann, auf das sauberste nach einem ziemlich großen Maßstabe nachgeahmt. In den beiden entferntesten Enden des Gartens hatte der Künstler zwei große Tempel aus Teig, statt des Marmors mit einem nachahmenden weißen Zuckergusse überzogen, auf zwei Bergen symmetrisch aufgebauet. Beide sollten im antiken Geschmack sein: ein majestätischer Säulengang umgab einen jeden, und durch die gläsernen Wände leuchtete die porzelläne Gottheit hindurch, welcher sie geweihet waren. (Bd. I, S. 46)

Der Graf verändert die Idee zugunsten eines Vogelbauers, in dem der kleine Heinrich im Kostüm eines »Amour encagé« der Gemahlin als Geburtstagsüberraschung serviert werden soll. Da der Konditor sich weigert, »einen ungeheuren Vogelbauer ohne allen Zusammenhang mitten in einen kleinen Garten hinzustellen« (Bd. I, S. 47), wird ein Bedienter, der am Hofe die Rolle des Intriganten innehat, mit dem Auftrag bedacht. Am Festtage erblicken die Gäste ein Käfiggebilde mit Biskuitbekrönung, einen »hohen babylonischen Turm mit dem Knopfe von Kraftmehl mitten auf der Tafel« (Bd. I, S. 50).[91] Die Gräfin kämpft mit dem Lachreiz, ein vertrottelter Oberst hält es zur Entrüstung des Erfinders für einen Stall. Der eingesperrte Heinrich, von Langeweile und Appetit getrieben, tut sich an der Biskuittorte des Käfigdaches gütlich. Dabei geschieht ein Mißgeschick,

die Torte stürzte herab, in die Gärten der Alcina hinein, zerschmetterte Bäume, Hecken und Pavillons, taumelte über die Gartenmauer hinaus und fiel mit lautem Geräusche in eine Assiette hinein, daß ein dichter Platzregen von schwarzer Brühe auf die dort Sitzenden herabströmte. (Bd. I, S. 53)

Alles springt auf, das festliche Mal artet zu einer grotesken Burleske aus. Aber noch nicht genug damit; der bisher für eine Wachspuppe gehaltene Heinrich macht sich in seinem Käfig bemerkbar:

[D]er genossene Biskuit fing an, heftige Unordnungen in seinem kleinen Körper zu verursachen: die Schmerzen wüteten so heftig, und die Besorgnis vor einer entehrenden Aufführung quälte ihn so sehr, daß sich der arme Bube niedersetzte und bitterlich weinte. (Bd. I, S. 54)

Mit ihm war geschmackloses Spiel getrieben worden. Zum ersten Male empfindet das Kind voll von innerlichen Martern der gekränkten Seele »die Stacheln der Ehre und Schande«. (Bd. I, S. 55)

Zum Schlosse des Grafen Ohlau gehört natürlich ein Schloßgarten. Was darüber gesagt wird, läßt auf einen Barockgarten im französischen Stil schließen. Man hört von »Rosenparterre«, »Kastanienallee«, »Linden«, »Springbrunnen«, »Boulingreen«, »Schneckenberg« (Bd. I, S. 97 f.) u. a. Es gibt einen sentimentalen Teil und offenbar auch eine »Wildnis«. Nach der ironischen Vorführung des pervertierten französischen Gartens im Speisesaal des Schlosses wird das Motiv des architektonischen Gartens im Freien aufgegriffen, und zwar in Szenen, die dem Typus eines Rokokogartens entsprechen. Handlungsmomente sind Verstecken, Suchen und Finden, verbotene und heimliche Liebe.

Studierend geht Heinrich, »den Kopf voll von römischen Kaisern, die mittelste Allee hinauf« (Bd. I. S. 82). Ulrike, der jeglicher Umgang mit ihm untersagt ist, schleicht ihm nach, neckt ihn und verschwindet beim ersten fremden Geräusch. Sie betritt »durch eine Öffnung der Hecke einen Seitengang« (Bd. I, S. 82) und läuft ihrer Gouvernante in die Hände. Geistesgegenwärtig schlägt sie das Gewand vors Gesicht und enteilt. Hedwig aber, halbblind und schielend, hält das Gelb des Unterrockes für die Hosen des von ihr heimlich geliebten Stallmeisters des Grafen:

[U]m die Illusion zu erleichtern, hatte der schadenfrohe Zufall der Baronesse eingegeben, den Capuchon über den Kopf zu ziehen. Fräulein Hedwig vermutete anfangs, daß er sie nicht wahrgenommen

Die Suche nach schlichteren Lebensformen aus Überdruß am gestelzten Stil zeigen auch die Beispiele aus Daniel Chodowieckis Kupferstichfolge zu »Natürliche und affektierte Handlungen des Lebens«, erste Folge (Blatt 1–4), 1799

habe, und schickte ihm deswegen einen charmanten Adonis nach dem andern nach [...]. Wie das alte Meerkalb hinterdrein trabte! und keuchte, halb vor Erschöpfung, halb aus verliebter Inbrunst! Und einmal über das andre röchelte sie: »Du schalkhafter Adonis! – Du mutwilliger Narzissus! – Ich will dich wohl haschen, du loser Koridon! – Da hab' ich dich, du dicker Amyntas!« rief sie an dem Gattertore und griff zu – Pah! da stand sie! erstarrt vor Schrecken, als sie statt der gelbledernen chaussure, wie sie zu sagen pflegte, einen seidenen Unterrock in ihren Händen fühlte. (Bd. I, S. 83)

Dem kindlichen Paar, dem die Alleen des Gartens das Verstecken ihrer unschuldigen Zuneigung erlauben, wird zum Kontrast die Karikatur der Hedwig samt Stallmeister gegenübergestellt, die im Gestus der mittlerweise vertrockneten anakreontischen Schäferwelt gezeigt sind.

Im sentimentalen, englischen Teil des Parks gibt es einen »Garten der Einsiedelei«, ein düsteres Tannenwäldchen, in dessen Mitte man »einen künstlichen Berg aufgeworfen und eine Höhle hineingewölbt« hat, deren moosbezogene Wände Kühlung gewähren.

Nicht weit davon machten zwei Mühlen ein angenehmes Getöse, und wenn man in der Höhle saß, erblickte man durch die glatten Stämme der Tannen den blinkenden Wassersturz eines Wehrs, der wie ein ausgespanntes Tuch mit einem hohlen Brausen herniederschoß.

Dieses Bild einer Eremitage könnte Hirschfelds *Theorie der Gartenkunst* entnommen sein. Es hat den Charakter eines Staffage-Requisits. Seinen Stellenwert im Roman gewinnt es erst durch den Gebrauch, der davon gemacht wird:

Jedermann im ganzen Hause des Grafen, den geheimer Kummer, Vapeurs, Hypochondrie oder schlechte Verdauung quälte, flüchtete an diesen Schutzort der Melancholie (Bd. I, S. 72).

Spätestens, wenn Wezel die schlechte Verdauung anführt, wird die Ironie deutlich. Daß die Melancholie geschützt werden muß, verweist zusätzlich darauf, daß diese Koketterie mit Gefühlen nicht ernst genommen werden darf. Für Wezel scheint auch die sentimentale Spielart der Gärten überholt zu sein, und er verwendet sie als bewußten Anachronismus.[92]

Neben die unzeitgemäße Liebe des Grafen für französische Formen und die ebenso überholte seiner Frau für künstlich erzeugte Sentimentalismen tritt als weiteres kennzeichnendes Motiv der adeligen Gesellschaft im Garten die Langeweile:

Die Gräfin suchte damals diese Zuflucht, um sich vor der Langeweile zu schützen, die gewöhnlich bei ihr und vielleicht bei jedem Menschen den Zustand begleitete, wenn sie eines Vergnügens überdrüssig war und wie auf Stahlfedern, mit einem unbestimmten Verlangen nach Neuheit hin und her schwebte, [...] ihr bis zur Sättigung geliebter Heinrich, der sie eben in jene unruhige Langeweile versetzt hatte, ging hinter ihr drein, einen Teil von Geßners Schriften unter dem Arme, die sie unter allen deutschen Produkten des Geschmacks allein und gern las. (Bd. I, S. 72 f.)

Die Verfechter des Landschaftsgartens führen mit Vorliebe als Argument gegen den französischen Garten die Langeweile an, die er erzeuge; eine Übertragung der häufigen Klage über die Langeweile der steifen Etikette des französischen Hofzeremoniells. Es ist nun paradox, wenn Wezel diesen Vorwurf bewußt zurückgibt, indem er die Personen seines Romans auch im englischen Garten unter der Langeweile leiden läßt. Er will zeigen, daß die Änderung des Gartenstils kein Heilmittel für soziales und psychisches Fehlverhalten ist. Denn der »Schutzort der Melancholie« versagt seinen Trost, und die Gräfin konstatiert: »Selbst die Bäume im Garten sehn so unmutig, so gelbgrün aus, als wenn der ganzen Natur nicht wohl zumute wäre.« (Bd. I, S. 73) Der Dualismus französischer – englischer Park ist für Wezel irrelevant. Er legt die Verirrungen beider Stilrichtungen gleichermaßen bloß und entlarvt damit den prätentiösen Habitus dieser Schloßgesellschaft, die mit unzulänglichen Mitteln unerreichbare Vorbilder ohne Geschmack und Sinn, nur zur Befriedigung der eigenen Laune, zu kopieren sucht und darin scheitern muß.

Eine kindliche Variante des sentimentalen Gartens stellt das Gärtchen Ulrikes dar. Es ist noch ganz der Pastoralidylle zugehörig, die das Mädchen nach der Trennung von ihrem Heinrich trostsuchend in Salomon Geßners *Daphnis* gefunden hat. Unter dem Eindruck der Lektüre flüchtet sie sich in die Einbildungskraft:

[J]ede Nische im Garten war ihr seit diesem Augenblicke eine Jasminlaube, wenn sie auch gleich nur aus grünen Latten bestund [...] Kein Frosch sprang bei ihrer Annäherung in das Bassin des Springbrunnens, ohne daß er in eine Nymphe umgeschaffen wurde [...] Der ganze Garten wurde ihr ein Arkadien: [...] sie spielte vor sich in Gedanken den ganzen eingebildeten Roman durch. (Bd. I, S. 97)

Dieses Spiel ist auch in das Hausinnere übertragbar. Ulrikes Phantasie setzt rigoros die banalsten Gegenstände ihres Zimmers ins Bukolische um. So war

jedes graue oder weiße Feld in dem parkettierten Fußboden eine besondre Trift, wo Daphnis, Alexis, Damon und andere Herren aus der geßnerischen Schäferwelt ihre Herden weiden ließen. Das Schreien der übelgeschmierten Kabinettür, wenn sie geöffnet wurde, waren ihr die lieblichen Melodien der Schalmeien und Pfeifen, die auf den Fluren des Fußbodens widerhallten; und diese Tür ließ sie eines Nachmittags ihre Schalmeientöne so oft machen, daß ihre Gouvernante Zahnweh bekam und sogleich der Kammerjungfer den Befehl erteilte, die verwünschte Tür mit Baumöle zu salben. Nun war Hain und Flur stumm [...] es war Winter und die Schäfer trieben ihre Schafe nach Hause. (Bd. I, S. 98 f.)

Die Träumerei bleibt indes nicht auf Phantasieprodukte beschränkt. Kraft der poetischen Anregung baut Ulrike die Bilder ihrer schwärmerischen Vorstellung in natura aus und verwendet dazu reichlich Gartenelemente und -requisiten. Auf einem separaten Fleck im Garten führt sie ihre »verliebten arkadischen Ideen« aus.

Es war eine Laube darinne, kleine Rasenplätze, die Triften vorstellten, worauf sie ein kleines wollenreiches Schäfchen mit einem roten Halsbande zuweilen selbst weidete, [...] auch ein Bach, der bei starkem Regenwetter Wasser, und beständig Mücken und Frösche in Menge hatte: sie versicherte in der Folge oft selbst, daß sie in dieser mit Kränzen behangnen Laube, ihr weidendes Schäfchen vor sich, wahre Empfindungen arkadischer Glückseligkeit genossen und in ihrer Einbildung eine Welt um sich geschaffen habe, in welcher sie zeitlebens träumen möchte. (Bd. I, S. 162)

Auch hier bricht Wezel die Illusion bereits durch die ironische Einfügung störender Elemente wie der »Mükken und Frösche«. Wie verletzlich die »Glückseligkeit« zudem ist, zeigt die mutwillige Vernichtung der Idylle durch den heimtückischen Sohn des Hofintriganten: Ulrike steht vor den »Ruinen ihres Glücks«. Im harmlosen Arkadienspiel Ulrikes verzichtet Wezel auf Parodie. Er läßt allein die Diskrepanz von Illusion und Realität wirken, die schmerzhaft genug ist. Die ganze Episode fungiert als eine Art Vorspiel für das größere Unternehmen von Herrmann und Ulrike, die später einen realen Bauernhof im Tenor eines arkadischen Traumes zu führen versuchen. Die in der Episode liegende Warnung ist dann bereits wieder vergessen.

Die junge Ulrike sucht aber das »einfache Leben« nicht nur in autistischer Selbstbezogenheit in ihrem Gartenrevier, sondern auch im Kontakt zu einfachen Menschen. Sie unterhält »sich aus natürlicher Freude an dem niedrigen Leben mit den geringsten Mädchen« (Bd. I, S. 162), geht mit Bettelkindern spazieren und teilt mit ihnen ihr Taschengeld, sie macht mit Mägden und Frönern Brotzeit, indem sie ihnen »ein Stück ihres groben Vesperbrotes« abkauft. Ein im Sinne der Aufklärung fortschrittliches Menschenkind also, das die Gleichheit der Menschen aus richtigem Empfinden heraus erkennt und akzeptiert. Doch bald entdeckt der Hof das unstandesgemäße Treiben und untersagt ihr strikt »dieses Vergnügen«. Sie wird zur Standesetikette der verkrusteten absolutistischen Ordnung zurückgezwungen.

Natura compatiens

Bisher blieb die Verwendung von Gartenmotiven auf das spielerische, nicht ganz aufrichtige Getändel des überlebten, dem Bankrott zutreibenden Grafenhofes beschränkt, grüne Lichter in einer an das Satirische grenzenden Parodie. Ernsthaft zur Gefühlskulisse wird die Natur, d.h. bei Wezel immer die gestaltete Natur, wenn die Hauptfiguren seines Romans ins Erwachsenenalter treten. Aus der kindlichen Zuneigung der zwei Spielkameraden ist eine Liebe erwachsen, die vom Hofe entschieden verurteilt wird. Man gibt die Baronesse Ulrike nach Dresden zu einem »Dragoner« von Erzieherin, während der arme Herrmann, dessen die Gräfin längst überdrüssig ist, selbständig seinen Weg suchen soll. Beide verzehren sich in Sehnsucht nacheinander. Der Zufall führt ein kurzes Wiedersehen herbei, das sich konsequenterweise in einem Landschaftsgarten abspielt. Diesmal ist die Szenerie real: der Plauensche Grund, der in K.W. Daßdorfs Beschreibung von Dresden überschwenglich gepriesen wird:

Er ist unter unsern mannichfaltigen Natur-Schönheiten, an denen Dresdens Gegend so reich ist, eben so merkwürdig und hervorstechend, als unter unsern herrlichen Kunst-Schätzen die Bilder-Gallerie [...]. Nach meiner Empfindung ist es einer der schönsten Winkel der mir bekannten Schöpfung.[93]

Die künstliche Nachhilfe bei der Gestaltung des Plauenschen Grundes läßt Wezel an keiner Stelle durchblikken, er schildert das Gelände wie ein Naturbild aus der Schweiz. Der Duktus ähnelt zeitgenössischen Reisebeschreibungen. Wezel spricht vom »Heiligtum der Natur«[94], das Herrmann einsam betritt:

[V]or ihm stand ein Amphitheater, das in der Schöpfung nur einmal wurde. Auf der linken Seite dunkelbraune glattgeschnittne Felsenwände, schief, wie Kulissen einer Schaubühne, hintereinander gestellt, aus dem Flusse, der sich an ihrem Fuße in wirbelnden Wallungen bricht, zu den Wolken gerade emporsteigend; rechts am Flusse der phantastisch geschlungne Weg mit strauchichten rauhen Bergen, die mit den Felsenwänden sich zu vereinigen scheinen, um die Szene zu schließen; [...] – er staunte, mit melancholischem Schauer verweilte er bei dem herrlichen Anblicke, in tiefer Empfindung verloren, und nur mit Mühe riß er sich los. (Bd. I, S. 253)

Zunächst wird der von Schwermut, Sehnsucht und Komplexen geplagte Herrmann in all seiner Verzweiflung geschildert. Die Parallele zwischen den Bildern der Natur und seinem Seelenzustand ist auffällig. Zur Verdeutlichung gibt es noch als Staffagefiguren zwei einsame Spaziergänger; sie sind »so tiefsinnig, als wenn sie eine Not in diesen Grund tragen, oder eine Geliebte in ihm suchen wollten«. (Bd. I. S. 253 f.) Dann wird das Durcheinander von Herrmanns Empfindungen gleichsam natural paraphrasiert:

[P]lötzlich wand sich der Weg um einen hervorstehenden Berg und öffnete ein breites, mit Birken rings umschlossnes Tal: izt war diese Seite eine bergichte Wüste, und jene ein lachender Hain, schnell wurde der Hain zum kahlen Felsengebirge, und aus der Wüste ein bearbeiteter bepflanzter Berg: hier stunden längs am Wasser hin versilberte Weiden, in künstlichen Reihen gepflanzt, hinter ihnen im aufsteigenden Gebüsche herrschte die völlige Unordnung der Natur [...]. Der Schauplatz war leer, still, melancholisch tot, nichts als das fortwährende Geräusch des strudelnden Wassers hörbar. (Bd. I, S. 254).

Herrmann ergreift Panik vor dieser Einsamkeit:

Schweigen und Brausen war ihre Sprache – eine Sprache, die so tief in Herrmanns Herze eindrang, daß ihm schauerte: mit Zittern und Furcht stand er da, die Einsamkeit fesselte ihn an, und die Furcht drängte ihn von ihr hinweg: er suchte eine Anhöhe, stieg aus dem frischen Schatten zu ihr hinan und schaute aus dem Sonnenglanze in die düstere Tiefe, das einzige Meisterstück der Natur, hinab. (Bd. I, S. 255)[95]

Während dem anakreontischen Topos gemäß solche Besteigung eines Aussichtspunktes in einem Lobpreis der Natur gipfelt[96], läßt Wezel seinen Helden die Natur als Kontrast und Echo seiner Empfindungen wahrnehmen. Das bisher als Metapher geführte Naturbild wird im »inneren Monolog« Herrmanns zum Vergleich gesteigert: »Von Leidenschaften gepeinigt, gepeitscht, wie der Strudel, der hier vor mir schäumt!« (Bd. I, S. 255) Sein Schmerz über die verlorene Geliebte, über die erfolglose Laufbahn und über das Gefühl persönlicher Wertlosigkeit kulminieren in blinder Flucht:

Er sprang auf, eilte die Anhöhe herab mit allen Bewegungen trostloser Wut [...]. Den Kopf voll so schwarzer Schatten, wie die Felsen um ihn über das Tal deckten, das nämliche Getöse, Brausen und Rauschen in allen seinen Adern, wie von dem dahinschießenden Flusse in den Felsen widerhallte, in der entsetzlichsten menschenfeindlichsten Stimmung des Geistes langte er bei der großen Mühle an. (Bd. I, S. 256)

In dieser finsteren Verfassung ist ihm der Anblick aller fröhlichen Menschen verhaßt. Sich abwendend, verfehlt er beinahe das schicksalhafte Wiedersehen mit der Geliebten. Doch nur beinahe, denn Ulrike erkennt ihn und schießt auf ihn zu. »Da standen sie beide, fest umklammert, als wenn eine Gottheit sie zu freundschaftlichen Bäumen einwurzeln ließ.« (Bd. I, S. 257)

Was die Gartenschöpfer durch ihre Kreationen erst wecken wollten, Gefühlserregung in möglichst weiter Skalenbreite, kehrt Wezel in diesem Kapitel geradezu um. Sein Held bringt die Skala bereits mit, die Natur gibt nur das Echo, ja sie liefert den Wort- und Bilderschatz zur Seelenschilderung. Da dies mit großer Ernsthaftigkeit geschieht, kann Wezel im Gegensatz zu den vorausgegangenen ironischen Gartenschilderungen keine künstlich unterstützte Natur brauchen, er muß vielmehr eine wilde Natur schaffen, deren Umgebung keinen Zweifel an der Echtheit der Gefühle aufkommen läßt.

Noch dramatischer als im Plauenschen Grund spiegelt sich ein Erlebnis der Liebenden in der Parkumgebung des Tiergartens zu Berlin. Abenteuerliche Ereignisse haben die beiden in dem Haus einer Dame von zweifelhaftem Ruf namens Vignali zusammengeführt. Sie leben nebeneinander her in der Absicht, die Tugend trotz aller Verlockungen und Ermunterungen ihrer Umwelt zu bewahren. Was aber der Umgang in leichtlebiger Gesellschaft nicht vermag, vollbringen Landschaft und Atmosphäre. Mit Vorsatz werden die beiden zum Spaziergang im Tiergarten alleingelassen.

Hirschfeld zählt diese Parkanlage zu den sogenannten Volksgärten, die von vorneherein als öffentliche Gärten geplant waren,

wo sich das Volk in gewissen Zeitpunkten der Freude oder der Noth versammeln und sich ausbreiten kann, wo eine freye und gesunde

Das gesellige Leben im Berliner Tiergarten.
Radierung von Daniel Chodowiecki 1772 mit dem Titel »Die Zelten.
Première Promenade de Berlin. La Place des Tentes au Parc dessinée
d'apres nature et gravée a l'eau-forte par D. Chodowiecki à Berlin.«

Luft athmet, und die Schönheit des Himmels und der Landschaft sich wieder zum Genuß eröffnet.[97]

Neben Prater und Augarten in Wien sowie Englischem Garten in München ist der Berliner »Thiergarten« eine der lobenswertesten Anlagen dieser Art, in denen man Bildsäulen und schöne Gartengebäude, aber auch Einrichtungen zur Unterhaltung wie Zelte und Hütten mit Erfrischungen finden kann.[98] Es sind dies die Anfänge der heutigen öffentlichen Parkanlagen in den Städten. Wezel schildert bildhaft und mit ironischem Spaß das lebendige Treiben an einem schwülen Augustsonntag. Während Ulrike, weniger schwermütig, Vergnügen daran findet und heiter gelöst ist, lastet auf Herrmann eine bedrückende Spannung, die ihn das Zusammensein mit Ulrike zugleich suchen und fürchten läßt. Er flieht aus dem Trubel »in düstre gewölbte Gänge bis zu den einsamen Schlangenwegen der Wildnis«, wo sich beide in dem weiten Areal ausweglos verirren. (Bd. II, S. 119)[99] Die lauten Promenaden, die geregelten Parkpartien, wo »unter Bäumen und in Hecken die glänzende schöne Welt in Fischbeinröcken und im Frack, in bezahlter und geborgter Seide« (Bd. II, S. 118) sitzt, sind auf die oberflächlichen, dem äußeren Glanz ergebenen menschlichen Regungen abgestellt. Die anschließende Wildnis dagegen, die nur zaghaft gestaltete, fast natürliche Landschaft des königlichen Jagdreviers (Tiergarten!), bleibt den aufgewühlten, »wilden« Leidenschaften vorbehalten. In dieser Umgebung wird der innere Zweikampf der Liebenden ausgefochten. Herrmann ist verwirrt durch die Heftigkeit des eigenen Begehrens, Ulrike erschreckt durch sein ungestümes Wesen: »was ist dir? warum rollen deine flammenden Augen so fürchterlich?« (Bd. II, S. 120) Zwischen Angst und Trostbedürfnis hin- und hergerissen, erliegt das Mädchen schließlich:

[S]o führte allmählich die Furcht vor dem Falle den Fall selbst herbei: was keine Reizungen der Wollust, keine Eitelkeit, kein Geld, keine Vignali [...] vermochten, vermochte die Allmacht der Liebe. Die Tugend fiel durch ihre Hand: bei ihrem Falle brauste der blasende Wind durch die Bäume und starb mit erlöschendem Keuchen in ihren wankenden Wipfeln: Kiebitze wimmerten in den sausenden Lüften ihren Klaggesang, und Eulen heulten in den hohlen Ästen das Grabelied der gefallnen Unschuld: die Tannen seufzten, vom Winde bewegt, und der ganze Wald trauerte im Flor der Nacht um die gefallne Unschuld. (Bd. II, S. 125)

Zwischen Vorgang und Naturschilderung besteht eine so enge Korrespondenz, daß man geradezu von einer natura compatiens sprechen kann.[100] Es ist allerdings eine Interpretationsfrage, wieweit in dieser intensiven Darstellung nicht auch leichte Ironie mitschwingt, eine Frage, die sich bei Wezel immer wieder aufdrängt. Hier zum Beispiel, wenn die Geschichte des »unglücklichen« Spazierganges etwas großspurig »ein bedeutungsvolles memento mori für die menschliche Stärke« genannt wird (Bd. II, S. 117) und das »Grabelied der gefallnen Unschuld« ertönt.

Realisierte Idylle

Am ausführlichsten kommen die Probleme der Natur- und Landschaftsgartengestaltung zur Sprache, nachdem Herrmann und Ulrike einen kleinen Bauernhof als Zufluchtsort erworben haben, auf dem sie ihre arkadischen Vorstellungen in die Tat umsetzen wollen.[101] Die idyllischen Spiele des Mädchens und die bukolischen Phantasien der Liebenden beim Umherirren im Tier-

garten können nun reale Gestalt annehmen: »Bedenke, welch herrliche Auftritte auf uns warten! Auftritte, so schön du sie dir nie in deinem Arkadien auf dem Schlosse deines Onkels dachtest!« (Bd. II, S. 240) Zunächst werden Pläne gemacht, die ganz im Sinne der programmatischen Feststellung in Rousseaus *Nouvelle Héloïse* (Teil 5, Brief 2) sind: »La condition naturelle à l'homme est de cultiver la terre et de vivre de ses fruits«. Wezel läßt Herrmann postulieren: »Wir wollen ganz Landleute sein, wie es sich gehört, nicht wie faule Müßiggänger die Arbeit fremder Hände genießen, sondern mit unsern eignen unser Leben verdienen.« Man stellt sich malerische Bilder des ländlichen Lebens vor: »Wenn ich hinter dem Pflug dahinschreite, oder mit dir die Garben sammle und einführe, und dann in der Sonnenhitze deine Hand mir den Schweiß abtrocknet [...]«, oder »du erleichterst den Kühen die hängenden Euter, streust reinliches Stroh auf ihr Lager [...]« u. s. f. (Bd. II, S. 240 f.) Danach aber wird sogleich an das Ästhetische gedacht:

Schon seh' ich dich, wie eine geschäftige Hausfrau, im leichten kurzen Unterrocke, mit aufgestreiften Armen, die Haare unter das runde verschobne Häubchen gesteckt, ohne städtischen Putz, in kunstloser reizender Nachlässigkeit herbeieilen und das selbstbereitete Mahl auf dem reinlichen hölzernen Teller mir vorsetzen [...], schon sitz' ich neben dir des Abends unter den Linden vor der Haustür und verzehre mit dir von deinem Schoße die mäßige Abendkost [...].

Diesen Plänen setzt die Wirklichkeit einigen Widerstand entgegen. Mit langsam aufkeimender Ironie beschreibt Wezel die Ausführung ihrer Vorhaben.

Gleichwohl, bei allem Ernst und aller Emsigkeit, war und blieb es eine poetische Wirtschaft, die Bemühung, den arkadischen Traum einer entflammten Einbildungskraft und eines sanft empfindenden Herzens zur Wirklichkeit zu bringen.

Ulrike harkt das Heu in Handschuhen, die ihre »Hände vor den Beleidigungen der Luft« bewahren, und Herrmann, »der Anfangs alle Äcker umpflügen wollte«, kam nicht sehr weit, wenn er beim Spaziergang dem »Knechte das Regiment abnahm und zwo Furchen zog [...]. Ulrike trocknete ihm freilich den Schweiß vom Angesichte bei der Arbeit, aber sobald er abgetrocknet wurde, hatte die Arbeit ein Ende«. (Bd. II, S. 254 f.) So müssen sie bald alle Arbeit durch bezahlte Leute verrichten lassen, da sie selbst immer nur bis zu dem Punkt gehen, wo die Beschwerlichkeit anfängt: »ihr ganzer Bauernstand blieb eine angenehme Spielerei.« Auch in Kleidung und Haltung wollen sie das bäuerliche Wesen nicht direkt übernehmen. Es ist ihnen zu garstig. Beide suchen durch »den Geschmack und die Artigkeit« eine Verschönerung zu erreichen, indem sie mit den zur Verfügung stehenden Mitteln eine Art neuer Mode entwickeln. Heute würde man von volkstümlicher Tracht im Gegensatz zu echter Volkstracht sprechen.
Auf ihre bäuerlichen Nachbarn wirkt das Paar verschiedentlich erzieherisch ein. Herrmann berät Schulzen und Schulmeister, Ulrike lehrt die Mädchen, sich zu schmücken. Bei Volksfesten wird ihre Art zu tanzen ungeschickt aber rührend nachgeahmt.[102] Die Verschönerung macht jedoch nicht bei den Menschen halt. Nachdem die Hauswirtschaft eingerichtet ist, beginnt Herrmann den Hof zu meliorisieren, der seinen Dunghaufen verliert »und zuverlässig ungleich schöner als vorher, aber auch ungleich weniger nützlich« wird. (Bd. II, S. 255 f.) »Überhaupt vertrug sich dieser unedle Teil der Ökonomie mit seinen ländlichen Dichterideen so wenig, daß er ihn weder riechen noch sehen noch davon hören mochte.« (Bd. II, S. 262.) Ähnlich ergeht es dem Garten, wo »die schlechten Obstsorten ausgemerzt und edlere angepflanzt« werden, die Einzäunung malerisch verziert wird, Nischen mit Weinstöcken entstehen usw., bis er schließlich der »wohlriechendste und ordentlichste im ganzen Dorfe« (Bd. II, S. 256) ist, aber für die nächsten Jahre weder Schatten noch Frucht gibt und folglich äußerst selten besucht wird.
Das äußere Erscheinungsbild eines solchen Bauernhofes entspricht den Vorstellungen, die die Gartentheoretiker von einer »ornamented farm« hatten. Daß Wezel hier die poetische Naturbetrachtung seiner zeitgenössischen Kollegen und der anakreontischen Dichtergeneration an einer – wenn auch fingierten – Realität mißt, merkt der Leser sehr bald. Texte wie der folgende könnten aus einer Geßnerschen Idylle stammen:

[D]ie Bienen des Nachbars summten in den durchsäuselten Ästen und unter den bunten Blumen des wollüstigen Grases, Vögel hüpften und zwitscherten in den Zweigen, Schmetterlinge schwärmten mit blinkenden Flügeln herum, in der Luft lebte das muntre sausende Gewühl des Sommers und der regen Natur. (Bd. II, S. 250)[103]

Das literarische Movens seiner landwirtschaftlichen Begeisterung wird Herrmann ausdrücklich bewußt. Er erinnert sich bei seinen Beschäftigungen an die klassische Belesenheit, die er am Grafenhofe erworben hatte: » – alles, alles, wohin er nur blickte, wohin er nur hörte,

»Le hameau« der Marie Antoinette im Petit Trianon von Versailles. Vorbild für zahlreiche »Dorfkonstruktionen« in deutschen Landschaftsgärten

was er nur tat und tun sah, brachte ihm die Beschreibung eines alten Dichters zurück« (Bd. II, S. 258). Die Schilderung dieser Beschäftigungen soll zweifellos Bilder aus Ewald von Kleists Hymnus *Der Frühling* heraufbeschwören.[104] Daß es sich wirklich um diese Dichter handelt, wird wenig später zugegeben:

[U]m einen schönen Vers aus dem Kleist oder ein schönes Bild aus dem Geßner in der Wirklichkeit zu sehn, füllte er seinen Hof mit Pfauen und artig gezeichneten Tauben und schönen Hühnern an, die ihm in einem Monat alle Gerste und allen Hafer wegfraßen, den er im ganzen Jahre erntete. (Bd. II, S. 261 f.)[105]

Ulrikens Favorit ist ebenfalls Geßner, daneben aber Thomson, der Autor der *Seasons*: »Ihr Gespräch auf dem Spaziergange war oft eine fortgesetzte Schilderung der Bilder um sich her, aus jenen Malern der ländlichen Natur [...]«. Und sie hatten Empfindungen, »die auch die herrlichste Natur ohne die zaubrische Verschönerung der Imagination nie zu geben vermöchte«. (Bd. II, S. 258)

Damit ist deutlich, daß Wezel den Begriff »poetisch« nicht im Sinne von fiktiv gebraucht, sondern durchaus auf aktuelle Literatur anspielt. Wie sich im folgenden erweist, liegt in der poetischen Verführung zum Leben in der Natur eine Gefahr. Wer dieser Verführung unter den Voraussetzungen folgt, die sich die Dichter für eine bäuerliche Existenz zusammenphantasieren, wird enttäuscht werden und muß scheitern. Da auch die gartentheoretische Literatur der Zeit empfiehlt, Dichtungen zum Zwecke der Gefühlsanregung in Gärten zu Rate zu ziehen, ist Wezels kritische Darstellung wegen ihrer Eigenständigkeit um so beachtenswerter.

Herrmann und Ulrike haben aus einem schlichten Bauernhof eine »ornamented farm« gemacht, die weit über das Ziel hinausschießt und sich dem Typus der Staffage-Dörfchen in Landschaftsgärten nähert. Deren bekanntestes, das »Hameau« im Park zu Versailles (Entwurf 1774), ein Spielzeug Marie Antoinettes, diente der Flucht vor der Konvention der Etikette und wurde niemals zum Symbol einer geänderten Lebensweise nach der Devise Rousseauscher Forderungen. Das naturgerechte Leben blieb ein modisches Getändel.[106] Brüche in diesem Paradies der Einbildungskraft muten mehr wie Kunstgriffe zur Gefühlssteigerung durch Kontrasteffekte an, denn als Verunsicherungen.

So in der Verwendung der Motive Grab, Gottesacker und Grabdenkmal, Elemente, die für den Landschaftsgarten sehr charakteristisch sind. Wenn Herrmanns und Ulrikens Kind stirbt, wird auch die Bestattung zu einem Spiel voller Empfindsamkeit. Sie schaufeln und schmücken das Grab mit eigenen Händen. Ulrike pflückte

auf den Wiesen Blumen, bettete mit ihnen in der Schachtel, die zum Sarge dienen sollte, ein buntes Lager, band einen Kranz von Fichtenzweigen, mit Vergißmeinnicht durchflochten, und schmückte damit das kleine Haupt, und in die Hände gab sie ihm eine aufbrechende Rosenknospe. In der Dunkelheit des Abends ging sie, ihren Herrmann am linken Arme, und unter dem rechten den Leichnam, auf den Kirchhof, [...] nichts unterbrach das allgemeine teilnehmende Schweigen als das Rauschen dahinschießender Fledermäuse, oder der Klageton des Uhus aus den finstern Winkeln des weißen Kirchturms, oder das Wimmern eines Käuzchens, das wie ein ächzendes Kind über ihren Häuptern schwebte und das Leichenlied jammerte. (Bd. II, S. 251 f.)

Auch hier übernimmt die Naturumgebung den Part der Klage, das Unsagbare artikuliert sich im Echo der Natur.

Der idyllische Dorffriedhof wird kontrastiert mit der gräflichen Gruft von Ulrikes Onkel, denn der Gegensatz von reglementiertem Zwang und freier Natur zeigt sich auch in der Begräbnisstätte. Ulrike erinnert sich:

[M]an liegt dort in dem schwarzsamtnen, tressenreichen Kasten, und der ganze traurige Aufputz hat so eine steife gezwungne Miene, als wenn sich die Leute noch im Tode voreinander genierten. [...] Oh, dacht' ich, ihr seid wohl alle an der Langenweile gestorben.

Hingegen sei es tausendfach angenehmer, »hier in freundlicher Zutraulichkeit unter dieser grünen blumengestickten Decke zu schlafen!«. (Bd. II, S. 252)

Neben dem Kindergrab pflegen beide noch ein zweites, das musterhaft in den sentimentalen Garten paßt. Auf einem öden Sandhügel im dichten Tannenwäldchen errichten sie »das Grab der Unschuld«: auf einem Rasenhügel »stund eine kleine abgestutzte Pyramide mit der Inschrift: ›Sie starb‹. Der Rasen verdorrte in dem trocknen Sandhaufen, und das Ganze bekam für denjenigen, der den Sinn wußte, ein bedeutungsvolles Ansehn«. (Bd. II, S. 260) Am Jahrestag des so verhängnisvollen Tiergartenspazierganges absolvieren beide ihren Trauerbesuch:

[E]in jedes hing an die Pyramide einen verdorrten Weidenkranz, mit Flor durchflochten, und lange blieben sie in stummer Betrübnis einander gegenübersitzen, auf den Rasensarg gestützt. (Bd. II, S. 260)[107]

Solche »Spiele schwärmerischer Zärtlichkeit« und »so viele phantastische Ergötzlichkeiten und süße Täuschungen« (Bd. II, S. 261) bei einem Landwirt müssen zwangsläufig mit der Wirklichkeit kollidieren. Denn »sie waren Kinder geworden und träumten sich da ein Paradies, wo ihre Mitmenschen nichts als Kummer, Not und Beschwerlichkeit fühlten«. (Bd. II, S. 261) In der Folge bricht die ganze poetische Ökonomie zusammen. Der Bargeldvorrat geht schnell zur Neige. »Den Schaden, den ihm Mangel an Aufsicht, Untreue und Unordnung zufügten, vollendete seine Gutherzigkeit [...]«, er ist »die Zuflucht aller Notleidenden« (Bd. II, S. 262).

Erst als die Börse leer ist, blättert der Firnis von Empfindung und Phantasie ab, der alles überzogen hatte, und die Dinge erscheinen in ihrer wahren Gestalt. Alle Welt schreit nach Geld. Die Last der Abgaben, die auf den Bauern liegen, bekommt Herrmann jetzt zu spüren. Das Futter fehlt, die Tiere hungern, das Gesinde verläßt »die beiden wirtschaftlichen Enthusiasten« (Bd. II, S. 262). Wezel demonstriert, daß Flucht in die Imagination, sie sei poetisch oder nicht, keinen Ausweg bietet. Der sentimentale Umgang mit der Natur und das gelenkte Spiel der Gefühle haben keinen Boden im Diesseits, sie enden im Desaster. »Ein Engel mit flammendem Schwerte vertrieb uns aus dem Paradiese; und wehe dem Betrognen, der noch darinne zu sein wähnt!« (Bd. II, S. 261) Ein warnendes Menetekel für alle Schöpfer elysäischer Gefilde in der irdischen Unvollkommenheit. Diese Kritik Wezels ist bemerkenswert angesichts der Tatsache, daß die größten Anstrengungen auf dem Gebiet der Landschaftsgärtnerei und der Landesverschönerung in Deutschland *nach* dem Erscheinungsdatum des Romans (1780) unternommen wurden.[108] Zudem relativiert Wezel nicht, er kritisiert nicht nur die Übertreibungen und Auswüchse, sein Verdikt richtet sich gegen jede Form unwirtschaftlicher Landschaftskosmetik zum Zwecke des Spiels und der Unterhaltung.

Der Schluß, den Wezel daraus zieht, ist daher verhältnismäßig nüchtern. Nach der großen Desillusionierung werden Herrmann und Ulrike nochmals Jahre der Trennung, Jahre der Reife und Bewährung auferlegt. Barockroman und Bildungsroman kreuzen sich auf Wezels eigenwillige Weise. Erst als Herrmann zum Vertrauten eines aufgeklärten Fürsten aufsteigt und Ulrike ordnungsgemäß zur Frau nehmen kann, schließt sich der Kreis. Das arkadische Gartenmotiv taucht in einer Form auf, die durch das Sieb der Vernunft gefiltert ist. Auf der letzten Seite des Romans heißt es von Ulrike:

> Ihre Kinder als Schäfer und Schäferin zu putzen, ein Lamm von Holz und aufgeleimter Baumwolle mit ihnen zu weiden und in dem gedielten Fußboden sich eine arkadische Flur vorzustellen: Kühe, aus Mehl gebacken, und Schafe von Zuckerteig mit ihnen auf dem Tische zu hüten und Berge von Gras oder Moos darauf zu bauen, an welchen das Vieh hinaufklettern muß, ist nicht bloß Verlangen, die Kinder zu unterhalten, sondern wirkliches Vergnügen für sie: aber wenn ein Hausgeschäfte ruft, fliegt sie ohne Verzug aus ihrem geträumten Arkadien in die Küche, ordnet an und kehrt wieder in ihr Arkadien zurück. (Bd. II, S. 415)

Das Spiel mit der Natur ist zum Spiel mit künstlichem Natur-Spielzeug geworden, die einst so zügellose Empfindung und Einbildungskraft stehen im Dienste der Pädagogik und sind gezähmt. Die Verirrungen und utopischen Illusionen sind überwunden.

Garten der Freiheit

Die formalästhetischen und sozialpolitischen Hintergründe des Landschaftsgartens

Die Diskussion um die Vorzüge des Landschaftsgartens basiert im 18. Jahrhundert stets auf dem Gegensatz zum formalen, d. h. zum französischen Park. Auf zwei Gebieten wird dieser Gegensatz von französischem und englischem Gartenstil mit besonderer Vorliebe ausgespielt oder als Gleichnis verwendet: im Bereich der Ästhetik (Fragen der Form) und im Bereich der politischen und sozialen Anschauungen. Da aber ästhetischer Form- bzw. Stilwandel auch stets Widerspiegelung oder Ausdruck gesamtgesellschaftlicher Prozesse ist, erscheint es ganz logisch, daß bei vielen Autoren beide Bereiche ineinandergehen. Es findet zwar keine tiefgründige Analyse dieser Vorgänge statt, doch werden die Antagonismen in zahlreichen Topoi und Schlagworten abgehandelt. Künstlichkeit dort, Natürlichkeit hier heißen die Grundbegriffe. Der überlebte französische Stil soll überwunden werden, der progressive englische Stil gilt als Ideal. Damit einher geht eine Typisierung, in der französisch gleich feudal-, höfisch-, aristokratisch-, absolutistisch und englisch gleich demokratisch-, bürgerlich-, freiheitlich gesetzt werden. Die Auseinandersetzung zwischen höfischem und demokratischem Stil stellt sich dar als Antinomie von Unnatur und Natur oder von Herrschaft und menschlicher Befreiung. Da jedoch keine Verteidiger oder gar Verfechter der französischen Stilrichtung auftreten, ist es – zumindest in den siebziger und achtziger Jahren des 18. Jahrhunderts[1] – ein sehr einseitiges Gefecht zugunsten des englischen Gartens. Der französische Stil dient ausschließlich zur abschreckenden Kontrastierung.

Aus der Besinnung auf die nationale Eigenart des Deutschen wuchs das Schlagwort von der sklavischen Nachahmung, in der man gegenüber Frankreich befangen sei:

> Noch mehr wirkte die *Gallomanie* [Hervorhebung des Verf.], eine sonderbare Krankheit bey unserer Nation, die einen großen Theil derselben von den Fürsten an bis zu den Krämern beherrschte, und gegen welche weder der Spott der Patrioten, noch die Denkmäler, die unsre eigene Kraft und Würde beweisen, mächtig genug schienen. »So machts der *Franzose*, so hab ichs in *Frankreich* gesehen.« Dies war genug, um den erfindsamen *Deutschen* zum Nachahmer herabzuwürdigen. Wir bekamen *französische* Gärten, so wie wir *französische* Moden hatten. Und um die Nachahmung desto geschwinder und allgemeiner zu machen, so geruheten unsre Großen das erste Beyspiel zu geben, und bald ein klein *Versailles*, bald ein klein *Marly*, bald ein klein *Trianon*, alles aber in bescheidener Miniatur, anlegen zu lassen.[2]

Der Angriff auf den französischen Garten wegen seiner Versklavung und Verstümmelung der Natur gehört in dieser Zeit fast automatisch zu jeder Darstellung der Gartenkunst. Stellvertretend sei hier aus dem Artikel *Ideal eines teutschen Gartens* von J. J. Atzel in Schillers *Wirtembergischen Repertorium* zitiert:

> Unsere l. Nachbarn, die Franzosen, gaben den Ton an, verstümmelten die Natur Gottes und belegten sie mit sclavischen Fesseln. [...] die Teutschen ahmten es den Franzosen nach und erniederten sich zum elendesten Geschmack, so daß man mit allem Recht von ihnen sagt:
>
> – Die Einfalt kann nicht sehen,
> Ihr lachen nicht die Thäler, nicht die Höhen;
> Sie hört auch grob und in der Melodie
> Der Nachtigall, erschallt kein Ton für sie.
>
> Architekten wurden theuer bezahlt die Natur zu verderben. Sie warfen Berge mit den sanftesten Hügeln in friedliche Thäler, als wären die Teutsche zum Steigen zu entnervt, – sie trockneten Seen aus, in denen sich die schönsten Gestade und die prachtvollste Himmel spiegelten, – sie schonten nicht der feyerlichen Bäume, die schon Jahrhunderte dem müden Wanderer bald sanfte Kühlung, bald heiligen Schauer zugeweht hatten. [...] Die Aeste der Hecken und Bäume ver-

stümmelten sie und erschöpften, pour varier dans les belles formes, beynah die ganze Welt der Gestalten vom Damenfächer an bis zum stolzen Triumphbogen.[3]

Dagegen sei es den Engländern gelungen, »von dem Gefühl der Freyheit beseelt, [...] das verlohrne Elisium wieder zu schaffen.«[4]

Daß der Landschaftsgarten auch auf Nachahmung, nämlich des englischen Gartens, beruhte, schien nicht so stark und schmerzhaft empfunden worden zu sein, zumal man England als stammes- und artverwandt ansah. Immerhin wurde jede Übertreibung auch in diese Richtung kritisiert. Spott und Satire gegen die »*Anglomanie*« gab es immer wieder.[5] Es hat auch nicht an Versuchen gefehlt, den terminus »Englischer Garten« zu ersetzen. So schlägt z.B. A. Friedrich Krauß vor, ihn »Deutscher Naturgarten« zu nennen.[6]

Ein Kernstück der deutsch-französischen Kultur-Polemik des 18. Jahrhunderts ist Justus Mösers Schrift gegen Friedrich des II. Traktat *De la littérature allemande* mit dem Titel *Über die deutsche Sprache und Literatur. Schreiben an einen Freund*.[7] Sie veranschaulicht, wie stark die Diskussion um die Gartenform bei den gebildeten Ständen präsent gewesen sein muß. Denn Möser illustriert sein Plädoyer für eine eigenständige deutsche Literatur gegen den vorherrschenden französischen Geschmack zum guten Teil mit Vergleichen aus der Gartenkunst. Nach der großen Zeit der Minnesänger sind

wir immer von lateinisch gelehrten Männern erzogen worden, die unsere einheimischen Früchte verachteten, und lieber italienische oder französische von mittelmäßiger Güte ziehen, als deutsche Art und Kunst zur Vollkommenheit bringen wollten; ohne zu bedenken, daß wir auf diese Weise nichts hervorbringen könnten, was jenen gefallen und uns Ehre bringen würde.

Sie zogen Zwergbäume und Spalierbäume und allerlei schöne Krüppel, die wir mit Strohmatten wider den Frost bedecken, mit Mauern an die Sonne zwingen, oder mit kostbaren Treibhäusern beim Leben erhalten mußten. Und einige unter uns waren töricht genug zu glauben, daß wir diese halbreifen Früchte den Fremden, bei denen sie ursprünglich zu Hause sind, als Seltenheit zuschicken könnten.[8]

Der »advocatus patriae« Möser fordert deutsche Eigenständigkeit und Besinnung auf genuine Wachstumsformen, indem er die gewaltsame Aufzucht südlicher Pflanzen und Früchte anprangert, wie sie in den Orangerien aller Gärten des französischen Stils betrieben wurde. Er prophezeit schöne und große »Produkte«,

wenn wir auf den Gründen fortbauen, welche *Klopstock*, *Goethe*, *Bürger* und andere neuere gelegt haben. Alle können zwar noch in der Wahl der Früchte, welche sie zu bauen versucht, gefehlt [...] haben. Aber ihr Zweck ist die Veredlung einheimischer Produkte.[9]

Veredlung der Natur aber ist bereits ein Schlüsselbegriff der Landschaftsgartenkunst.

Vorbilder für diese Veredlung findet Möser nicht in den romanischen Ländern, wo wie bei uns »die Mannigfaltigkeit der höchsten Schönheit vorgezogen« wird[10], sondern in England. Er vergleicht die Dramen Shakespeares und Voltaires, die den Tod Caesars zum Thema haben. Die Lebendigkeit und Unmittelbarkeit der Shakespeare'schen Gestalten und Handlungen stellt Möser gegen Voltaires »glattes, schönes, glänzendes Bild«[11], das in seiner Art zwar unvergleichlich ist, aber am Wesentlichen vorbeigeht. Er erläutert den Unterschied mit einer großen Gegenüberstellung der beiden Gartenstile:

Wollen Sie die Sache noch deutlicher haben: so vergleichen Sie, mein Freund, einen englischen und französischen Garten. In jenem finden Sie, eben wie in *Shakespeares* Stücken, Tempel, Grotten, Klausen, Dikkichte, Riesensteine, Grabhügel, Ruinen, Felsenhöhlen, Wälder, Wiesen, Weiden, Dorfschaften, und unendliche Mannigfaltigkeiten,

Die grünen Mauern der Boskettanlagen im Garten der Favorita zu Mainz. Kupferstich von Salomon Kleiner aus dem Werk »Wahrhaffte und eigentliche Abbildung Aller Kirchen und Klöster und eigentliche Abbildung der Chur Fürstlich Mayntzischen Favorita«. Augsburg 1706

wie in Gottes Schöpfung durcheinander vermischt, in diesem hingegen schöne gerade Gänge, geschorene Hecken, herrliche, schöne Obstbäume, paarweise geordnet oder künstlich gebogen, Blumenbeete wie Blumen gestaltet, Lusthäuser im feinsten Geschmack – und das alles so regelmäßig geordnet, daß man beim Auf- und Niedergehen sogleich alle Einteilungen mit wenigen Linien abzeichnen kann, und mit jedem Schritte auf die Einheit stößt, welche diese wenigen Schönheiten zu einem Ganzen vereinigt. Der englische Gärtner will lieber zur Wildnis übergehen, als mit dem Franzosen in Berceaux und Charmillen eingeschlossen sein.[12]

Dies ist ein konzentrierter Abriß beider Gartenstile: auf der einen Seite die wilde Fülle »wie in Gottes Schöpfung«, auf der anderen die relative Kargheit weniger Schönheiten, die sich zwar klar zu einer »Einheit«, einem »Ganzen« vereinigen, die aber auch »eingeschlossen« sind, was zugleich den Ausschluß derjenigen impliziert, für die der Zutritt zu diesen Anlagen verschlossen bleibt. Im französischen Garten ist alles so »fein« und »niedlich« gemacht, »wie eine Erzählung von *Marmontel*, in der man mit einem Blick den Faden sehen kann, wodurch sie zusammengehalten wird«.[13]
Diese Feststellung besagt aber keineswegs, daß dem englischen Garten eine solche Einheit mangelt. Doch ist es nicht die platte, überschaubare, errechenbare Einheit des französischen Parks bzw. der französischen Dichtung, sondern eine Einheit, die einen »sehr hohen Vereinigungspunkt«[14] hat, die gleich den Stücken in Shakespeares Manier dem deutschen, nicht hoch genug gestiegenen Geiste, noch unsichtbar ist.
Möser spielt hier offenbar auf die drei Einheiten des Dramas an (Einheit der Handlung, des Ortes, der Zeit), wie sie durch den französischen Klassizismus kodifiziert und in der tragédie classique strikt befolgt worden sind. Die Relativierung bzw. Ablehnung der dramatischen Einheiten in Deutschland, die mit Bodmer und Breitinger, besonders aber mit Lessings *Hamburgischer Dramaturgie* (1767/69) einsetzt, findet im Sturm und Drang ihren Höhepunkt (J. G. Herder, *Shakespeare* von 1771; J. W. v. Goethe, *Rede zum Shakespeares-Tag*: »Natur, Natur! nichts so Natur als Shakespeares Menschen«; J. M. R. Lenz, *Anmerkungen über das Theater* von 1774).
Als weiteres Argument für seine Auffassung führt Möser an:

Die ganze Schöpfung ist gewiß zur Einheit gestimmt, und doch scheint sie uns hie und da sehr wild und noch wilder als ein englischer Garten zu sein. [...] Indes liegt doch die Einheit, da wo ein gotischer Turm mit prächtigen römischen Gebäuden, oder wo, wie im Wilhelmsbade bei Hanau, die fürstliche Wohnung unter Ruinen, mit schönen Gebäuden und Partien glücklich zusammengestimmt, höher, als wo bloß eine Reihe schöner Häuser, und wenn es auch in der Hauptstadt wäre, eine gerade lange Gasse ausmacht. Der Weißestein bei Kassel ist nach kühneren Regeln angelegt als eine römische Villa.[15]

Möser stellt hier zwar die Mannigfaltigkeit landschaftsgärtnerischer Erfindung gegen eine städtische Architektur, zwei Bereiche, die von ihrer unterschiedlichen Funktion her nicht gut vergleichbar sind, aber seine Absicht ist ganz eindeutig: Gegenüberstellung der natürlichen Vielfalt hier und der glatten, linearen, wenn auch vordergründig »schönen« Einheitlichkeit dort.

Die Frage, welcher Weg für die Deutschen zu wählen sei, erscheint bei dieser Argumentation rein rhetorisch:

der Weg zur Einförmigkeit und Armut in der Kunst, welchen uns der Konventionswohlstand, der verfeinerte Geschmack und der sogenannte gute Ton zeigen; oder der Weg zur Mannigfaltigkeit, den uns der allmächtige Schöpfer eröffnet? Ich denke immer: der letztere, obgleich er zur Verwilderung führen kann. Denn es bleibt doch eine unstreitige Wahrheit, daß tausend Mannigfaltigkeiten zur Einheit gestimmt, mehr Wirkung tun, als eine Einheit, worin nur fünf versammelt sind; und daß ein zweichöriges *Heilig* von Bach etwas ganz anderes sei als die schönste Arie, diese mag noch so lieblich klingen.[16]

Die lebendige Fülle und der Variationsreichtum der Themen und Motive in Shakespeares Dramen wie in Englands Gärten sind es, die Möser seinen dichtenden Landsleuten zur Anregung empfiehlt. Und zur Untermauerung seiner Theorie führt er den Triumphzug des englischen Gartens auf dem Kontinent an: »Selbst die Macht, womit der Geschmack an den englischen Gärten jetzt ganz Europa überwältigt, kann uns lehren, daß der Weg zur Mannigfaltigkeit der wahre Weg zur Größe sei.«[17]

Mit ähnlich vorgefaßter Wertung vergleicht Jacob M. Reinhold Lenz in einem Text mit der Überschrift *Für Wagnern* die Dramenkunst mit den beiden gegensätzlichen Gartenstilen:

Es gibt zweierlei Art Gärten, eine die man beim ersten Blick ganz übersieht, die andere da man nach und nach wie in der Natur von einer Abwechslung zur andern fortgeht. So gibt es auch zwei Dramata, meine Lieben, das eine stellt alles aufeinmal und aneinanderhangend vor und ist darum leichter zu übersehen, bei dem andern muß man auf- und abklettern wie in der Natur. Wenn nun die Rauhigkeit der Gegend die Mühe nicht lohnt, so ist das Drama schlecht, sind aber die Sachen die man sieht und hört wohl der Mühe wert seine Phantasie ein wenig anzustrengen, dem Dichter im Gang seiner vorgestellten Begebenheiten nachzufolgen, so nennt man das Drama gut. Und ist die Aussicht die er am Ende des Ganges eröffnet, von der Art daß unsere ganze Seele sich darüber erfreut und in ein Wonnegefühl gerät das sie vorher nicht gespürt hat, so ist das Drama vortrefflich. Das ist die Theorie der Dramata.[18]

Zweifellos ist mit dem ersteren Garten, den »man beim ersten Blick ganz übersieht«, der formale Garten gemeint. Er wird nur mit einem halben Satz gestreift. Auch das ihm zugeordnete Drama tut Lenz mit drei Kennzeichen ab: es stelle alles auf einmal dar, aneinanderhangend und leichter überschaubar. Die schnelle Erfaßbarkeit und Übersichtlichkeit des französischen Gartens aber führt, so der wiederholte Vorwurf in der Gartenliteratur, zu »Monotonie«, »Langeweile und Ekel«.[19] Die Charakterisierung des analogen Schauspiels zielt wie bei Möser auf die starre Handhabung der »Einheiten« in der zeitgenössischen französischen

Dramenliteratur. Dagegengestellt wird ein Garten, der der freien Natur gleicht. Hier ist der Besucher aufgefordert, sich einer gewissen Mühe zu unterziehen, um den winkenden Lohn zu ernten: ein neues »Wonnegefühl«, das die »ganze Seele« erfreut. In den *Anmerkungen über das Theater* sagt Lenz vom Drama Shakespeares, daß es sein Vorbild in der Darstellung der »mutterfadennackten Natur« habe. So liegt es nahe, darin das dem zweiten, hier zitierten Garten entsprechende Drama zu sehen. Auch zwei Eigenschaften stimmen damit überein: »dem Dichter im Gang seiner vorgestellten Begebenheiten« folgt man nach, wie dem Gartenkünstler in der Reihung seiner Gartenszenen. Und die Aussicht »am Ende des Ganges«, die im Landschaftsgarten als bewußt gewählter und gelenkter Ausblick eine bedeutende Rolle spielt, bedeutet im Drama Katharsis durch Ergriffenheit und Erkenntnis. Damit leitet Lenz auch die Beurteilungskriterien für die Qualität eines Schauspiels aus dem Vergleich mit dem Landschaftsgarten ab.

Doch nicht nur Lenz, sondern auch Schiller zieht die beiden Gartenstile zur Verdeutlichung der gegensätzlichen Positionen im Drama heran:

Die Gartenkunst und die dramatische Dichtkunst haben in neuern Zeiten ziemlich dasselbe Schicksal, und zwar bei denselben Nationen gehabt. Dieselbe Tyrannei der Regel in den französischen Gärten und in den französischen Tragödien; dieselbe bunte und wilde Regellosigkeit in den Parks der Engländer und in ihrem Shakespear; und so wie der deutsche Geschmack von jeher das Gesetz von den Ausländern empfangen, so mußte er auch in diesem Stück zwischen jenen beiden Extremen hin und her schwanken.[20]

Gallomanie und Anglomanie werden auch hier als extreme Standpunkte erkannt. Wo aber Schillers Sympathien liegen, geht keineswegs so klar hervor wie bei seinen Vorgängern. Daß Schiller nach einem Ausgleich, möglicherweise sogar nach einer Synthese beider Positionen sucht, wird erst zwei Jahre später in der Rezension von Cottas Gartenkalender auf das Jahr 1795 deutlich.

Ein Jahrzehnt vorher stand Schiller noch voll auf der Seite des englischen Gartens. In der Erstfassung des *Don Carlos* (Thalia-Fragment von 1785) läßt Schiller die Königin über die »prächtige Verstümmlung der Werke Gottes« in den gerühmten Gärten von Aranjuez klagen, selbst wenn sie als achtes »Erdenwunder« gelten. Zum Marquis von Posa äußert sie:

Bewundern sie die glatten Buchenwände,
der Bäume banges Zeremoniell,
die starr und steif, und zierlich wie sein Hof,
in trauriger Parade um mich gähnen.«

Dagegen zieht sich die königliche Einsiedlerin in ein Naturrefugium zurück, das die Züge eines Landschaftsgartens trägt.

Hier zeig ich ihnen meine Welt. Diß Pläzchen
hab ich mir längst zum Liebling ausgesucht.
Wie schön ists hier – wie herzlich – wie vertraulich –
hieher – so scheint es – hat sich die *Natur*
vor den Verfolgungen der *Kunst* geflüchtet.
In unbelauschter Freiheit wohnt sie da
von wenigen empfunden –
[...]
Hier grüßt mich meine ländliche Natur,
die Busenfreundin meiner jungen Jahre,
hier find ich meine Kinderspiele wieder,
und meines *Frankreichs* Lüfte wehen hier.[21]

Derartige Empfindungen sind eigentlich im 16. Jahrhundert, in dem die Handlung angesiedelt ist, nicht zu erwarten. Schiller überträgt zum besseren Verständnis für seine Zeitgenossen die Vergleichsbilder vom formalen Garten und vom Naturgarten aus seinem Jahrhundert in die Zeit Philipps II. Der französische Garten stößt ja erst im 18. Jahrhundert auf die rigorose Ablehnung, die aus den Worten der Königin klingt. Frankreich, ihr Herkunftsland, ist zu Schillers Zeit von Rousseaus Ideen erfüllt. Seine Werke repräsentieren etwas wie einen Gegenentwurf zur verkrusteten Lebensform des ancien régime. Zur Charakterisierung des Heimwehs nach diesem besseren Frankreich wählt Schiller Worte, die stark an Rousseaus Roman *Julie ou La Nouvelle Héloïse* (erschienen 1761) erinnern sollen. Der Garten Julies wird beschworen. Er ist ein »Elysium«, eine »Freistätte«, eine »Insel«, voll »herrlicher Einsamkeit« und »Ungezwungenheit«, wo »die Natur auf eigene Faust« wirkt usw. Als Kontrast findet sich dort auch eine ironische Schilderung des formalen Gartens mit zugestutzten Bäumen, wohlgezogenen »Laubwänden«, aus Taxus geschnittenen Figuren, die die »Natur verderben« und nur einen »traurigen Ort« hervorbringen, der »nichts als Langeweile« und »vergiftete Freuden« erzeugt.[22]

Wenn bis jetzt vom »Garten der Freiheit« gehandelt wurde, so muß man sich doch stets vor Augen halten, daß der Begriff der Freiheit in der zweiten Hälfte des 18. Jahrhunderts sehr viel anders definiert werden konnte als heute. In *Adelungs Wörterbuch* von 1775 hat die Freiheit auch noch durchaus den Charakter eines Privilegs: »Das Recht, in einzelnen Fällen an gewisse Einschränkungen nicht gebunden zu sein, sowohl im physischen, als bürgerlichen, gesellschaftlichen und sittlichen Verstande.« Damit waren sowohl Standeskennzeichen (z. B. »frei geboren«) wie Vorrechte gemeint, die nur einem begrenzten Personenkreis zukamen und somit ganz im Gegensatz zur persönlichen Freiheit aller Menschen standen. Im Sinne von »allgemeiner Freiheit« auf der Grundlage von Gleichheit und Brüderlichkeit taucht das Wort erst mit der Französischen Revolution auf und wird schnell zum Schlagwort der emanzipatorischen Bewegungen auf allen Gebieten.[23] Auch die wilde Natur zeigt allenthalben diese allgemeine Freiheit, denn sie setzt ja ihre Regeln und Gesetze im freien Walten selbst. Es sind die gleichen, die der Gartenkünstler erspüren und denen er folgen soll. Die Freiheit einer Pflanze oder eines Landschaftsausschnittes ist individuell, d. h. jeder Naturgegenstand entwickelt sich nach dem ihm innewohnenden Gesetz, soweit das »schöne Ganze« es erlaubt (Brüderlichkeit). Insofern entspricht die Definition der Freiheit derjenigen des Idealismus, wonach Freiheit die Grundlage für die Humanität und für den Antrieb allen sittlich wertvollen Lebens ist (Kant, Schiller, Fichte), und stimmt mit Kants »kategorischem Imperativ« überein. So wie die Entwicklung des menschlichen Individuums nun nicht mehr ausschließlich von Kräften außerhalb des Menschen determiniert ist, sondern zu einem guten Teil seinem eigenen Willen unterliegt, hat auch die Pflanze eine eigene Individualität. Wilhelm von Humboldts Forderung, daß die freie Entfaltung des Individuums nicht staatlich gelenkt werden darf, findet ihre Entsprechung in der Befreiung der Pflanze von der Gartenschere und dem Richtscheit des formal arbeitenden Gärtners. Friedrich Schiller hat in *Kallias oder Über die Schönheit* das Freiheitsrecht des Einzelbaumes verteidigt:

Musterbeispiele für den Hecken- und Baumschnitt im französischen Garten aus »La Theorie et la Pratique du Jardinage« von Dézallier d'Argenville. Kupferstich von J. Mariette. Um 1709

Eine Birke, eine Fichte, eine Pappel ist schön, wenn sie schlank emporsteigt, eine Eiche, wenn sie sich krümmt; die Ursache ist, weil diese sich selbst überlassen die krumme, jene hingegen die gerade Richtung lieben. Zeigt sich also die Eiche schlank und die Birke verbogen, so sind sie beide nicht schön, weil ihre Richtungen fremden Einfluß, Heteronomie verraten. Wird hingegen die Pappel vom Winde gebogen, so finden wir dies wieder schön, weil sie durch ihre schwankende Bewegung ihre Freiheit äußert. Welchen Baum wird sich der Maler am liebsten aufsuchen, um ihn in Landschaften zu benutzen? Denjenigen gewiß, der von der Freiheit Gebrauch macht, die ihm bei aller Technik seines Baues gelassen ist – der sich nicht nach seinem Nachbar sklavisch richtet, sondern sich, selbst mit einiger Kühnheit, etwas herausnimmt, aus seiner Ordnung tritt, sich eigensinnig dahin oder dorthin wendet, wenn er auch gleich hier eine Lücke lassen, dort etwas durch seine ungestüme Dazwischenkunft verwirren müßte. An demjenigen hingegen, der immer in einerlei Richtung verharrt, auch wenn ihm seine Gattung weit mehr Freiheit vergönnt, dessen Äste ängstlich in Reih und Glied bleiben, als wenn sie nach der Schnur gezogen wären, wird er mit Gleichgültigkeit vorübergehen.[24]

Die optisch anschaubare Autonomie der Pflanze ist in diesem Falle Metapher in einer ästhetischen wie in einer ideellen Kategorie: für die Schönheit einerseits und für die Freiheit andererseits. Beide bedingen einander; nur was frei ist, ist auch schön! Einer solchen freien Entwicklung wird sogar ein gewisses Maß an Kühnheit, Eigensinn und aggressivem Temperament zugestanden. Der Künstler, der Maler, wird als Zeuge berufen dafür, daß allein der freiwachsende Baum Anziehungskraft auf den ästhetisch empfindenden Menschen auszuüben vermag.

In seiner Gartenkalender-Rezension greift Schiller die völlig gegensätzliche Behandlung der Pflanze im französischen Garten an: Dort habe man die lebendige Vegetation unter das »steife Joch« mathematischer Formen gebeugt, denn der

Baum mußte seine höhere organische Natur verbergen, damit die Kunst an seiner gemeinen Körpernatur ihre Macht beweisen konnte. Er mußte sein schönes selbständiges Leben für ein geistloses Ebenmaß und seinen schwebenden Wuchs für einen Anschein von Festigkeit hingeben, wie das Auge sie von steinernen Mauern verlangt.

Auf diese Weise wird das Leben unterdrückt, pervertiert und der Natur entfremdet. Von diesem »seltsamen Irrweg« flüchtete sich die Gartenkunst in die »Freiheit des *Poeten*« und »vertauschte plötzlich die härteste Knechtschaft mit der regellosesten Lizenz«, die wiederum ihre eigenen Gefahren birgt. Hinter allen Verirrungen auf der Suche nach der freien Gartennatur aber steht ein »Ideal«, das »an sich selbst keinen Widerspruch enthält«, nämlich die Vorstellung, man könne die Gärten so erscheinen lassen, als ob es »Werke der freien Natur, nicht des Künstlers« seien. Die Freiheit ist im Landschaftsgarten zum »obersten Gesetz« gemacht, wobei die »*Natur*« siegen muß, so wie im französischen Garten die »*Menschenhand*«.[25]

Die Freiheit unterliegt jedoch Einschränkungen. Regellose Lizenz darf es nach klassischem Verständnis nicht geben. Das Individuum, sei es Mensch oder Pflanze, hat sich dort zu bescheiden, wo es um die Gesamtheit geht. So fordert Schiller im *Kallias-Brief:*

An jeder großen Komposition ist es nötig, daß sich das Einzelne einschränke, um das Ganze zum Effekt kommen zu lassen. Ist diese Einschränkung des Einzelnen zugleich eine Wirkung seiner Freiheit, d.i. setzt es sich diese Grenze selbst, so ist die Komposition schön. Schönheit ist durch sich selbst gebändigte Kraft; Beschränkung aus Kraft.

Eine Landschaft ist schön komponiert, wenn alle einzelne Partien, aus denen sie besteht, so ineinanderspielen, daß jede sich selbst ihre Grenze setzt und das Ganze also das Resultat von der Freiheit des Einzelnen ist. Alles in einer Landschaft soll auf das Ganze bezogen sein und alles Einzelne soll doch nur unter seiner eigenen Regel zu

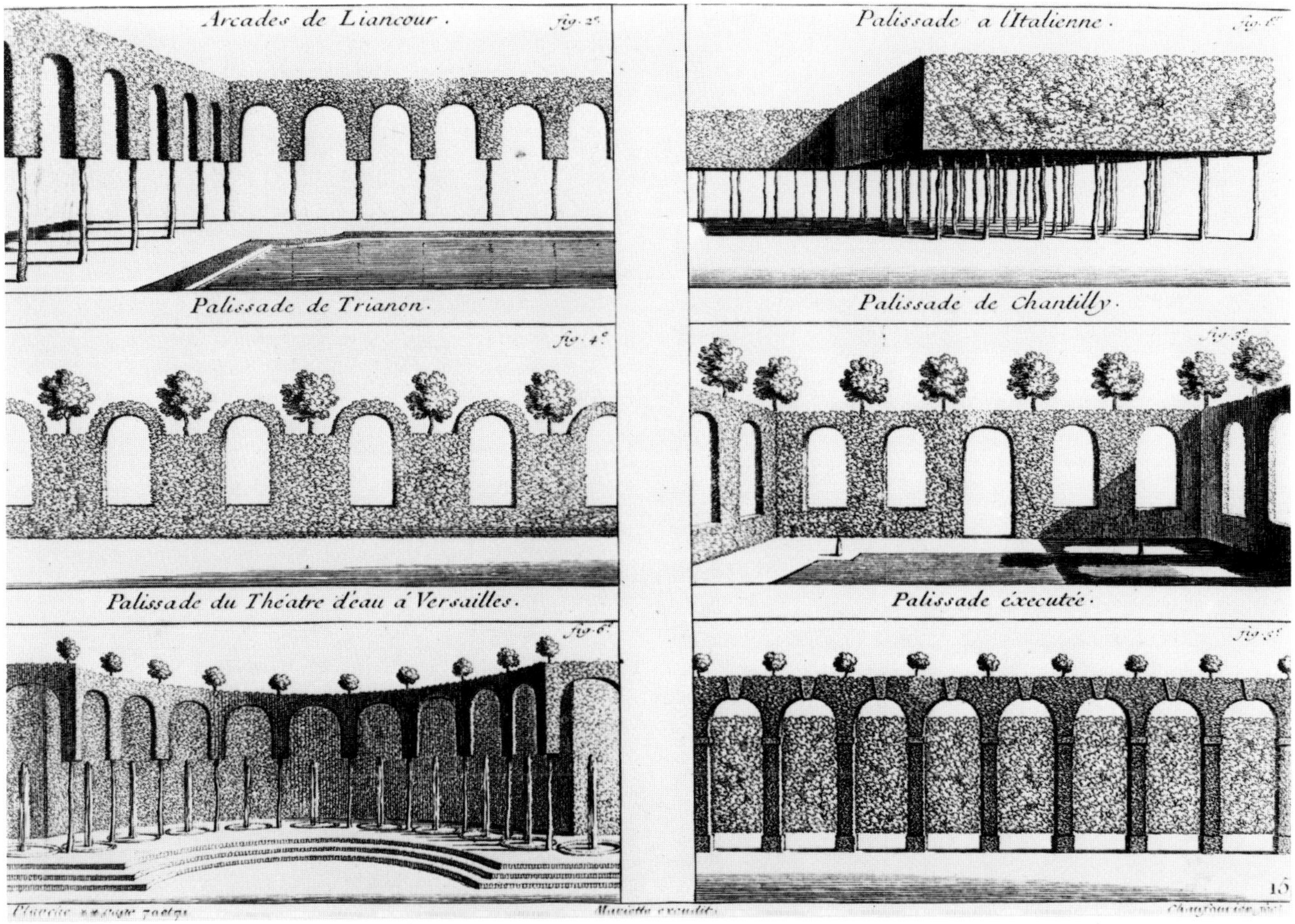

> stehen, seinem eigenen Willen zu folgen scheinen. Es ist aber unmöglich, daß die Zusammenstimmung zu einem Ganzen kein Opfer von seiten des Einzelnen koste, da die Kollision der Freiheit unvermeidlich ist.[26]

Zwar spricht Schiller hier offenbar von der freien, natürlichen Landschaft, die der Landschaftsmaler abbildet, jedoch fällt auf, daß die »Komposition« als Ausgangsbegriff seiner Überlegung dient. Der komponierende Maler ist gehalten, die Freiheit der einzelnen Pflanze mit der Freiheit des Ganzen in Einklang zu bringen. Diese Freiheit setzt eine Übereinstimmung voraus, die demokratische Idealzustände garantieren würde – wenn auch nur in der Sphäre der Kunst:

> In der ästhetischen Welt ist jedes Naturwesen ein freier Bürger, der mit dem Edelsten gleiche Rechte hat, und *nicht einmal um des Ganzen willen* darf *gezwungen* werden, sondern zu allem schlechterdings *konsentieren* muß.[27]

Es liegt nahe, auch den Landschaftsgarten zu dieser ästhetischen Welt zu zählen, denn »Komposition« der Landschaft wird gleicherweise vom Gartenkünstler wie vom Maler verlangt. Es geht um die Gestaltung der Landschaft, und zwar um eine Gestaltung, die ihr Gesetz aus einem der Natur innewohnenden Willen ableitet. Wie Schiller sich die Befolgung dieses Naturgesetzes vorstellt, geht ebenfalls aus einem Beispiel im *Kallias-Brief* hervor:

Anweisung, wie man Spalierbäume erzielen kann.
Aus »Der teutsche Obstgärtner«, hg. von J. V. Sickler. Weimar 1795

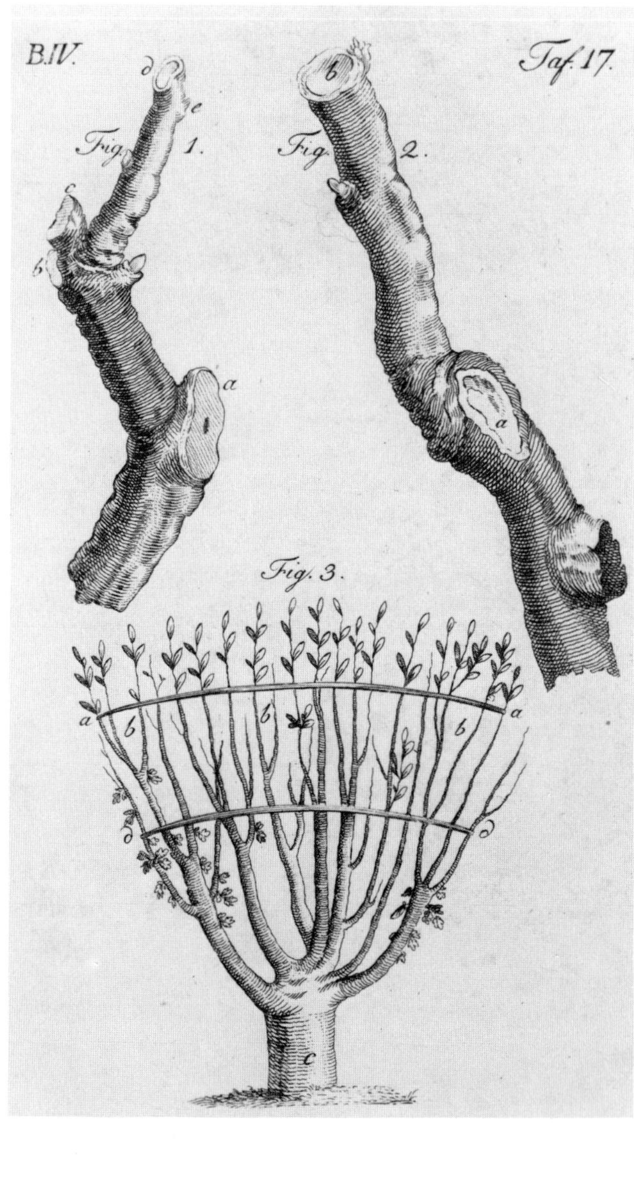

Ein Baum im Vordergrund könnte eine schöne Partie im Hintergrund bedecken; ihn zu *nötigen*, daß er das nicht tut, würde seiner Freiheit zu nahe getreten sein und Stümperei verraten. Was tut also der verständige Künstler? Er läßt denjenigen Ast des Baumes, der den Hintergrund zu verhüllen droht, *aus eigener Schwere* sich heruntersenken und dadurch dem hintern Prospekte freiwillig Platz machen; und so vollbringt der Baum den Willen des Künstlers, indem er bloß seinem eigenen folgt.[28]

Das Beispiel zeugt vom Dilemma des Landschaftskünstlers, sei er Maler oder Gärtner: Die Natur erfüllt nicht ohne weiteres die Wünsche des Ästhetikers. Ihre botanischen Formen und die ästhetischen Normen des Menschen klaffen vielfach auseinander. In Schillers Exempel wird die Natur gewissermaßen überlistet und zu dieser Schönheits-Norm hingeführt. So entlarvt sich auch hier die vorgebliche Absicht, bei der Landschaftsgestaltung allein der Natur zu folgen. Sulzers Schlagwort von der Natur, die die »vollkommenste Gärtnerin«[29] sei, trifft nicht zu, sobald der Mensch eingreift. Und das tut er im Landschaftsgarten unentwegt. Die Diskrepanz ist auch in Hirschfelds Resümee zu seiner großen Theorie sichtbar, wo es im Schlußsatz heißt: »Gott schuf die Welt, und der Mensch verschönert sie.«[30]

Ungeachtet dieser Einschränkung wird das Freiheitsrecht für die Pflanze gefordert und immer wieder in Parallele zum Freiheitsanspruch des Menschen gesetzt. Lange vor dem *Kallias-Brief*, nämlich im Jahre 1778, erschien der erste Teil von Theodor Gottlieb von Hippels Roman *Lebensläufe nach aufsteigender Linie*, in dem unter religiösem Aspekt die Knechtung einer Pflanze angeprangert wird. Im Zwiegespräch zwischen dem berichtenden Helden, dem kurländischen Pfarrerssohn Alexander, und der Frau von W., sagt letztere:

»Christus als Gärtner«
Federzeichnung in einem Bamberger Andachtsbuch von 1760

Ich habe einen Amtmann, der sich eine Fensterhecke von einem armen Feigenbaum gemacht hat. Die Kleine da sagte, der Feigenbaum sey ans Kreuz geschlagen.

Und Alexander antwortet:

Ich weiß nicht, gnädige Frau! ob ein Amtmann, der dem Feigenbaum Daumen schraubt und ihn torquirt, es mit den Bauern nicht so zu machen Lust hat, als mit dem Feigenbaum? – Dem Baum fehlt nur ein lebendiger Odem. –[31]

Das Spalierobst dient als Metapher für Christus. In ihm wird das freie Naturgewächs durch den Menschen seiner Freiheit beraubt und gekreuzigt. Welche Verkehrung der sonst gültigen Gestalt Christi als fürsorglicher Gärtner, wie er in einer Federzeichnung des handgeschriebenen Bamberger Andachtsbuches von 1760 erscheint.[32]

Zugleich wird das Bild übertragen auf die sozialpolitische Ebene. Wer Feigenbäume »foltert«, ist auch fähig, Mitmenschen zu quälen. Mensch und Pflanze stehen in direktem Vergleich. Beider Unfreiheit wird angeprangert.

Daß Hippel in Fragen der Gartengestaltung durchaus auf der Höhe der Zeit ist und die grundlegenden Forderungen der Landschaftsgartentheoretiker kennt, zeigt die folgende Passage des Dialogs:

Ich [Alexander]: »Der beste Garten indessen ist ein Gefängniß wenn er umzäunt ist. Das Paradies war die Welt, und die Welt das Paradies.
Frau v. W.: Sind wir aber bestanden in der Wahrheit?
Ich: Die gnädige Frau sagen da einen großen Gedanken!
Der Sündenfall war der erste Zaun.
Frau v. W.: Jetzt können wir schwerlich uns ohne Zaun behelfen. Er kann sich aber allmählich verlieren – und dann laß ich ihn gelten. Hecken sind mir weit unausstehlicher.
Ich: Ein lebendiger Zaun!
Frau v. W.: Ein schönes Leben, das unter der Scheere des Gärtners steht. Mir kommt jede Hecke wie ein Tanzboden vor, man lehrt die armen Bäume die Beine gerade setzen, in die Quer treten, Brust heraus, und andere Possen mehr –«.[33]

Der eingezäunte Garten als Gefängnis – eine Metapher, die nicht erläutert wird. Gefängnis für wen? Für den Gartenbewohner oder für das ausgeschnittene Stück Landschaft? Der erste Zaun als Sündenfall – das bedeutet Ausschluß aus dem Paradies und damit zugleich Trennung von Paradies und Nicht-Paradies, von begnadeter und unbegnadeter Landschaft. Solch harte und willkürliche Scheidung vermeidet der Landschaftsgärtner, indem er einen allmählichen Übergang von konzentrierter, kultivierter Landschaftsschönheit (im Garten) in das freie und nicht selten nüchterne Landschaftsbild der (gartenmäßig nicht überhöhten) Umgebung herstellt. Baum- und Heckenschnitt wird ironisch

mit dem starren Reglement des höfischen Tanzes verglichen; beides gilt nun als unnatürlich.
Auch Jean Paul hat die Gartenkunst in seinen reichen Metaphernkosmos einbezogen. Einen bildkräftigen Vergleich zwischen der Aufzucht von Kindern und Pflanzen stellt er im *Titan* (1800–1802) an. Prinz Albano wird von seinem Vater aus Italien nach Deutschland geholt:

[H]ier ließ er ihn im Hause eines biedern Edelmannes so lange erziehen, oder deutlicher und allegorischer, er ließ hier die pädagogischen Kunstgärtner so lange mit Gießkannen, Inokuliermessern und Gartenscheeren um ihn laufen, bis sie an den hohen schlanken Palmbaum voll Sagomark und Schirmstacheln mit ihren Kannen und Scheeren nicht mehr langen konnten.[34]

Eine späte, engagierte Stimme zur ideellen Deutung des Landschaftsgartens ertönt 1797 aus Hamburg. August Hennings, der Herausgeber des *Genius der Zeit*[35], veröffentlicht in seinem Journal unter dem wenig attraktiven und wohl bewußt verschleiernden Titel *Über Baummahlerei, Garten Inschriften, Clumps und Amerikanischen Anpflanzungen*[36] ein glühendes Bekenntnis zur freiheitlichen Landschaftsgartenkunst. Enttäuscht in der Hoffnung auf die fortschrittlichen Tendenzen, die aus der französischen Revolution hervorgehen sollten und frustriert durch die Verhärtung der konservativen Kreise in Deutschland, formuliert er die weitestgehende These von der Einwirkung des Landschaftsgartens auf das politische Bewußtsein der Zeitgenossen:

Wohl möglich ist es also, daß indem der politische Reformator vergebens daran arbeitet, eine Revolution in der Denkart der Menschen zu würken, unvermerkt die schöne Gartenkunst eine gänzliche Reform in den Gesinnungen und in den Vorstellungen der Menschen würken wird.

Solche Reform aber wäre zugleich »die sanfteste und wohlthätigste von allen«.[37]
Wo der rationale Politiker resigniert, soll die irrationale Natur in gärtnerisch-ästhetischer Verbrämung »unvermerkt« den Wandel der Menschheit zum Guten, Wahren und Schönen herbeiführen. Ein deutlich romantisches Element spricht aus dieser Überlegung. Die Flucht vor der realen Aktion in eine passivische Haltung, wie sie an sich schon in dem Wechsel vom formalen Park zum Landschaftsgarten liegt, bekommt eine neue Dimension: die Erwartung des sozialen Heils durch Versenkung in die Natur.
Es ist aber noch die Natur der Spätaufklärung, d. h. die »veredelte« Natur, und die Hinwendung zu ihr heißt »veredelte Naturliebe«.[38] Veredelte Natur jedoch bedeutet in dieser Zeit stets: Landschaftsgarten. Auf dem Umweg über die Geschmacksbildung erkennt Hennings für sich einen politischen Auftrag:

Daher ist mir der Gedanke angewandelt, daß mit dem veredelten Geschmak an wahrer Ausbildung und Genuß der Natur sich nicht bloß der Pflanzenkenner, der Landschafts Scenen Schöpfer und der Gruppirer einzelner Partien beschäftigen, sondern daß auch der sittliche Beobachter seines Zeitalters sich der Entwickelung dieses Geschmaks annehmen, und ihn von dem Kleinlichen, gezwungenen und den aus der Carricatur herübergebrachten Verunstaltungen zu läutern suchen müsse; damit der Contrast, der iezt freilich noch zwischen dem edlen Gange der freien Natur und dem sclavischen Einherschleichen alter Ausartung der Menschen herscht, immer mehr verschwinde, und in der wahren NaturSchönheit auch der Mensch in der wahren Schönheit der Menschheit erscheine.[39]

Hennings schreibt seinen Artikel also in eindeutig politischer Absicht; er sieht sich als Erzieher, als Moralist, der den *Landschaftsgarten als eine Art »moralischer Anstalt«* empfindet, deren Wirkungsweise er an verschiedenen

Beispielen zu demonstrieren versucht: »Der veredelte Umgang«[40] mit der »leblosen Natur« führt auch unsere geistige Natur zu ihr zurück, daß wir »im sorgfältigsten Schauen gleichsam wie in einen Spiegel blicken, aus dem wir uns selbst wieder heraus sehen«.[41] Selbsterkenntnis im Anblick der Natur könnte auch die »Großen«[42] auf den rechten Weg führen. Sie sollten die »Abgötterei der Schmeichler«[43] durchschauen und in wahrer Kenntnis der Dinge zu idealen Fürsten reifen.

Würden sie dann die Kräfte der Natur, da wo sie am edelsten und siegreichsten sind, in den Fähigkeiten der Menschheit, leiten oder unterdrücken wollen? Oder würden sie sie, so wie in schönen Natur Anlagen, da am herrlichsten und reizensten finden, wo sie in eigner Schönheit ungezwungen hervorwachsen, grosse Parthien und Massen bilden, und, sich selbst überlassen, den schönsten Wuchs erhalten, die schönsten Blüten und Früchte tragen?[44]

Ästhetische wie ökonomische Vorteile könnte der freiheitliche und tolerante Staatsmann von seinen Untertanen erzielen, wenn er sie natürlich gedeihen ließe, ohne Leitung, Zwang oder gar Unterdrückung.

Die utopische Unverbindlichkeit dieser Idee muß gesehen werden im Zusammenhang mit dem latenten Gegensatz Natur und höfische Welt oder – mit einem anderen Schlagwort: »Hütte und Palast«.

Für den Gartentheoretiker heißt das Gegensatzpaar allemal: Landschaftsgarten und französischer Garten.

Da Hennings kein freiheitliches, von naturphilosophischen Ideen in irgendeiner Weise beeinflußtes Hofleben in Deutschland vor Augen haben kann und ihm folglich Beispiele fehlen, sind die moralischen Wirkungen dieser Natur in weitaus verschwommeneren und blasseren Begriffen dargestellt als die verwerflichen Einflüsse der höfischen Welt. Er bedient sich vor allem der bewährten Topoi: »Teilnehmung, Milde, Güte des Herzens, helle Begriffe« einerseits und »Roheit, Härte, Wildheit, Freude an rauschenden und kostbaren Zerstreuungen« andererseits.[45]

Hier werden die Sinne bezaubert, um alle höhern Kräfte der Seele zu beschäftigen; hier entfalten sich Schönheit und Weisheit dem immer tiefer gründenden Blik, nirgends ist Täuschung und Schminke. Alles ist Reiz und innige Wahrheit.[46]

Dort hingegen:

Der Wiz tändelt mit Wahrheit und gleitet fühllos über sie hin, oder gar mit Verbrechen und überzieht sie mit schlüpfricher Glätte. [...] Gemählde vormahliger Buhlerinnen behängen die Wände zum Ekel des Beschauers. [...] Titiane bilden eine feile Schönheit zur himmlischen Venus, Dichter und Musiker rufen seelenlosse Gottheiten zusammen, um ihren Zuhörern ein Elysium zu bereiten.[47]

Weiterhin:

Hier bemeistern das Nachdenken und reine SeelenErgüsse sich selbst der Phantasie, laden die Künste ein zur Natur und wahren Erhabenheit zurükzukehren, bauen Tempel den hohen Idealen [...] der dem Göttlichen näher gebrachten Menschheit.[48] [...] Dort ergreift die Phantasie die üppigsten Bildungen der Künste, schmilzt bei erweichenden Tönen, macht die Meisterstücke der Mahlerei zur Tapete, reiht Säulen an Säulen, um einen Cloak zu decken.[49]

Hier die Geliebte »in den ruhigen Schattengängen eines einladenden Gartens«, dort die Buhlerin im »Glanze der Oper oder im Reihentanz lustbegieriger Schönen«.[50] Hier »herrliche Fülle in der einsamsten Einsamkeit«[51], dort »steife Etiquette« sowie betäubender Genuß und ewiges Jagen nach Abwechslung.[52]

Auch das Verhalten der Regierenden läßt sich in solchen Gegensätzen definieren bzw. postulieren: »Hier gehet der Fürst am geselligsten allein, und wird das Beste, was er werden kann, wird Mensch.«[53] Ein Mensch, »der in schönen NaturAnlagen werth ist, mitten unter ihrer Einfalt und Schönheit das Edelste zu seyn.«[54] Solche Rückkehr zur natürlichen Substanz ist ihm im Palast verwehrt:

Dort ist die Ceremonie eine lästige Fessel; dort ist der Königlichste Pomp gleich Klösterliche GartenMauern, über die sich nicht einmahl ienseits ein freies Land denken läßt.[55]

Eine abschreckende Vorstellung für eine Generation, die Gartenmauern einreißt, um das umliegende Land in den Garten hereinzuziehen.

Neben den krassen Gegensätzen im Bereich der menschlichen Gesellschaft sieht Hennings noch viele Varianten von Weltauffassung, die auseinanderstreben: »Eine andere Welt hat der Dichter, eine andere der Philosoph, eine andere der Geschäftsmann, eine andere der Staatsmann.«[56] Diese zerfallen abermals in »unendlich mannigfaltige Absonderungen« wie z. B. Naturdichter, Idyllendichter, Dramatiker, Satiriker. Solche Divergenzen seien entstanden, »weil wir aus dem Gleise der Natur herausgetreten sind«.[57] Die einzige Einheit, unter der sie wieder zusasmmengefügt werden könnten, ist die Einfachheit, die »Einfalt der Natur«.[58] Sie allein kann die Polaritäten aufheben, die die Menschen einander entfremden und trennen in Pflüger und Krieger, Regent und Bürger, Forscher und Ausüber, Naturfreund und Weltmann, Privatmann und Politiker, Hüttenbewohner und Bewohner der Städte.[59]

Auf die Frage jedoch, wie eine solche Einbindung aller auseinanderklaffenden Ordnungen und Gattungen zu einer Einheit durch die Natur realiter bewerkstelligt werden könnte, hat Hennings nur eine sehr vage Antwort: Verzicht auf alle spekulativen Systeme und Theorien (»Sceptiker, Rationalisten, Supernaturalisten, Deterministen, Fatalisten, Indifferentisten, Empiriker und Theoretiker, oder wie sie sonst heißen«[60] und Beschränkung auf die Entwicklung aller Kenntnisse aus »sinnlichen Erscheinungen«, die stark anakreontische Züge haben:

Wohl dem, der im niedern Thale am freundlichen Bache fortwandelt, im ewigen Rauschen aus ewiger Quelle, im ewigen Hervorwachsen der Blümchen des Gestades aus ewiger Verweslichkeit ewige Dauer spähet und in dieser gesezförmigen Einheit der grossen Natur sein Hoffen, Fühlen, Sehnen, Ahnden, Leiden, Trauern, Hoffen nachsinnend versenkt![61]

Das klingt nach einer Verinnerlichung, die stark resignative Züge trägt. Die »veredelte Natur« ist ideologisch überfordert, wenn der Mensch passivisch alles Heil vom Biologisch-Meditativen erwartet und auf den abstrakt kreativen Part, den ihm ja auch »die Natur« mitgab, Verzicht leistet.

Hennings kommt aber in dieser Überlegung nicht weiter. So greift er auf die *Form* als erstem Gegenstand der Betrachtung zurück. Die erstaunliche Tatsache, daß die Beschäftigung mit der Garten*form* zu seiner Zeit so bedeutsam und aktuell geworden ist wie nie zuvor, will er nicht als Modeerscheinung abgewertet wissen. Gemäß der ideellen Überfrachtung des Gartens als einer Art moralischer Anstalt meint er:

[W]enn er [der »HumanitetsFreund«] iezt so vieles über GartenScenerei und PflanzenKunde gründliches, dichtendes, mahlendes und tändelndes erscheinen sieht, scheint ihm dies nicht blos Mode und Spielerei; denn Kantische Philosophie ist ja so gar Mode und Spielerei geworden, sondern eine sehr willkommene Erscheinung, der er Dauer und Form wünscht.[62]

Es ist bezeichnend für ihre Wertschätzung, daß die Gartenkunst neben die Philosophie Kants gestellt werden kann und daß man jener mehr Bestand zutraut als dieser.

Diese Wertschätzung kommt ebenfalls im Vergleich von klassischer Bildungsreise und Gartenbesuch zum Ausdruck. Hennings tut so, als wäre die Zeit der »Bildungsreisen« vorbei:

So wie ehemals die Freunde der Kunst Rom und Florenz besuchten, um den Meisterwerken des Alterthums und der neuern Zeiten in Statuen und Gemählden zu huldigen, so wie Dichter und Reisende den Vulcan oder Aetna bestiegen, um zu sagen, daß sie in den Crater hineingesehen, und vor ihnen die Sonne dem Meere entstiegen sey, oder wie sie die Gletscher bereiseten, um die Quelle des Rheins in ewigem Eise zu suchen und die Kinder des Frühlings am Rande des Winters zu pflücken [...] so wie sonst Reisende Kirchen, Schlösser und Palläste, Bälle, Feuerwerke, Comödien, Wachtparaden, Parlamentsdebatten, Seehäfen, Spielgesellschaften, Post- und Wirthshäuser schilderten, so werden iezt berühmte Gärten besucht und so wahr beschrieben, daß man nur zu lesen braucht, um sich zu überzeugen, daß der Verfasser in einem Labirinthe von Schönheiten war, in dem man sich mit ihm verirrt.[63]

Ein derart radikaler Wandel in der Reisemotivation wie Hennings ihn konstatiert, hat gewiß nicht stattgefunden. Doch stand der Besuch berühmter Gartenanlagen innerhalb des Kanons von Reisezielen und Besichtigungsobjekten an prominenter Stelle, vor allem auf Reisen nach England. Aus den neunziger Jahren des 18. Jhs. sei auf Georg Forsters Tagebücher hingewiesen, der ausführlich die Parks von Leasowes und Hagley schildert.[64]

Das Motiv des reisenden englischen Gartenkenners spielt in den *Wahlverwandtschaften* eine bedeutende Rolle.[65] Hennings erkennt durchaus die Wechselwirkung von Zeitgeist und Kunstform, aber er will nicht gelten lassen, daß auch der Naturkult nur eine Entwicklungsphase der Gesellschaft ist:

Geben wir der Bildung der Natur den Charakter unsers Jahrhunderts, so verfälschen wir sie, bilden wir den Charakter der Zeiten durch eine nähere Bekanntschaft mit der schönen Natur, so veredeln wir ihn. Dieses muß unser Zwek seyn.[66]

Damit ist zugleich wieder der Gegensatz von französischem und englischem Gartenstil umschrieben: Der barocke Absolutismus hat die Natur unter seine Norm gezwungen, die späte Aufklärung sucht nach dem Gesetz der Natur, dem sie sich unterwerfen könnte. Diese Aufgabe aber ist so vornehm, daß sie nicht dem einfachen Gärtner oder Laien überlassen werden kann. Die Gärtnerei wird zur Kunstgattung, der

ehemals kaum bemerkte Kunstgärtner zum Gartenkünstler. [...] Forstmänner, Botaniker, und Reisende bieten sich die Hände, um durch das Studium der Natur die Liebhaberei in eine Wissenschaft und in ein nüzliches Geschäfte zu verwandeln.[67]

Wissenschaftlich fundiert soll die Suche nach den Naturgesetzen sein, Nutzen stiftend und den Dilettantismus abstreifend. Zur Anregung bedarf es literarischer Mittel. Sich selbst als Moralisten hat Hennings bereits mit der Aufgabe der Geschmackskritik und der Geschmackserziehung betraut, nun weist er auch den Dichtern und Reiseschriftstellern ihre Rolle zu, denn sie »bezaubern die Einbildungskraft, die oft erst rege gemacht werden muß, ehe die Würklichkeit, die wir sehen, uns überraschen und fesseln kann«.[68] Er nennt die »Sänger«: De Lille, Cerutti, Knight und den Fürsten de Ligne als Beispiele für solches Schrifttum, ferner unter den englischen »Systematikern« den Theoretiker Repton[69], der »kühn einen Erdstrich nach dem andern« erobert.[70]

Diese sanfte Eroberung soll auch in Deutschland den militärischen Geist verdrängen:

Nach den Engeländern betreten vorzüglich Deutsche diese neue Bahn des Ruhms, und umkränzen ihre Scheitel lieblicher mit selbst-

gezogenen Blumen, als der Krieger mit erfochtenen Lorbeeren, die er auf Trümmer bricht.[71]

Der friedliche Ruhm des Gartengestalters wird über den des Kriegshelden gestellt – eine Wertung, die konsequent der oben zitierten Hoffnung auf eine Gemütsrevolution durch die schöne Gartenkunst folgt. Sie ist auch zu verstehen als Lob für jene Fürsten, die sich von der Soldatenmanie zur Gartenmanie gewendet haben. Auf die Würdigung der Landschaftsgartenkunst im allgemeinen läßt Hennings die Kritik an den bestehenden Gärten folgen. Er wünscht sich eine von allem Kleinlichen geläuterte »große Natur«.[72] Diese Kritik bringt nichts Neues, sie entspricht dem verbreiteten Unbehagen an den Verirrungen der Gartenkunst, wie es bei Möser, Schiller, Goethe *(Triumph der Empfindsamkeit, Über den Dilettantismus)* uva. zu finden ist. Hennings stößt sich an der »Vermengung von Kunst und Natur«.[73] . Er tadelt mißglückte Versuche, wie er sie offenbar persönlich auf Reisen oder aus der Literatur kennengelernt hat. Aus den genannten Beispielen kann man ohne Schwierigkeit auf die inkriminierten Anlagen schließen. Eine Moschee neben Apoll- und Merkur-Tempel steht im Park von Schwetzingen; ein »eingefallener römischer Circus unweit eines Landhauses« befand sich in Hohenheim bei Stuttgart; die »Meierei zum Dienste eines Boudoirs« zielt auf Petit Trianon

Die Moschee im Schloßgarten Schwetzingen,
1778–1785 erbaut
von Nicolas de Pigage. Gartenanlage von Ludwig von Sckell.
Aquatinta in Bisterton von Karl Kuntz 1792

Der Medizin gewidmet: »Tempel der Hygieia«
im Landschaftspark Machern.
Kupferstich aus Ephraim Wolfgang Glasewalds »Malerische Darstellungen des Garten zu Machern«. Berlin 1799

und »ein Ossuarium mit Satyrlarven und Hörnern, das eine Eisgrube dekt«, auf den Park von Wörlitz.[74]

Hennings Landschaftsgartenvorstellungen tendieren zum klassischen Stil, der weitgehend auf den Lenkungsmechanismus der Staffagen, Inschriften, Ruinen, Denkmäler oder Grabstätten verzichtet. Voran steht eine idealische »große Natur«.

Aus ihr wollen wir nehmen, alles was sie grosses und schönes liefert, aus uns, alles was wir gern empfinden; Entzücken, Erstaunen, Freuden, ja auch Trauer und Schwermuth. Alle NaturGeschenke in und ausser uns gehören zur NaturVeredlung.[75]

Trotz aller Einsicht bleibt es bei einer Natur, aus der man die Rosinen herausklaubt und bei einem Menschentyp, der das Echo seiner bevorzugten Gefühle darin sucht. Es sind nicht mehr die Gartenanlagen, die das ganze Leben im Guten und im Bösen spiegeln wollen, sondern Weiheräume, die eine geradezu religiöse Dimension annehmen: »Gärten ohne andere Feten, als die Feier der grossen Natur.«[76] Und wenn schon Gebäude im Garten geduldet werden, dann sollen sie passenden Zwecken dienen, sollen bescheidene Wohngebäude sein oder Gebäude mit wissenschaftlicher Bestimmung, wie z.B. Tempel der Naturkunde, der Mineralogie, der Tierkunde oder Sternwarten.[77] Denn »der einzige Weg, die Menschen sittlich vollkommener oder besser zu machen«, führe über die Wissenschaften.[78] Auch Grotten und Ruheplätze läßt er im bescheidenen Ausmaß gelten. Doch sollen keine Inschriften dem Besucher die Impressionen aufoktroyieren. Man solle im Garten

> keine weitern Freuden, keine weitere Empfindungen suchen, als die man hineinbringt [...]. Ich habe Gärtgen gesehen, wo man sich bei iedem Rosenstocke bücken mußte, um eine Horatzische Inschrift zu lesen;[79].

Völlig widrig aber sind ihm die Täuschungen im Park. Er wettert gegen den Altar, der nichts anderes ist als die Verkleidung einer Wasserpumpe, gegen den Sarkophag, der eine Eisgrube für die fürstliche Küche kaschiert (»die Gebeine die dort weilen sind Hirschzimmer [-ziemer] und Schweinsköpfe«[80]), gegen die gotische Kirche als Kegelbahn und gegen den Sarg als Billardtisch.
Grundsätzlich ist das Grabmal für Hennings ein »widerlicher Gedanke«[81], dem er im Garten nicht zu begegnen wünscht. Es gehört auf den Friedhof. Allenfalls dürfe die Grabstätte eines geliebten Menschen in einem Garten geduldet werden und auch dann nur in ganz naturgemäßer Form. Man decke

> die Stelle mit einem Rasenhügel, umpflanze sie mit Vergismeinnicht und Veilchen, und vertraue niemand, als seinem Gram, wer unter den Rasen ruht! Kein Monument, nur Thränen der Wehmut![82]

Auch die Demonstrationen fürstlicher Barmherzigkeit bei Gartenfesten entlarvt Hennings als Betrug, denn dort »spielen besoldete Tagelöhner die Stelle der Gefangenen in rasselnden Ketten, damit die Göttin der Feier im Vorbeigehen ihre Begnadigung bewürke«.[83]
Die wahre soziale Befreiung des Menschen durch die Wirkungen und Vorbilder der Naturlandschaft – gestaltet oder im Urzustand – soll nicht umschlagen in einen Mißbrauch der vom Korsett der Normen und Etikette befreiten Empfindungen durch Täuschung, Heuchelei und Vorspiegelung, sondern sie soll münden in »Wahrheit und Natur«.[84]
Die ästhetische Komponente dieser Zielsetzung heißt: »nur Wahrheit ist schön«.[85]

Den demokratisierenden Effekt des Landschaftsgartens stellt auch Joseph Rückert in die Mitte seiner Schilderung des Parks in Weimar, die er im Jahre 1799 verfaßte und die 1800 ebenfalls in Hennings Zeitschrift *Der Genius der Zeit* (Mai-, Juli- und Septemberheft) erschien.[86]
Rückert nennt den damals schon berühmten Weimarer Park den »Stolz Weimars – der Natur und der Aufenthalt des Genius«.[87] Er argumentiert ähnlich wie der 25 Jahre ältere Hennings:

Der Fürst darf in der freien Natur nicht erscheinen; das stört den reinen Eindruck; er darf nur als Mensch gegenwärtig sein, und alles, was ihn umgibt, muß den Widerschein einer freien fühlenden Seele, das Reinmenschliche zeigen, wenn es gefallen soll. Die Natur ist republikanisch und schüttelt Kronen, Fürstenhüte, Hofpracht und eitles Glanzwerk stolz und verschmähend von sich ab, und unser Herz ist nach ihrem Sinne geformt. Je einfacher, desto schöner, desto willkommner.[88]

Der Fürst, seiner Macht entkleidet, »wird das Beste, was er werden kann, wird Mensch« heißt es bei Hennings. Man soll den Eindruck gewinnen, als ob die – in erster Linie unter Goethes Einfluß – landschaftlich gestaltete, also »verschönerte« Natur des Weimarer Parks mit der »republikanischen« Natur gleichzusetzen sei.

Demgemäß preist Rückert den »Geschmack« und die »Liberalität« dieses Fürsten:

Jedem, Einheimischen und Fremden, ist der freiste Genuß des Parks gewährt. – Man liest die Humanität des Besitzers auf der einzigen Veto-Tafel des ganzen Gartens, welche am Wege die Vorübergehenden *bittet*, Blumen und Bäume zu verschonen; welches dann auch zur billigen Folge hat, daß im ganzen Jahre nicht das Mindeste beschädigt und keine einzige Schönheit des Ortes entweiht wird; ein neuer Beweis, daß bei den Menschen im Allgemeinen mehr durch Vertrauen und Humanität als durch mißtrauisches Verbieten und den Polizeiknecht ausgerichtet wird. Traut ihnen nur das Bessere zu, so werden sie es bald auch tun.[89]

Dieser soziale und pädagogische Aspekt gewinnt gegen Ende des 18. Jhs. zunehmend an Bedeutung. Die Idee vom Volkspark, die Hirschfeld schon 1785 in seiner Theorie[90] aufgreift, scheint in Weimar vollkommen realisiert worden zu sein. Die Parknatur wird zur Überwinderin aller Standesgrenzen. So ist

der Sonntag im Park ein republikanischer Festtag für ganz Weimar. Was da Herz, Augen und Beine hat, vom Höchsten bis zum Niedrigsten, wandelt in den vielfältigen Gängen des Gartens im fröhlichen bunten Gewimmel frei und ohne Zwang durcheinander. Die Natur macht an diesem Orte und an diesem Tage alles gleich, wie das römische Karneval; und wiewohl mit den Hofleuten selbst, die hier erscheinen, die Etikette sichtbar mit auf- und abgeht, so geniert das doch den andern Teil nicht im geringsten, der sich an diesem Schauspiel von Herzen erlustigt.[91]

Karl August selbst perhorresziere auch »die geringe Portion von Etikette, die noch am Weimarschen Hofe beobachtet wird«, weil sie – wie Rückert meint – »den äußerst liberalen Sinn desselben beleidigt«.[92] Rückert enthält sich im Kapitel über den Park jeglicher Kritik und jeden Spottes, den er in seinem Artikel an anderen Stellen reichlich über die Gesellschaft und die Zustände in Weimar verteilt. Er ist klarsichtig genug, um zu erkennen, daß die absolutistischen und die feudalistischen Formen fortbestehen:

Der gewöhnliche Teil des Adels erscheint desto steifer und geblähter. Er sieht unter dem Schuhe des Fürsten den Bürger tief unter sich – zum Ersatz für die Demütigung, die er selbst in der Nähe des Fürsten empfindet. Er wird, wie fast allenthalben auch hier, von dem Bürger bitter gehaßt. Zwischen beiden stehn der *Gelehrte* und *Künstler*, als der unschuldige Teil, der aber beiden nur wenig interessant ist, weil er nicht in ihre Kreise taugt, den einen meidet, den andern verachtet und, ihnen nah entfernt, gleichsam auf einer unzugänglichen Insel unter ihnen lebt.[93]

Folgt man Rückerts Urteil über den Park, so wäre unter der genialischen Sonne Weimars bereits erreicht, was Hennings in seinem Artikel zwei Jahre vorher noch als Postulat aufgestellt hatte. Da dies aber außerhalb des Gartens offensichtlich nicht der Fall ist, bleibt nur als Fazit, daß Rückert den Garten auch für eine Art »Insel«, für ein utopisches Quartier hält und feststellen muß, daß sich an den gesellschaftlichen Zuständen in Wirklichkeit nichts geändert hat. Es ist ein Zeichen dafür, daß der revolutionäre Elan, mit dem die Landschaftsgarten-Idee durch die Jahrzehnte vorgetragen worden war, um die Jahrhundertwende zu erlahmen beginnt. Dies geschieht in einer Weise, die verglichen werden kann mit dem Umschlagen der hochgespannten Hoffnungen, die durch die idealen Ziele der Französischen Revolution geweckt worden waren. Resignation breitet sich aus. Die Erwartung liberalerer Lebens- und Regierungsformen weicht zunehmend restaurativen Tendenzen.

Schon gegen die frühen Formen der Restauration werden aber auch Stimmen laut, die an Deutlichkeit nichts zu wünschen übrig lassen. Ein Exponent dieser Kritik ist Friedrich von Rebmann, dessen Schilderung des Parks am Weißenstein bei Kassel (heute Wilhelmshöhe genannt) in eine Anklage von dichterischer Intensität mündet. Sie erschien anonym unter dem Titel *Wanderungen und Kreuzzüge durch einen Theil Deutschlands, von Anselmus Rabiosus dem Jüngern*.[94]
Rebmann begegnet gleich eingangs in Kassel den neu errichteten Gefängnisbauten des Landgrafen Friedrich II. von Hessen-Kassel. Sie erscheinen ihm wie eine Imitation der Pariser Bastille und so setzt er über das ganze Kassel-Kapitel symbolhaft die Überschrift: »Die neue Bastille«. Man könne ihre Bauweise »füglich den *Despotenstyl*« nennen. Nach diesem Auftakt bleibt er auch im Innern der Stadt nicht unbefangen. Die Pracht militärischer Aufzüge und der Glanz architektonischer Schauseiten stehen in zu krassem Kontrast zur Armut des ausgebeuteten Landes: »Cassel mit seinen Herrlichkeiten gleicht einer Spinne, welche das Mark des wüsten Landes umher in sich gesaugt hat.«

Den Park am Weißenstein aber möchte Rebmann ohne derartige Erinnerungen, die den Genuß stören könnten, besuchen.

›Ehre Kunst und Geschmack, wo du beide findest, und vergiß, daß diese Steine vom gequälten Volke mit Blute und Tränen zusammengetragen, und ihm mit Blut und Tränen wieder bezahlt worden sind.‹ So hieß mein Wahlspruch an diesem Tage.

Rebmann begründet seine Haltung, indem er den Kunstwert eines Kunstwerks über seinen politischen Wert stellt. Er verurteilt jeden Vandalismus und führt an Beispielen aus, wie durch die künstlerische Darstellung menschlicher Heldentaten im Herzen des Betrachters ein Keim gelegt werden kann, »aus dem mit der Zeit der Freyheit ein Baum emporwächst«[95], selbst wenn das Werk ursprünglich einem Tyrannen zum Selbstlob dienen sollte.

Ich eifre nur gegen den Genius unserer Zeit, der seine Rache gegen die Unterdrücker der Menschheit an leblosen Kunstwerken ausläßt und nicht die Kunst achtet, ohne zu fragen, woher sie stammt. Oft liegt bey denen, welche den Pallästen Krieg ankündigen, auch mehr *hämischer Neid,* als wahrer Haß gegen *Volksbedrücker* und *Verschwender* zum Grunde.

Doch die besten Vorsätze, in diesem »englischen Garten« sich dem Kunst- und Naturgenuß ohne alle Ressentiments hinzugeben, werden allenthalben wieder zunichte gemacht.

[...] Natur und Kunst haben alles gethan, was man fordern kann, um hier seelige Augenblicke zu verschaffen. Die lieblichste Aussicht verändert sich fast von jedem Punkte aus in neue noch schönere. Auf mich machte es aber einen unangenehmen Eindruck, daß man überall auf Inschriften stößt: ›Hier liegen Fußangeln‹ etc., ferner auf Warnungstafeln, worauf Karrenstrafen und dergl. abgebildet sind. – Verleugnet denn der Despotism auch mitten unter den Reizen der himmlischen Gegend seine Natur nicht? Wie väterlicher und schöner sind

Das »Oktogon« mit dem Herkules auf der Pyramidenspitze und die große Kaskade im Park Wilhelmshöhe

Die Teufelsbrücke mit der Plutogrotte im Park am Weißenstein (Wilhelmshöhe) bei Kassel. Stahlstich von Johann Heinrich Martens nach einer Zeichnung von F. B. Müller. Um 1835

nicht im Wörlitzer und Weimarer Park die Bitten um Verschonung der Gewächse und Rasenwege![96]

So folgt auf jede Zustimmung eine Beobachtung, die Kritik hervorruft. Rebmann rühmt die künstliche Ruine des gotischen Schlosses, weil

man ihm seine neue Erbauung nicht ansieht. Mir ist nichts eckelhafter als eine *moderne Ruine,* wie z. B. die im Meininger oder Weimarer Park. Diese letztere verhält sich zur Cassler wie – Otto der Schütz zu Götz von Berlichingen.[97]

Qualitätsunterschiede von Gartenstaffagen werden mit denen von literarischen Werken verglichen! Doch der positive Eindruck vor der Ruine wird bei der Betrachtung des nächsten Staffageobjektes wieder aufgehoben. Rebmann geht auf das Aussehen des im chinesischen Stil erbauten Dörfchens »Moulang« gar nicht ein, sondern spricht gleich von den Beweggründen für seine Entstehung, aus denen die menschenverachtende Denkweise seines Erbauers hervorgeht:

Der vorige Landgraf soll die Absicht gehabt haben, das Dörfchen mit Mohren zu bevölkern, welche sich hier fortpflanzen sollten. Warum sollte er nicht eben so wohl Mohren kaufen, um sie hier zu vermehren, als England Hessen, um sie zu – schlachten.[98]

Rebmann spielt auf das sklavenhändlerhafte Verfahren an, womit Landeskinder vom Landesherrn willkürlich als Soldaten verkauft werden konnten. Ein Motiv, das aus Schillers *Kabale und Liebe* seit 1784 zum Begriff geworden war. Landgraf Friedrich II. von Hessen-Kassel hatte laut Subsidientraktaten (Lieferverträgen) etwa 15 000 Hessen an England »geliefert« und dafür eine Summe von mehr als vier Millionen Pfund Sterling erhalten. Daß er bei der Ausstattung seiner Gartenstaffagen in ähnlich zynischer Weise Menschen wie exotische Objekte einkauft, läßt Rebmann eine groteske Parallele zu dem Soldatenhandel ziehen. Anschließend werden die imposanten Anlagen des Karlsberges mit dem sogenannten Oktogon auf seiner Spitze geschildert. Die Menschen gleichen von oben »wandelnden Marionetten«. Grotten und Brücken, Felsen und Bassins, Fontänen und Kaskaden versetzen den Besucher in »eine Art von Betäubung«. Doch auch hier müsse er sich gewaltsam dem Gedanken verschließen, »daß die Thränen der Untertanen auch einen ziemlichen Wasserfall geben möchten. Das Riesenwerk steht ja einmal da, also – einen Schleier über die Vergangenheit«.[99]
Die Verdrängung des bitteren Beigeschmacks bei der Betrachtung all dieser Herrlichkeiten mißlingt weiterhin, ja die verdrängten Bilder kehren als Alptraum zurück. Der Text sei hier zitiert.
Rebmann berichtet, wie ihn, der von Anstrengung und vom Mittagsmahl ermüdet auf einer Bank des Gartens einschläft, ein Traum heimsucht. Er fühlt sich in die »Grotte des Pluto« versetzt, aus der ihn ein Donnerschlag vertreibt:

Aber wie erstaunte ich, als ich weder den Park noch das Oktogon, noch irgend eine von den Schönheiten, die mich vorher so sehr überrascht hatten, mehr erblickte. Statt der Pyramide erschütterte mich der Anblick eines ungeheuren Haufens von Schädeln und Knochen, und statt des Parks lag vor mir – das Schlachtfeld von Saratoga.
Tausende von Hessen stiegen aus der zerrissenen Erde empor. Hier schleppt einer gräßlich seine Gedärme nach, dort hieng der Arm des andern zerfetzt am Gerippe, hier brüllte ein dritter mit blutendem Schädel um Rache. Die Caskaden sprangen, aber mit Blut. In die Wetterwolken dampfte der Qualm aus den Blutströmen, die immer mehr anschwollen, und endlich die prächtigen Flügel des Schlosses, nebst allen Lusthäuschen mit sich fortschwemmten.
Ich floh ängstlich wieder in die Grotte. Immer noch zischten die Blitze, rollten die Donner, rauschten die Blutströme. An den Marmorwänden spiegelte sich das gräßliche Gewimmel im Thale.

Plötzlich drang eine Schaar Greise und Weiber herein. Ihre ausgemergelten Arme streckten sie schweigend empor zum Himmel, ihre vertrockneten Augen starrten Thränenlos gegen das Schlachtfeld. Geister der Rache schwebten in die Grotte, in ihrer Mitte war eine Gestalt, die ängstlich nach einer vorgehaltnen Krone griff, und aus lauter Verzweiflung Reliquien und Amulette an die Brust drückte, um die Quälgeister zu verjagen.
Die Greise und Weiber, die zerfetzten Krieger, die blutigen Gerippe erblickten kaum diese Gestalt, als sie wütend auf sie zueilten. Die Furien von Stein in der Grotte wurden lebendig, Cerberus heulte, und riß sich los, und, wie Hunde nach einem gehetzten Hirsch, so stürzten sie auf den Kronenträger zu. Er floh, eilte hinweg über die aufgehäuften Schädel, schwamm durch die Blutströme, es entfiel ihm die Krone, es entfielen ihm die Amulette und Reliquien, und seine Verfolger ließen noch nicht ab. Endlich haschten sie ihn, und führten ihn durch die Pforte der ewigen Quaal, knirschend, um Rache heulend vor Plutos Thron. Ein neuer furchtbarer Donner rollte, und eben wollte Pluto sein Urtheil sprechen, als ich – erwachte und zurück in den Tanzsaal eilte, weil ich nicht länger Lust hatte, so zu träumen.

Wo die bewußte Betrachtung des Gartens nur Reminiszenzen hervorgerufen hatte, setzt der Traum gleich eine phantasmagorische Szenenfolge frei. Die Pyramide, d. h. das Oktogon, weckt nicht nur Erinnerungen, sondern ist durch einen Schädel- und Knochenhaufen ersetzt; die Kaskaden verwandeln sich in Blutströme und der gesamte Park weicht dem Schlachtfeld von Saratoga.[100]
Der Traum mündet in eine apokalyptische Vision von Geistern der Hinterbliebenen und Gefallenen, die, antiken Erinnyen gleich, den Schuldigen all des Jammers, also den verstorbenen Landgrafen Friedrich, vor den Thron des Richters in der Unterwelt zerren. Selbst der Tand von Herrschaftsinsignien und Devotionalien kann ihn nicht retten.
Rebmann lernt mit dem Weißenstein einen Land-

schaftsgarten kennen, der in den neunziger Jahren des 18. Jh. trotz seiner barocken Ausgangssituation zu den stilechtesten und besten »englischen Gärten« in Deutschland gehörte.[101] Trotzdem sieht er in diesem, der »freien« Natur beispielhaft angepaßten Park vor allem jene Dinge, die er mit Unfreiheit, Unterdrückung und Ausbeutung assoziiert. Das Ideal vom Landschaftsgarten als einem Ort der Freiheit wird hier durch die Enthüllung der Hintergründe seiner Entstehung desavouiert und ad absurdum geführt.
Rebmann kann mit dieser Art von Naturgestaltung keinerlei Hoffnung auf eine geistige und humanitäre oder politische und soziale Verbesserung oder Sublimierung verbinden – weder für die Besitzer noch für die Besucher des Gartens.

Die politische Symbolhaftigkeit der Gartenformen betont noch einmal der baltische Sozialkritiker Garlieb Merkel, ein Schüler Johann Gottfried Herders. Merkel artikuliert seine Vorliebe für die freiheitliche republikanische Regierungsform durch einen Vergleich von holländischem Garten und gepflegtem Forst. Der holländische Garten steht hier für einen architektonisch angelegten Park, der den französischen Garten in der Knebelung und Ausrichtung der natürlichen Wuchsformen noch übertrifft. Merkel setzt ihm den freien Forst entgegen, wie ihn die Spätromantik zum Inbegriff von Naturlandschaft erhebt. Merkel schrieb seine *Briefe über einige der merkwürdigen Städte im nördlichsten Deutschland* im Jahre 1801.[102] Zu dieser Zeit war die Gegenüberstellung von französischem und englischem Garten bereits so üblich, daß er nach einem stärkeren Gegensatz sucht:

Eine Reise durch eine Monarchie, auch durch die beste, gleicht dem Spaziergang in einem holländischen Garten, auf geraden, ebenen Wegen, zwischen geschorenen Wänden, Fontänen und Buchsbaumrabatten, wo jede Laube ein Versprechen ist, daß man auf der anderen Seite eine gleiche finden werde, und jeder einzelne Baum von der Kunst eine Gestalt erhielt, durch die er freilich auf dem Platze, wo er steht, am tauglichsten wird, einen bestimmten Zweck zu erfüllen, die aber fast keine Ähnlichkeit mit seiner ursprünglichen hat. [...] – Eine Republik hingegen gleicht einem sorgfältig gewarteten Forste. Jeder Stamm desselben strebt mit seiner ganzen Kraft empor und streckt seine mächtigen Äste so lang, so dichtbelaubt empor oder hinab, als sein innerer Trieb vermag. Was an seinem rechten Platze steht, gedeiht; was krank und schadhaft ist, erstirbt. Die Kunst tut nichts dabei, als daß sie den Boden rein erhält [...]. Die Mannigfaltigkeit seiner Gestalten und Gruppen, der überall sichtbare, kräftige Naturtrieb, selbst die Unebenheit seines Bodens und die Quellen, die willkürlich durch ihn hinrieseln und oft zu Sprüngen oder Umwegen nötigen, gewähren dem Wandelnden einen Genuß, den er in den Lustgärten vergebens suchen würde.[103]

Man sieht, Merkels Kriterien eines Forstes entsprechen denjenigen des klassischen Landschaftsgartens. Freiheit durch Mannigfaltigkeit hier und Denaturierung durch Einheitlichkeit dort plädieren an den ästhetischen Sinn des Besuchers. Merkel läßt keinen Zweifel daran, welchem er den Vorzug gibt.

Garten und Form bei Goethe und Schiller

Goethe reflektiert in seiner Haltung zur Gartenkunst auf höchst individuelle Weise die allgemeine Geschmacksentwicklung der Zeit. Seine Urteile verraten aber keine so eindeutige Stellungnahme, wie viele Zeitgenossen sie forderten. Goethe hat die Landschaftsgartenschwärmerei zeitweise mitgemacht, jedoch in keinem Falle die formale Gartenkunst angegriffen oder gar abgelehnt.[1] Ja, er hat zeitweise nicht ohne Spott und Ironie die Landschaftsgärtnerei in ihren Entwicklungsphasen begleitet und beobachtet. Sein Verhältnis dazu soll hier kurz beleuchtet werden.

In seiner Jugend war Goethe mit den Frankfurter Anlagen vertraut, von dem »Putz- und Schaugarten des Reichen zu den Obstgärten des für seinen Nutzen besorgten Bürgers, [...] ja bis zum Gottesacker selbst«.[2] Der eigene Hausgarten war sehr klein und von den »so nah gelegenen Paradiesen«[3] der Nachbargärten wurde man durch eine hohe Hofmauer ausgeschlossen. Für diesen Mangel entschädigte der großväterliche Garten des J. W. Textor, der mit Rebengeländern, Spalierbäumen und Blumenrabatten prangte und in dem der Großvater, Rosen okulierend, wie eine »Person zwischen Alkinous und Laertes« erschien.[4] Der Nutzcharakter dieser Gartenareale steht überall im Vordergrund. Die französischen, zum Holländischen tendierenden Gartenelemente im Knabenmärchen *Der neue Paris*[5] dürften überwiegend durch Kupferstiche und durch Lektüre angeregt worden sein. Auch in Leipzig konnte Goethe nur die im französischen Stil angelegten Gärten reicher Handelsherren kennenlernen. Großen Eindruck hinterließ der Apel'sche Garten, in dem zu Ehren des Kurfürsten glänzende Feste gegeben wurden. An die Schwester schreibt Goethe:

> Die Gärten sind so prächtig als ich in meinem leben etwas gesehen habe, ich schicke dir vielleicht einmahl den Prospeckt von der Entree des Apelischen, der ist königlich. Ich glaubte das erste mahl ich käme in die Elysischen Felder.[6]

Es ist bemerkenswert, daß Goethe hier für eine geometrisch strenge Anlage den gleichen Terminus verwendet wie dreizehn Jahre später für den ersten großen Landschaftsgarten in Deutschland, den Wörlitzer Park, dem er »ganz den Charackter der Elisischen Felder« zuschreibt.[7] Mit dem Haupttheoretiker des Landschaftsgartens, Hirschfeld, war Goethe bereits 1769 bekannt geworden, lange bevor dessen *Theorie der Gartenkunst* erschien. Er schreibt am 8. 4. 1769 an Friederike Öser in Leipzig:

> [...] mein Geist soll so hefftig an Ihre Büsche dencken, dass er Ihnen erscheinen wird eh Sie Sich's versehn; und meine Briefe, sollen Sie auf die Reitze des Landlebens in Prosa und Versen aufmercksamer machen, trutz Hirschfelden dem *Anatomicker der Natur*; wenn keine andre Materie vorkommen sollte.[8]

Goethe konkurriert bei der Freundin kokett mit der ein Jahr zuvor veröffentlichten kleinen Schrift Hirschfelds – *Das Landleben*.

Mit frühen Versuchen im englischen Gartenstil kam Goethe erstmals 1771/72 über den Darmstädter Kreis in persönliche Berührung.[9] Der auf die Spitze getriebene Empfindsamkeitskult dieser Gesellschaft hat ihn aber nicht lange zu fesseln vermocht.

In dem Werk, dessen Personen mit der umgebenden Natur in zwingender Korrelation stehen, den *Leiden des jungen Werthers*, hat die Gartenform keine Motivbedeutung. Der Garten des Grafen M., der auf den ersten Seiten das Einleben Werthers in die fremde Landschaft mitbestimmt, ist ein formaler Garten wie die Bezeich-

Der Apelsche Garten in Leipzig zur Zeit von Goethes Aufenthalt Kupferstich von Paul Christian Zincke nach Zeichnung von David Schatz

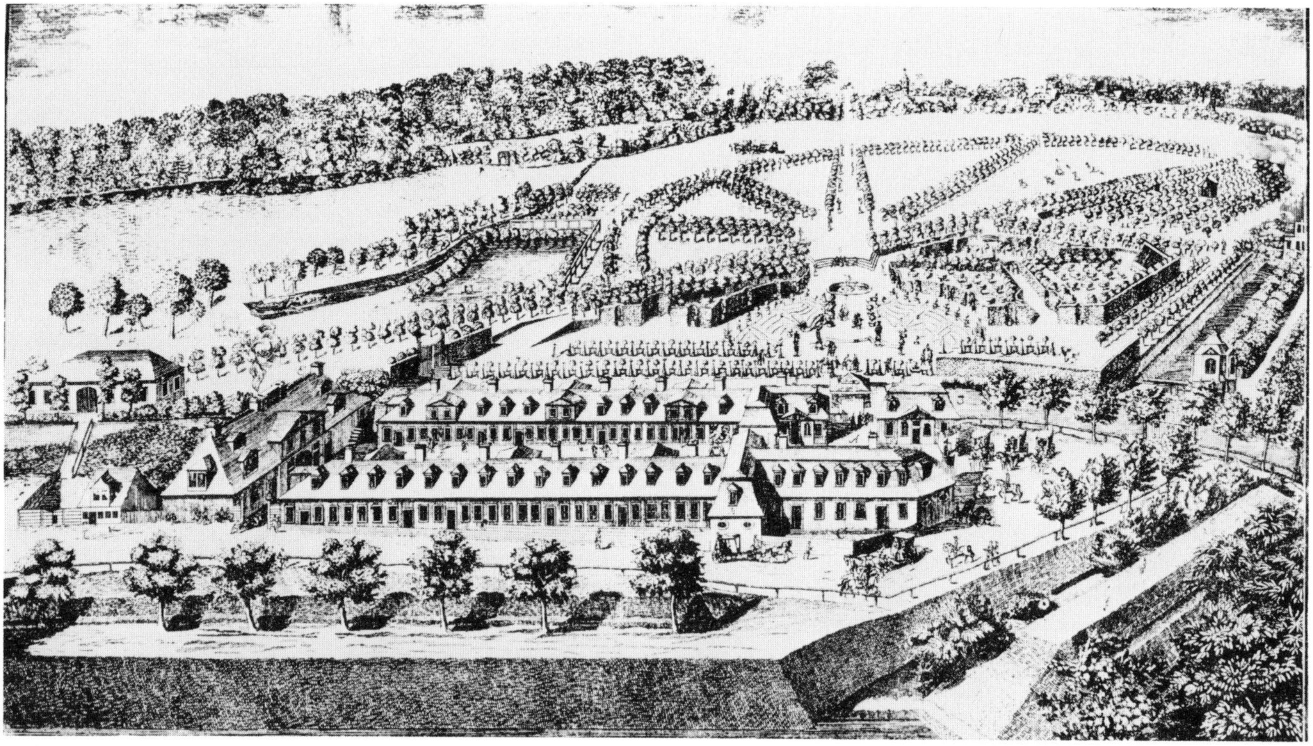

nungen »Kabinettchen«, »Terrasse«, »Allee«, »Boskett« und »Buchenwände« verraten.[10] Dennoch sind die dort waltenden Empfindungen ganz dem »Gefühlsschatz« des Landschaftsgartens zuzuordnen:

Der Garten ist einfach, und man fühlt gleich bei dem Eintritte, daß nicht ein wissenschaftlicher Gärtner, sondern ein fühlendes Herz den Plan gezeichnet, das seiner selbst hier genießen wollte.[11]

Das Thema des dilettierenden Besitzers klingt bereits an, das für die ganze Landschaftsgartenbewegung von zentraler Bedeutung war.

Noch kein halbes Jahr nach seiner Ankunft in Weimar, am 21. April 1776, nimmt Goethe seinen Garten an der Ilm in Besitz. Es folgen sechs Jahre intensiven Gartenlebens bis zu seinem Umzug in das Haus am Frauenplan (2. Juni 1782). Da die Details dieses Lebens im Garten schon vielfach behandelt worden sind, soll hier nur kurz rekapituliert werden, wie stark Goethes persönliche – im engsten Sinne körperliche – Beteiligung an der Entstehung der Weimarer Landschaftsgärten war. Die Briefe an Charlotte von Stein und an

Goethes Gartenhaus im Park zu Weimar. Aquarellierte Handzeichnung von Georg Melchior Kraus 1806

Auguste zu Stolberg spiegeln ganz spontan die Stadien der Annäherung an die Gartenarbeit wider:

Hab ein liebes Gärtgen vorm Thore an der Ilm schönen Wiesen in einem Thale. ist ein altes Häusgen drinne, das ich mir repariren lasse. Alles blüht alle Vögel singen. [17. Mai an Auguste]

[I]ch ritt um eilf nach dem Lustschloß Belvedere wo ich hinten im Garten eine Einsiedeley anlege, allerlei Pläzgen drinn für arme Krancke und bekümmerte Herzen. [18. Mai an Auguste]

Da laß ich mir von den Vögeln was vorsingen, und zeichne Rasenbäncke die ich will anlegen lassen, damit Ruhe über meine Seele komme [...]. Es geht gegen eilf ich hab noch gesessen und einen englischen Garten gezeichnet. Es ist eine herrliche Empfindung dahausen im Feld allein zu sizzen. [19. Mai an Auguste]
Zum erstenmal im Garten geschlafen, und nun Erdkulin für ewig. [...].[12]

Bey der HerzoginnMutter gessen. Nach Tische ging alles nach Tiefurt, wo der Prinz sich hat ein Pachtgut artig zurecht machen lassen. Die Bauern empfingen ihn mit Musick, Böllern, ländlichen Ehrenpforten, Kränzlein, Kuchen, Tanz, Feuerwerckspuffen, Serenade und s. w. Wir waren vergnügt und ich hatte das Glück alles sehr schön zu sehen.[13]

Goethe wohnt, lebt, zeichnet und dichtet im Garten. Die Briefe dieser Zeit enthalten fast alle auch Gedichte, die dem Natur-Motivkreis angehören, z. B. *Und ich geh' meinen alten Gang* [...] (Juli 1776 an Charlotte), *Füllest wieder s'Liebe Tal* [...] (Nr. 223 an Charlotte), *Alles geben die Götter, die unendlichen, ihren Lieblingen ganz* [...] (September 1776 an Auguste) oder *Hier gedachte still ein Liebender seiner Geliebten* [...] (3. August 1782 an Charlotte).

Mit der Parkgestaltung im Ilm-Grund außerhalb seines eigenen Gartens begann Goethe am 16. Januar 1778. Der Anlaß war schmerzlich-empfindsam. Goethes Diener hatten die Leiche der jungen Christel von Laßberg aus der Ilm geborgen und im Hause der Frau von Stein aufgebahrt. Das Mädchen war aus Liebeskummer in den Tod gegangen, es trug ein Exemplar des *Werther* bei sich. Goethe war betroffen. Er legte an der Uferstelle eine Felsentreppe mit Felsentor (sog. Nadelöhr) als Denkmal an und berichtete der Frau von Stein:

Es waren Arbeiter unten, und ich erfand ein seltsam Pläzgen wo das Andencken der armen Cristel verborgen stehn wird. [...] Ich hab mit Jentschen[14] ein gut Stück Felsen ausgehölt, man übersieht von da, in höchster Abgeschiedenheit, ihre lezte Pfade und den Ort ihres Tods. Wir haben bis in die Nacht gearbeitet, zulezt noch ich allein bis in ihre Todtes Stunde, es war eben so ein Abend. [...] Gute Nacht Engel, schonen Sie sich und gehn nicht herunter. Diese einladende Trauer hat was gefährlich anziehendes wie das Wasser selbst, und der Abglanz der Sterne des Himmels, der aus beyden leuchtet, lockt uns.[15]

Das Erlebnis, dessen Spannung sich im Bau einer Gartenpartie entlädt, regte Goethe zur Niederschrift des Gedichtes *Der Fischer* an.
Nach diesem Beginn schritt die Umwandlung des Ilmgrundes zum berühmten Weimarer Park schnell voran. Im Tagebuch verzeichnet Goethe über die Wochen vor Ostern: »Wühlte ich still an Felsen und Ufer fort.«[16] Als er mit dieser Partie fertig geworden war, berichtete er seinem Freunde Merck nach Darmstadt, wie er »die vernachläßigten Plätzchen alle mit Händen der Liebe polstre und putze.« (5. August 1778).
Starken Auftrieb erhielt die Gartentätigkeit durch einen Besuch Goethes und Karl Augusts in Wörlitz, dessen großangelegte Parkanlage allgemein bewundertes Vorbild war. Im Tagebuch notiert Goethe unter dem 13. Mai 1778: »[...] die Tour vom Parck im Regen. Wie das Vorüberschweben eines leisen Traumbilds«.[17] Sein Bericht an Charlotte von Stein zeigt rückhaltlose Bewunderung:

Hier ists iezt unendlich schön. Mich hats gestern Abend wie wir durch die Seen Canäle und Wäldgen schlichen sehr gerührt wie die Götter dem Fürsten erlaubt haben einen Traum um sich herum zu schaffen. Es ist wenn man so durchzieht wie ein Mährgen das einem vorgetragen wird und hat ganz den Charackter der Elisischen Felder in der sachtesten Manigfaltigkeit fliest eines in das andre, keine Höhe

Die Felsentreppe durch das »Nadelöhr« im Weimarer Park.
Kolorierter Stich von Georg Melchior Kraus 1794

Die Felsentreppe an der Ilm im Park von Weimar. Zustand 1979

Das »Nymphäum« im Park zu Wörlitz.
Im Innern sind heute Tafeln angebracht mit Goethes Worten über den Park:
»Hier ists iezt unendlich schön...«

zieht das Aug und das Verlangen auf einen einzigen Punkt, man streicht herum ohne zu fragen wo man ausgegangen ist und hinkommt. Das Buschwerck ist in seiner schönsten Jugend, und das ganze hat die reinste Lieblichkeit. [14. Mai 1778]

In Weimar liefen die Vorbereitungen für ein denkwürdiges Gartenfest, mit dem man die Herzogin Louise zu ihrem Namenstage am 9. Juli 1778 überraschen wollte. Goethe erzählt von diesem »Louisenfest« aus der Erinnerung. Am Hochufer der Ilm hatte er eine Hütte errichten lassen, die mit Ruinenattrappen und Türmchen ein sogenanntes Louisenkloster vorstellte. Goethe, der Herzog und einige Kammerherren hatten sich als Mönche verkleidet und empfingen die Herzogin mit Gefolge an der Floßbrücke. Sie gaben vor, auf gottgefällige Weise in dieser Eremitage zu leben, und luden die Herrschaften ein, mit ihnen zu speisen. Die derbe Kost auf ungedecktem Tisch und in irdenen Schüsseln rief Überraschung hervor, an der die Veranstalter ihren Spaß hatten. Doch dann tat sich plötzlich die Rückwand der Hütte auf, auf einem halbrunden Platz unter alten Eschen glänzte eine reichgedeckte Tafel, und festliche Musik erscholl. In dem launigen Text, der diese kleine Szene begleitete, wurde Goethe als Pater Dekorator vorgestellt:

Und dieser hier, Pater Dekorator,
Der all unsern Gärten und Bauwerk steht vor,
Der hat nun beinahe drei Nacht nicht geschlafen,
Um uns hier im Tal ein Paradies zu verschaffen.
Denn wenn der was angreift, so hat er nicht Ruh,
Stopft Tag und Nacht die Löcher mit Heckenwerk zu,
Macht Wiesen zu Felsen und Felsen zu Gänge,
Bald Gradaus, bald Zickzack die Breit' und die Länge.

Ein zweites Fest fand am 22. August in dieser Szenerie statt. Goethe ließ die Ufer des Flusses durch lodernde

Die ursprüngliche Form des »Luisenklosters« oder der »Einsiedelei« im Weimarer Park. Nur das rechte Häuschen blieb bis heute erhalten. Lavierte Handzeichnung von Goethe. Tusche auf blauem Papier 1780

Fackeln in ein Rembrandtsches Stimmungsbild verwandeln, das alle Besucher entzückte. »Ich hätte Goethe vor Liebe fressen mögen«, schrieb Wieland kurz darauf an Merck und lobte die »neuen Poemata an der Ilm«.

Von diesen Veranstaltungen an datiert Goethe die Entstehung der Parkanlagen[18], obwohl jetzt Herzog Karl August persönlich in die Gestaltung einzugreifen beginnt, während Goethe sich allmählich von der Gartentätigkeit zurückzieht. Karl August lehnte sich stärker an das Wörlitzer Vorbild an, er ließ an einem Point de vue den großen Denkstein für Franz von Dessau aufstellen. Das Louisenkloster richtete er für seine Bedürfnisse her und wohnte, arbeitete und übernachtete zeitweise auch darin. So waren beide Nachbarn, denn der Blick geht frei über den Ilmgrund von Goethes Gartenhaus zu dem heute »Borkenhäuschen« genannten Louisenkloster. Man badete gemeinsam im Fluß, entwickelte Pläne für den weiteren Gartenausbau und feierte Feste unter den Eschen im Freien. Man kokettierte nicht nur literarisch mit der Naturbegeisterung, sondern genoß das Leben in der Natur nach Soldaten- und Jägerart.

Die Gartenhausjahre waren für Goethe von ausschlaggebender Bedeutung, voll ausgelebter Emotion, beglückend und schmerzhaft zugleich. Ihre Geschichte ließe sich überhaupt nur im »Gewande der Fabel oder eines Märchens darstellen, als wirkliche Tatsache würde die Welt sie nimmermehr glauben«, äußerte er rückblickend zu Kanzler von Müller.[19] Und zu Beginn der zwanziger Jahre des 19. Jahrhunderts spricht er in den *Annalen* von dem »abenteuerlichen Komplex« dieser Periode, »der mir und Andern durch Neigung und Gewohnheit, durch Dichtung und Wahn so herzlich lieb geworden«.[20]

Die Jahre brachten Klärung und Ernüchterung. Nach der Euphorie suchte Goethe nun fundierte Positionen.

Das »Borkenhäuschen«, der leicht veränderte Überrest des Luisenklosters im Park zu Weimar. Radierung von Georg Melchior Kraus 1778 und Photographie des gegenwärtigen Zustands

Soweit die Suche Naturhaftes betraf, fand er sie in den Naturwissenschaften, voran Botanik und Geologie. Der Garten seines Hauses am Frauenplan, das Goethe 1782 bezog, war von vornherein ein formal angelegter Nutz- und Schmuckgarten, dem er 1791 noch einen botanischen Pflanzgarten anfügte.

Das Problem bzw. das Motiv der *Parkgestaltung* findet erst in den neunziger Jahren wieder Goethes Aufmerksamkeit. Eine objektivere Sicht registriert von nun an sowohl Positives wie Negatives an den beiden gegensätzlichen Gartenstilen. In *Hermann und Dorothea* klagt der Apotheker über den modernen Geschmackswandel:

So war mein Garten auch in der ganzen Gegend berühmt, und
Jeder Reisende stand und sah durch die roten Staketen
Nach den Bettlern von Stein und nach den farbigen Zwergen.
[...] Ja, wer sähe das jetzt nur noch an! Ich gehe verdrießlich
Kaum mehr hinaus; denn alles soll anders sein und geschmackvoll,
Wie sie's heißen, und weiß die Latten und hölzernen Bänke.[21]

Das Mannes bürgerlich-barocker Gartengeschmack ist von der klassizistischen Gartenmode überholt worden. Er kann es weder verstehen noch gutheißen. Goethe schildert die Situation in einer Weise, daß der Leser nicht ohne Sympathie für den enttäuschten Apotheker bleibt.

Als Parodie auf die Veränderungswut der Landschaftsgärtner und somit als Parteinahme für den französischen Garten ist das Spottgedicht mit dem Titel *Hauspark* zu deuten, das als Pendant zu den *Musen und Grazien in der Mark* im Jahre 1797 entstand:

Liebe Mutter, die Gespielen
Sagen mir schon manche Zeit,
Dass ich besser sollte fühlen,
Was Natur im Freien beut.

Bin ich hinter diesen Mauern,
Diesen Hecken, diesem Bux,
Wollen sie mich nur bedauern,
Neben diesem alten Jux.

Solche schroffe grüne Wände
Liessen sie nicht länger stehn;
Kann man doch von einem Ende
Gleich bis an das andre sehen.
Von der Schere fallen Blätter,
Fallen Blüthen, welcher Schmerz!
Asmus unser lieber Vetter,
Nennt es puren Schneiderscherz.

Stehn die Pappeln doch so prächtig
Um des Nachbars Gartenhaus,
Und bei uns, wie niederträchtig
Nehmen sich die Zwiebeln aus.
Wollt Ihr nicht den Wunsch erfüllen –
Ich bescheide mich ja wol!
Heuer nur um Gotteswillen,
Liebe Mutter, keinen Kohl![22]

Mit dem lieben Vetter Asmus ist Matthias Claudius gemeint, der in seiner *Serenata, im Walde zu singen* zwei Jahrzehnte vorher die französische Gartenkunst verspottet hatte:

Es pflegen wohl die reichen Leut
Auch Wald zu machen gern;

Da pflanzen denn, die Läng und Breit,
Die klug und weisen Herrn
In eine lange Reihe hin
Gar künstlich Baum und Strauch;
Und meinen denn in ihrem Sinn,
Sie hätten's würklich auch.

Noch kömmt ihr Gärtner Lobesan,
Den sie zu han geruhn,
Und schneidet mit der Schere dran,
Wie Schneidermeister tun.

Absolute Disziplinierung von Pflanze und Wasser im formalen Garten. Heckenschnitt, Fontänen und Kaskaden im »Theatrum« des kurfürstlichen Gartens Nymphenburg Kupferstich von Mathias Disel. Um 1722

Jedoch ihr Wald ist Schneiderscherz,
Trägt nur der Schere Spur,
Und nicht das große volle Herz
Von Mutterlieb Natur![23]

Die Goethesche Parodie zeigt Anklänge an Mösers Gärtchen-Satire. Sie macht deutlich, daß die englische Gartenmode die Jugend für sich hat, während die ältere Generation am Bewährten festhalten will. Und der Tenor seines Gedichtes gibt ihr recht. Der Spott von Claudius richtet sich direkt gegen die reglementierten Gärten.

Als Musterbeispiel unberührter Natur von größter Erhabenheit galt damals allgemein der Rheinfall zu Schaffhausen. Goethe besuchte ihn auf seiner dritten Schweizreise und notierte am 18. September 1797 im Tagebuch unter dem Titel *Erregte Ideen*:

Beym Hinabsteigen nach dem flächern Ufer Gedanken an die neumodische Parksucht.

Willkür in der »natürlichen« Wegführung und Staffagenhäufung im englischen Garten des Schlosses Hohenheim bei Stuttgart

Der Natur nachzuhelfen, wenn man schöne Motive hat, ist in jeder Gegend lobenswürdig; aber wie bedenklich es sey, gewisse Imaginationen realisiren zu wollen, da die größten Phänomene der Natur selbst hinter der Idee zurückbleiben.[24]

Der Vergleich dieser vielbesuchten Naturerscheinung mit dem hinfälligen Menschenwerk scheint allgemein üblich gewesen zu sein. Jung-Stilling nennt den Wasserfall nach einer Besichtigung im Jahre 1801 »schlechterdings unbeschreiblich. [...] Überhaupt hat das die Schweiz so an sich, daß sie der stolzen Schwester *Kunst* ihre Obermacht zeigt, und sie unter ihre gewaltige Hand demütigt«. Der stolze Mensch würde angesichts dieser Natur zum »Würmchen« im Staube.[25] Die Diktion verrät den Sprachstil der Aufklärung. Wir stehen hier an einem Punkte, wo das romantische Naturverständnis sich mit dem aufklärerischen Bemühen um eine Einordnung des Menschen in den Bau von Gottes Naturschöpfung berührt.

Gärten im sentimentalen Landschaftsstil, die Goethe nun kennenlernt, stoßen auf Ablehnung. Ein Beispiel dafür ist seine Antwort auf Schillers Empfehlung vom 25. Dezember 1795. Schiller hatte gefragt:

Haben Sie denn auch die schönen Abbildungen vom Seifersdorfer Tal mit Hrn. Beckers (in Dresden) Beschreibungen gesehen? Als einem so großen Liebhaber von Kunstgärten und sentimentalischen Produktionen empfehle ich Ihnen dieses Werk. Es verdient neben Racknitz Schrift eine gelegentlich würdige Erwähnung in den Horen.[26]

Goethe antwortete umgehend ironisch:

Die Abbildung des Seifersdorfer Unwesens kenn ich, Sie kennen ja wohl auch die Trude die es bewohnt und die es so ausgeschmückt hat. Wielands Empfang und Bewirthung daselbst im Sommer 1794 gäbe eine vortreffliche Geschichte, wenn er sie aufsetzen wollte wie er sie erzählt.[27]

Die Beckersche Beschreibung von Seifersdorf[28] ist affirmativ bis zur Penetranz. Racknitz hatte im Jahre 1793 in der Berlinischen Monatsschrift einen größeren Aufsatz veröffentlicht, der für eine Gleichberechtigung und fallweise auch für eine Synthese der englischen und französischen Gartenpartien eintrat.[29] In der folgenden Ausgabe verteidigt A. F. Krauß den englischen Geschmack und nennt die Vorschläge von Racknitz einen Rückschritt. Eine Synthese der Stilarten ergäbe nur ein »Zwittergeschöpf«. Er plädiert bei kleinen Landschaftsgärten für die Bezeichnung »Deutscher Naturgarten«.[30]

Den Landschaftsgarten von Hohenheim bei Stuttgart hat Goethe am 1. September 1797 persönlich besucht. Er notiert darüber im Tagebuch:

Hohenheim selbst, der Garten sowohl als das Schloß, ist eine merkwürdige Erscheinung. Der ganze Garten ist mit kleinen und größern Gebäuden übersäet, die mehr oder weniger theils einen engen, theils einen Repräsentationsgeist verrathen. [...] Bey diesen vielen kleinen Parthien ist merkwürdig, daß fast keine darunter ist, die nicht ein jeder wohlhabende Particulier eben so gut und besser haben könnte, nur machen viele kleine Dinge zusammen leider kein großes.[31]

Außer dieser Bemängelung interessierten Goethe nur die praktischen Fragen wie Trockenerhaltung der Gebäude, Herstellung farbiger Glasfenster, Disproportionen am Schloß, das den »gleichgültigsten Anblick der Welt bietet« usw.[32] Von Belang ist Goethes Beschreibung deswegen, weil Schiller drei Jahre vorher in der Rezension *Über den Gartenkalender* dieselbe Gartenanlage aufgrund der Beschreibung von Gottlob Heinrich Rapp behandelt und zu einem ganz gegensätzlichen Urteil kommt.[33] Er spricht von einer »glücklichen Mischung«, einer »geistvollen Einheit«, die »so

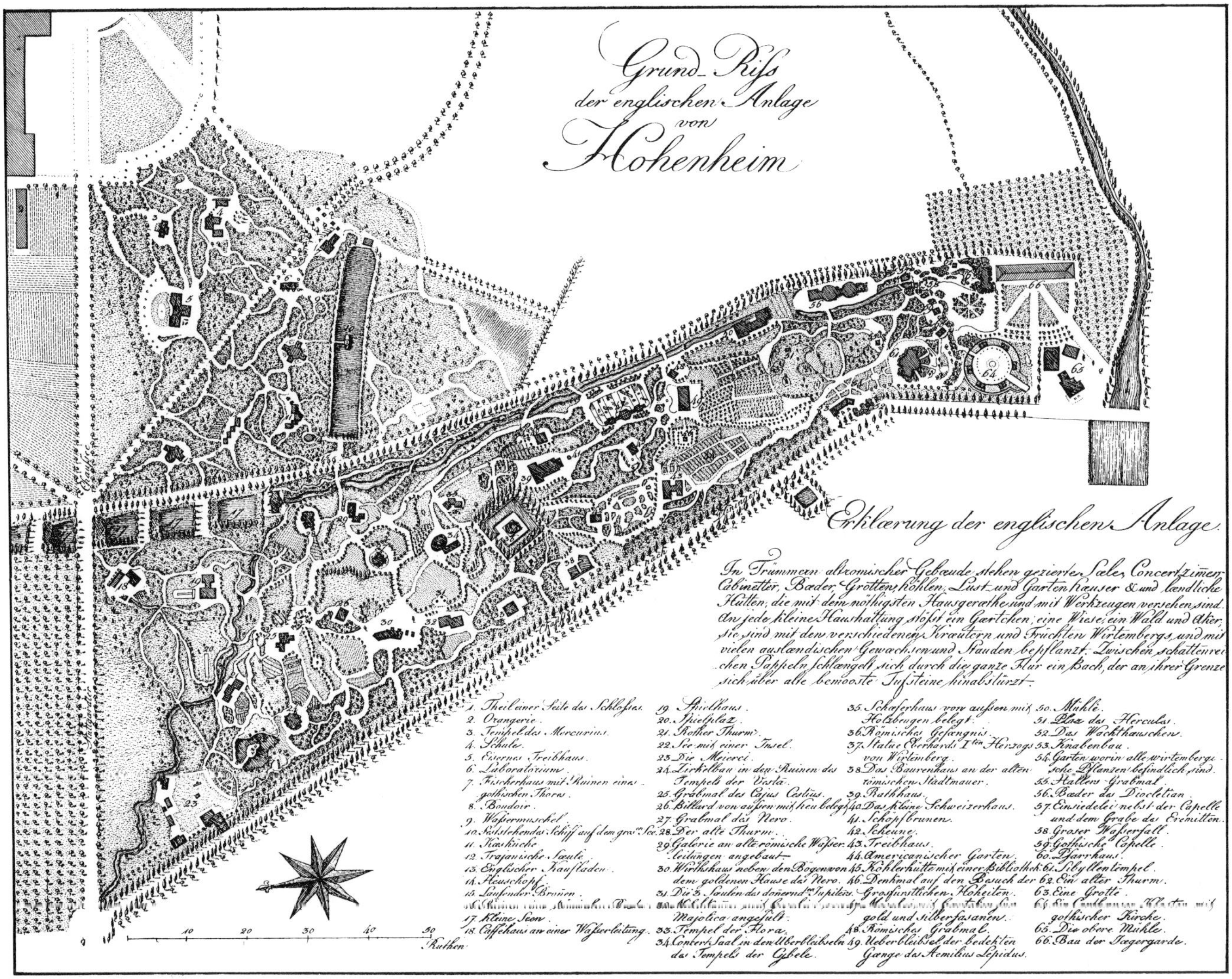

disparate Dinge in ein Ganzes verknüpft« habe und schließt mit einem begeisterten Lob:

Es ist eine mit Geist beseelte und durch Kunst *exaltierte Natur*[34], die nun nicht bloß den einfachen, sondern selbst den durch Kultur verwöhnten Menschen befriedigt und, indem sie den erstern zum Denken reizt, den letztern zur Empfindung zurückführt.[35]

In der Quintessenz wird die Hoffnung auf eine pädagogische Wechselwirkung deutlich, die dem Ungebildeten Erkenntnis und Wissen vermitteln, dem Gebildeten aber Ansporn zur Aktivierung seiner Gefühlswelt sein soll.

Aus welchen Gründen Schiller die Hohenheimer Anlagen in diesem Ausmaß lobt, ist schwer zu sagen; vielleicht spielt die Tatsache eine Rolle, daß er mit Rapp befreundet war, und ferner, daß er nach dem Tode des Herzogs Karl Eugen (1793), auf den das sogenannte »Englische Dörfchen« in Hohenheim zurückgeht, um eine objektivere Beurteilung von dessen Verdiensten bemüht war.[36]

Schillers Verhältnis zur Gartenkunst ist bereits an verschiedenen Stellen dieser Arbeit berührt worden. Als Sohn eines Gärtners haben ihn Gartenfragen immer wieder beschäftigt. Bis zum Jahre 1795 war seine Stellung eindeutig auf Seiten des englischen Gartenstils. Nun aber, in der Rezension auf den Gartenkalender, zeigt sich eine ambivalente Haltung. Die Äußerungen darin haben Gewicht, weil er sich die Besprechung in einem Brief an den Herausgeber der Allgemeinen Literatur-Zeitung, Schütz, erbeten hatte, und zwar mit der Begründung, sie gäbe ihm Gelegenheit, sein *»Glaubensbekenntnis* über die deutschen Parks« abzulegen.[37] Dieses Glaubensbekenntnis ist aber keineswegs eindeutig; vielmehr ist es ein Abwägen der Vor- und Nachteile beider Gartenstile, dessen Ergebnis sich dahingehend zusammenfassen läßt, daß sowohl französische wie englische Gärten Verfälschungen und Übertreibungen aufwiesen, daß aber die Gartenkunst »wie ihre andern Schwestern zwischen bestimmten und bleibenden Grenzen ruhn« müsse. Er wünscht sich, daß deutlich gemacht werde, »was man denn eigentlich will; eine Frage, woran man, in Deutschland wenigstens, noch nicht genug gedacht zu haben scheint«. Und nun folgt eine Prognose, die angesichts der herrschenden Gartenmode auf einen Ausgleich im klassischen Geiste zielt, auf die große Synthese:

Es wird sich alsdann wahrscheinlicherweise ein ganz guter Mittelweg zwischen der Steifigkeit des französischen Gartengeschmacks und der gesetzlosen Freiheit des sogenannten englischen finden; es wird sich zeigen, daß sich diese Kunst zwar nicht zu so hohen Sphären versteigen dürfe, als uns diejenigen überreden wollen, die bei ihren Entwürfen nichts als die Mittel zur Ausführung vergessen, und daß es zwar abgeschmackt und widersinnig ist, in eine Gartenmauer die Welt einschließen zu wollen, aber sehr ausführbar und vernünftig, einen Garten, der allen Foderungen des guten Landwirts entspricht, sowohl für das Auge als für das Herz und den Verstand zu einem charakteristischen Ganzen zu machen.[38]

Hier wird also der großen Idee widersprochen, die hinter aller Landschaftsgartenkunst steht, nämlich alle Schönheiten der Natur, die über den Erdkreis verstreut sind, in einem Garten zu sammeln. Wie aber die Form der Gärten auf dem vorgeschriebenen Mittelweg zu finden ist, bleibt fraglich. Schillers Aufsatz zeigt, daß sich seine Haltung zur Gartenkunst allmählich einer Position annähert, wie sie im großen ganzen auch Goethe in diesen Jahren vertritt.

Zu einer gemeinsamen Stellungnahme über die Fragen der Gartenkunst kommen Schiller und Goethe bei den Vorarbeiten zu einem großen Aufsatz *Über den Dilettantismus*, der 1799 für die *Propyläen* konzipiert wurde.[39] Er ist nur bis zu einem ausführlichen Schema gediehen, das für die wichtigsten Kunstgattungen Nutzen und Schaden des Dilettierens gegeneinander abwägt. Der Wert dieses Entwurfes liegt vor allem darin, daß es sich um spontane Ideen handelt. Sie wurden in einer Weise niedergeschrieben, die man heute »brain-storming« nennen würde.

In seiner Arbeit über den Dilettantismus bei Goethe hat Hans Rudolf Vaget die Problematik überzeugend dargelegt. Er mißt dem Schema über die Gartenkunst, das neben dem über die Architektur breiten Raum einnimmt und dem »Bildungstrieb« zugeordnet wird, »symptomatische Bedeutung für die Kritik des Dilettantismus« zu, weil der Begriff des Dilettantismus von Schiller im Hinblick auf die englische Gartenmode geprägt worden sei und weil sich im Landschaftsgarten eine Art Gesamtkunstwerk des 18. Jahrhunderts manifestiere.[40] Schiller hatte in seiner Rezension *Über den Gartenkalender* von der »zweideutigen Abkunft« und dem »unsichern Charakter [...] der ästhetischen Gärten«

gesprochen, die der »echte Kunstfreund« dem »Dilettantism« überlasse.[41]

Als ergänzenden Gesichtspunkt für die Tatsache, daß der Dilettantismus in der Gartenkunst ein so reiches Betätigungsfeld fand, muß man die Ausbildungs- und Kostenfrage berücksichtigen. Selbst um die Wende vom 18. zum 19. Jahrhundert bestand für Gartengestalter noch keine mit den anderen Künsten vergleichbare Ausbildungsmöglichkeit, weder praktischer noch theoretischer Art. Der schlichte Gärtner war Handwerker und Pflanzer, nicht »Künstler«. Er trat nicht als Schöpfer auf, sondern hatte nur die Ideen eines fürstlichen oder großbürgerlichen Auftraggebers nach dessen Maßgabe auszuführen. Gartenkünstler vom Range der Engländer William Kent, Lancelot Brown oder Humphrey Repton hat es in Deutschland vor der Jahrhundertwende nicht gegeben. Notabene wirkten in Deutschland die berühmtesten Gartengestalter Friedrich von Sckell, Peter Joseph Lenné und Hermann von Pückler-Muskau erst zu einer Zeit, als die engagierte Kunstbetrachtung sich schon von der Gartendiskussion distanziert hatte.

Der Adel oder das begüterte Bürgertum bestimmten die Planung und Gestaltung der Parkanlagen. In Wörlitz z. B. treten die Gärtner Eyserbeck, Schoch und Neumark völlig hinter den Fürsten Franz Leopold zurück, als dessen Schöpfung der Park allgemein angesehen wird. In Weimar gelten ausschließlich Goethe bzw. Karl August und nicht die Hofgärtner Gentsch oder Reichardt als Gestalter des Parks, in Seifersdorff Tina von Brühl. Ja, bereits in den Vorstufen dieser Gartenbewegung traten die Auftraggeber als Gärtner auf, wie z. B. Markgräfin Wilhelmine von Bayreuth in der Mitte des 18. Jahrhunderts. Hirschfeld kann 1791 in seiner *Kleinen Gartenbibliothek* konstatieren:

Unsre Fürsten haben fast überall angefangen, die schönsten Beyspiele der edlen Gartenkunst zu geben; einige halten es selbst der Hand, womit sie ihre Völker leiten, nicht unwürdig, auch damit zu pflanzen.[42]

Und die gartenbegeisterte Sophie Laroche bemerkt 1799:

Die Gartenkunst, welche man die prachtvolle Darstellung des Ackerbaues nennen kann, scheint mir der schicklichste und tugendhafteste Zeitvertreib der Reichen zu seyn.[43]

So ist der Schluß erlaubt, daß gerade die Gartenkunst unter den im Schema aufgeführten Gattungen (Poesie, Zeichnen, Malen, Skulptur, Musik, Tanz, Architektur, Theater) am stärksten die Liebhaberei reizte. Wegen der damit verbundenen Kostendimension blieb sie allerdings nur wenigen begüterten Personen vorbehalten, die nicht der Pflicht unterlagen, einen Beruf im handwerklichen Sinne zu erlernen.[44]

Die Schema-Eintragungen zur Gartenkunst scheinen zwar auf jede Art künstlerischer Gartentätigkeit bezogen zu sein, doch deutet ihr Sinn ausschließlich auf die Problematik in den englischen Gärten hin, was allein schon damit zu erklären ist, daß dilettierende Laien, die Gärten im französischen Stil angelegt hätten, nicht bekannt sind. Nur an einer Stelle heißt es: »Französische Gartenkunst von ihrer guten Seite, und besonders *vis-à-vis* des neuesten Geschmacks betrachtet.« Der formale Garten sollte als positives Contra gegen den englischen Stil gestellt werden! Das Schema trennt Nutzen und Schaden fürs Subjekt und fürs Ganze. Die Nutzen-Spalten sind sehr kurz: »Ideales im Realen. Streben nach Form in formlosen Massen. Wahl. Schöne Zusam-

Szenenbild von der Aufführung des Singspiels »Die Fischerin« von Goethe am 22. Juli 1782 im Park zu Tiefurt. Aquarell von Georg Melchior Kraus 1782

menstellung. Ein Bild aus der Wirklichkeit zu machen, kurz erster Eintritt in die Kunst.« Fürs Ganze liegt der Nutzen darin, daß der Garten ein »geselliges Local« biete und das »Spazierengehen« fördere, und darüber hinaus: »Eine reinliche und vollends schöne Umgebung wirkt immer wohlthätig auf die Gesellschaft.« Das scheinen recht allgemeine Vorteile unter sozialem, pädagogischem und ästhetisch-hygienischem Aspekt zu sein. Dagegen sind die Schadensfeststellungen auf eine harte Verurteilung der englischen Gartenmanie abgestellt. Ein starkes Ordnungsdenken herrscht vor, es werden klare Unterscheidungen und Gesetzhaftigkeit verlangt. Die Gartenliebhaberei ginge auf »etwas Endloses« hinaus, weil sie »in der Idee nicht bestimmt und begrenzt« sei.

Sie verewigt die herrschende *Unart der Zeit*[45], im ästhetischen unbedingt und gesetzlos seyn zu wollen und willkührlich zu phantasieren, indem sie sich nicht wie wohl andere Künste corrigieren und in der Zucht halten läßt.

Daß Kunst Gesetzen unterworfen sei, ist eine klassische Prämisse, der kein Gartengestalter widersprechen würde, da er ja nach dem Verständnis der Landschaftsgartentheorie das Gesetz von der Natur zu empfangen glaubt. Hier liegt ein Grunddilemma des Stilstreites: Wie lauten die Gesetze der Natur, und wie interpretiert man sie? Das Material der Gartenkunst ist die Natur, die sich nur dann in Zucht halten und korrigieren läßt, wenn man sie nicht mehr als göttliche »vollkommene Gärtnerin«[46] betrachtet. Auch die Ästhetik soll sich gesetzlichen Bedingungen unterwerfen, um deren Definierung die gesamte Kunstdiskussion der Klassik kreiste. Unüberhörbar ist die Kritik an der Zeit, deren Hang zum Phantastischen man dreimal anprangert: »Reales wird als ein Phantasiewerk behandelt«, die Gartenliebhaberei befördert die »sentimentale und phantastische Nullität«. Phantasieren gilt als willkürlich. Der Niveauverlust wird anhand der Staffage-Gartengebäude näher erläutert: sie »haben eine Neigung zu Kartenhaus-Architektur« und heben das Gefühl für die »solide Baukunst« auf.

Grundsätzlich tadelt man die Vermischung der Künste: »Die Gartenliebhaberey läßt sich die edlern Künste auf eine unwürdige Art dienen und macht ein Spielwerk aus ihrer soliden Bestimmung.« Man muß folgern, daß im Vergleich mit den mißbrauchten edleren Künsten (vermutlich sind Architektur, Skulptur, Musik und Poesie gemeint) die Gartenkunst eine *unedlere* sei. Sie verursacht darüber hinaus eine »Vermischung von Kunst und Natur«, denn sie »verkleinert das erhabene der Natur und hebt es auf, indem sie es nachahmt«. Wenn man sich vor Augen hält, daß in der Einführung zu den *Propyläen* die Andersartigkeit von Kunst und Natur zur Grundlage einer korrekten Kunstbetrachtung gemacht wird, so zeigen diese Sätze nur zu klar, wo der Kern all dieser Einwände liegt. Wenn es an Soliditát mangelt, betrügt man sich mit der Illusion, d. h. man verzichtet auf Objektivität. »Vorliebnehmen mit dem Schein« heißt eine Notiz. Der englische Geschmack hätte die »Basis des Nützlichen«, doch »nachgeäffter englischer Geschmack hat den Schein des Nützlichen«.

Schein, Spielwerk, Phantasterei, Gesetzlosigkeit, Willkür und Sentimentalität sind die Schlagworte in den Einwänden Goethes und Schillers gegen den sentimentalen Gartendilettantismus der Zeit.

Da es aber in Deutschland nur Landschaftsgärten von

Dilettanten Hand gegeben hat, muß man die Urteile Schillers und Goethes auf die gesamte Gartenkunst beziehen, die zu ihrer Zeit in Deutschland geübt wurde. Es sei zugleich betont, daß nicht der englische Garten in seiner idealen Zielsetzung angezweifelt wird, wenn Könner ihn gestalten. Denn kein Hinweis deutet auf eine Verurteilung der Gärten in England, wo sich derartige Beispiele hätten finden lassen. Weder Goethe noch Schiller haben England je besucht.

Wenn das Schema über den Dilettantismus ausgeführt und veröffentlicht worden wäre, hätte es einen Schlußstrich unter die ganze Gartendiskussion in Deutschland bedeutet. Zwar haben die Stellungnahmen der Romantiker eine ähnliche Stringenz, doch sind sie nicht in einer so direkten Form – quasi ex cathedra – erfolgt, wie es bei einem Propyläen-Aufsatz der Fall gewesen wäre.

Nach dieser Kritik am Gartendilettantismus darf man füglich keine eigenhändige gartenkünstlerische Tätigkeit Goethes mehr erwarten. Im Jahre 1804 schreibt er an Frau von Stein:

Hierbey [...] ein Gartenkalender, der vielleicht Ihrem Herrn Sohn in Kochberg Freude Macht. Mir dient er nicht, da ich mich für immer von der Erde im ökonomischen und ästhetischen Sinn losgesagt habe.[47]

Seine Aktivitäten konzentrieren sich ausschließlich auf die wissenschaftliche Botanik, die er mit nicht nachlassendem Interesse bis zu seinem Tode betrieben hat.[48] Diese Entwicklung spiegelt auch das *Schema zu einem Aufsatz die Pflanzenkultur im Großherzogtum Weimar darzu-*

stellen wider.[49] Auf neun Seiten umreißt Goethe rückblickend im Jahre 1822 zuerst die »ästhetische Landschaftsbildung«, die durch den Brand des herzoglichen Schlosses befördert worden war, weil man auf Quartiere in den Lustschlössern der Umgebung angewiesen war (Belvedere, Tiefurt, Ettersburg). »Der Park in Dessau, als einer der ersten und vorzüglichsten berühmt und besucht, erweckte Lust der Nacheiferung«. Durch Hirschfeld sei die »Neigung zu ästhetischen Parkanlagen« aufs höchste gesteigert worden. Die provisorischen Wohnungen hätten Anlaß zu ländlichen Festen gegeben, wo eine »heitere Einbildungs- und Erfindungskraft vereinigter Talente« sich hervorgetan habe. Damit spielt Goethe auf die Gelegenheitsdichtungen und zahlreichen Aufführungen in diesen Gartenanlagen an, z.B. auf das *Tiefurter Journal*, das »Louisenfest« in Weimar, die Inszenierungen *Jahrmarktsfest von Plundersweilern*, *Laune des Verliebten*, *Die Mitschuldigen* in Ettersburg, die *Fischerin* in Tiefurt u.a. Der Absatz schließt mit der Feststellung:

Im Ganzen ist man überall bemüht, der Örtlichkeit ihr Recht widerfahren zu lassen, sie möglichst zu benutzen und nichts gegen ihren Charakter zu verfügen.

Dies ist der Standpunkt, an dem Goethe zur Zeit der Abfassung dieser kleinen Schrift angelangt war. Ein derartiges Waltenlassen des »genius loci« entspricht der abgeklärten Haltung im Alter, nicht aber dem Gartenrausch während der siebziger und achtziger Jahre. Damals hatte man keineswegs immer dem Orte sein genuines Recht gelassen, sondern man hat Felsen und Grotten angelegt, Ruinen gebaut und Tempel errichtet, wo ursprünglich nichts dergleichen bestanden hatte.

Der weitaus größere zweite Teil der Abhandlung ist dem botanischen Gartenbau im Lande gewidmet, vor allem den botanischen Gärten in Belvedere und Jena (begonnen um 1785 bzw. 1799). Es bleibt kein Zweifel, wo der Schwerpunkt von Goethes Interesse nun liegt. »Die Kunstliebhaber sind zugleich Botanophilen«, notiert er am 19. September 1828 in Dornburg. Geradezu wie eine Absage an den Landschaftsgarten klingt eine Äußerung zu Kanzler von Müller anläßlich einer Spazierfahrt nach Belvedere am 15. Juni 1825:

Lob der frühern französischen Gartenformen, wenigstens für grose Schlösser: Die geräumigen Berceaux, Quinconces, lassen doch eine zahlreiche Gesellschaft sich anständig entwickeln und vereinen, während Man in unseren Englischen Anlagen, die ich *Naturspäßige* nennen möchte, allerwärts an einander stößt, sich hemmt oder verliert.[50]

Es ist das Urteil der Romantiker, wie es etwa Tieck und Schlegel vertreten. Bei Goethe hat es einen versöhnlichen Unterton. Der Spaß am Landschaftsgarten wird betont, wenn auch die Haltung der Menschen darin nicht so ganz würdig sein mag. In den Annalen für das Jahr 1801, die um 1822 abgefaßt wurden, erinnert sich Goethe an einen buschigen Abhang auf seinem Gut Roßla, der seine »alte Parkspielerei zu geschlängelten Wegen« hervorgerufen habe.[51] Selbst Hirschfeld findet noch einmal Erwähnung in einer Tagebuchnotiz vom 14. Januar 1831:

Ich besah für mich Menzels architektonische Hefte und bedauerte, daß er nicht in die friedliche Zeit von Hirschfeld und andern Gartenfreunden gekommen sey, wo ein tiefer Friede den Menschen Mittel und Muße gab, mit ihrer Umgebung zu spielen.[52]

Die englischen Gärten wecken in ihm nur noch eine wehmütige Erinnerung an die Spiele und Späße seiner Jugendzeit.

Park und Garten in Goethes Roman »Die Wahlverwandtschaften«

Goethe hat in diesem Roman Erlebnisse und Erfahrungen seines Lebens, die sich auf Umgestaltungen der Naturlandschaft zur Garten- oder Parkform beziehen, in komprimierter Weise verwendet und zu einem tragenden Motivgeflecht verwoben. Die häufiger diskutierte Frage, ob hier ein realer Park als Vorbild zugrunde liegt, läßt sich grundsätzlich verneinen. Goethe selbst äußert zu Eckermann[1], in den *Wahlverwandtschaften*, sei »kein Strich enthalten, der nicht erlebt, aber auch kein Strich so, wie er erlebt worden«. Und Wilhelm von Humboldt konstatierte nach einem Gespräch mit Goethe, »daß sehr viel Reminiszenzen in dem Roman aus dem wirklichen Leben angebracht sind«[2]. Darunter befinden sich so viele Bilder und Ereignisse, die in Goethes »Gartenleben« Parallelen haben, daß man den Schluß ziehen darf, Goethe habe diesen Garten aus dem reichen Schatz seiner Erinnerungen selbständig entworfen.[3] Er hat damit ein Modell geschaffen, das sich mit Entwürfen englischer Landschaftsgärtner vom Range Lancelot Browns oder Humphrey Reptons vergleichen läßt.

Wie alle Details gewinnt auch das Gartenmotiv erst im Verlauf des Romanganzen sein volles Gewicht. Ein großer Teil der Handlung findet im Freien statt, das bedeutet hier: im kunstvoll gestalteten oder zu gestaltenden Naturraum. Vier Personen prägen das Geschehen: Eduard, der Hauptmann, Charlotte und Ottilie. Ihre Charaktere und Konstellationen verdeutlichen sich in der Naturumgebung, wobei aktives Einwirken auf die Landschaft wie passive Beeinflussung durch die Landschaft ineinandergreifen. Keine Einzelheit ist beiläufig. »Bezüge sind das Leben«[4] gerade dieser Dichtung.

Wie in keiner anderen poetischen Behandlung des Gartenmotivs spielt das praktisch-gestaltende Moment eine große Rolle. Vor den Augen der Leser wächst ein Park im klassischen Landschaftsgartenstil heran, während Restbestände des regelmäßigen Gartens und Verirrungen im sentimentalen, »naturspäßigen«[5] Stil als Korrektiv und zur Abrundung mitwirken.

Kartierung

Es ist oft festgestellt worden, wie klar und detailliert die Parklandschaft der »Wahlverwandtschaften« geschildert ist. Auch geht von der Kartierungstätigkeit des Hauptmanns eine Suggestion von Genauigkeit aus, die sich auf die landschaftlichen Gegenstände überträgt. Der Leser »weiß« von da an, daß alle neuen Anlagen auf einer korrekten Vermessung beruhen, und ihre exakte Beschreibung erscheint infolgedessen ganz natürlich. Benno von Wiese hält es für ein leichtes, einen Plan danach zu skizzieren[6], und Hermann Bitzer schließt aus einer Tagebuchnotiz Riemers (»Den Park aus den Wahlverwandtschaften entworfen«[7]), daß Goethe gemeinsam mit Riemer einen Lageplan gezeichnet habe, nach dem er vorging.[8] Letzteres bleibt Spekulation, da kein derartiger Plan und auch keine weitere Nachricht darüber bekannt ist.

Der beiliegende Versuch eines Kartenentwurfes auf Grund des Textes bestätigt die große Genauigkeit von Goethes Beschreibung. Winkel- und Längengenauigkeit bleiben dabei notwendigerweise relativ, da ja keine Maße angegeben sind und die Lage der Dinge zueinander nur aus Hinweisen wie rechts, links, ober-, unterhalb usw. hervorgeht. Für die Schätzung des Maßstabes gibt es einen knappen Anhalt. Der große Rundweg vom Schlosse zur Brücke an der Mühle und zurück, den die Gesellschaft zum Rückgrat des Parkes macht, ist »wohlgebahnt« (S. 293)[9] in einer Stunde zurückzulegen. Das ergibt bei einer Wandergeschwindigkeit von etwa drei Kilometern pro Stunde eine Längenerstrekkung des Besitztums von höchstens zwei Kilometern. Verfolgt man nun die Konsequenz, mit der Goethe den Handlungsraum schildert, so ergeben sich keine Brüche – mit einer Ausnahme. Der große Spaziergang beginnt »durch die Schloßpforte des rechten Flügels hinunter nach dem Gasthofe, über die Brücke gegen die Teiche zu« (S. 291). Der Weg vom rechten Flügel zum Dorf hinab aber führt nicht zum Gasthofe, und es ist auch nicht notwendig, die Brücke zu überqueren, da man auf der Schloßseite des Baches weiterwandert. Hat Goethe jedoch rechts und links der Schloßflügel vertauscht, dann muß die Gesellschaft erst über den Steg, durch das Dorf, am Gasthaus vorbei und auf der Brücke wieder über den Bach, ein komplizierter Umweg, auf den nichts hinweist. Wenn es Goethes Absicht war, mit Hilfe einer Planskizze Widersprüche zu vermeiden, dann hat er sich dieses eine Mal nicht daran gehalten oder er arbeitete gar nicht nach Plan.[10]

Der Park in Goethes Roman »Die Wahlverwandtschaften«
Maßstab cà 1:10000 (10 cm entsprechen etwa 1 km)

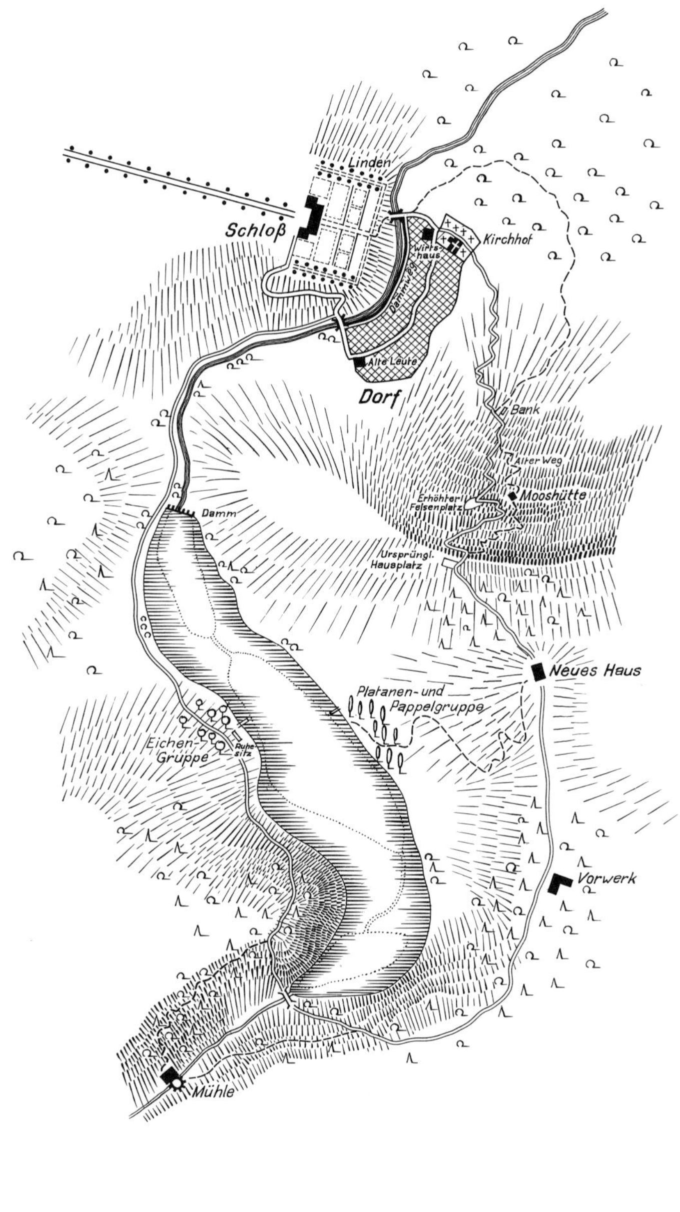

Der regelmäßige Garten

Der erste Satz des Romans führt den Leser bereits in den alten Schloßgarten, wo Eduard in der Baumschule beschäftigt ist. Er setzt Pfropfreiser; eine Tätigkeit, die zum Nutzgarten gehört, es sei denn, man betreibt sie

Anweisungen zum Pfropfen nebst dem Gerät dazu in Georg Andreas Böcklers »Nützliche Hauß- und Feldschule...«. Nürnberg 1633

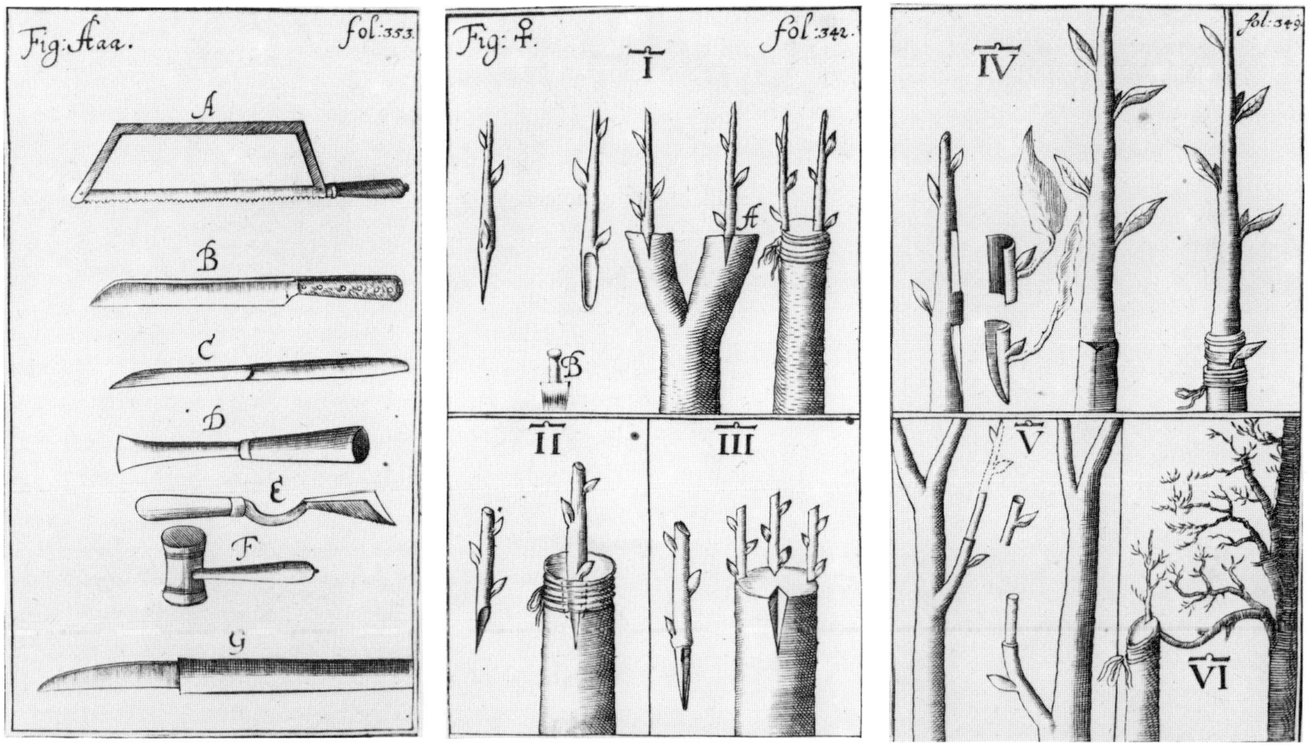

zum Zeitvertreib oder aus wissenschaftlicher Neugierde. Die Beweggründe sind hier nicht deutlich.
Daß die Gerätschaften dazu im Futteral aufbewahrt werden, zeigt die Sorgfalt an, mit der Eduard verfährt; eine Sorgfalt, die bei der Arbeit im strengen Gartenstil unbedingt notwendig war.[11] Aus der Sicht des Gärtners handelt es sich um »teilnehmenden« (S. 242) Fleiß seines Herrn, der dadurch die Arbeit des Gärtners herrschaftlich aufwertet.
Im Herbst, wenn die okulierten Reiser gekommen sind, klingt in den Worten des Gärtners bereits leichte Resignation an: »Man pfropft und erzieht und endlich, wenn sie Früchte tragen, so ist es nicht der Mühe wert, daß solche Bäume im Garten stehen«. (S. 350) Das kann sich auf die mindere Qualität des okulierten Obstes oder auf die Abwesenheit des Barons beziehen, der seinen Erfolg nicht miterleben kann, wahrscheinlich aber ist es auch ein Ausdruck der Erkenntnis, daß die neue Mode des Landschaftsgartens völlig andere Ziele verfolgt und andere Gewächse bevorzugt. Dafür spricht

eine spätere Äußerung: »Was die Herrschaft voriges Jahr zu verschreiben angefangen, hielt er um so mehr für unnützen Aufwand und Verschwendung, als er gar manche kostbare Pflanze ausgehen sah.« (S. 424) Kostbar ist im Sinne von nutzbringend zu verstehen.

Der alte Schloßgarten breitet sich um das Schloßgebäude herum aus. Er zeigt zum Dorfe hinab »Terrassen«, wie sie dem architektonischen Garten eigentümlich sind, ferner »Gewächshäuser und Treibebeete« (S. 242), die offenbar die unteren Terrassen einnehmen und der Nutzgartenpraxis zugehören. Weiterhin werden hohe »Lindenalleen« und »regelmäßige Anlagen« (S. 417) angeführt. Hier ist zu Beginn des Romans Eduards Domäne. Er selbst betont es anläßlich der Frage, ob man den Hauptmann einladen solle: »Was ich im Garten leiste, du im Park, soll das nur für Einsiedler getan sein?« (S. 247) Nur Eduards Teil der Anlagen wird Garten genannt, alle anderen Bereiche heißen Park oder neue Anlagen. Eduards und Ottiliens Seelenbindung ist auf das zarteste betont und unterstützt durch die Schilderung der allmählichen Annäherung Ottiliens an seine Blumengärten. Es beginnt mit der Feststellung, daß Ottilie im »Baum- und Blumengarten Bescheid« weiß. (S. 289) Nach Eduards Abreise hört sie gern dem alten Gärtner zu:

Bei dem übrigen Obste, das für den Herbst eine so reichliche Ernte versprach, gedachte der Gärtner beständig des Herrn und niemals, ohne ihn herbeizuwünschen.

Ottilie kann sich »von diesen Rabatten und Beeten nicht trennen. Was sie zusammen zum Teil gesäet, alles gepflanzt hatten, stand nun im völligen Flor«. (S. 350) Luciane spottet, als sie hört, »wie sehr sich Ottilie der Gärten und der Treibhäuser annehme« (S. 388) und plündert mutwillig die Beete für den verschwenderischen Schmuck des Hauses.

Im folgenden Frühjahr wird Ottiliens Bemühen um den Garten erneut belohnt: »alles keimte, grünte und blühte zur rechten Zeit« (S. 423) und

Indem nun die Pflanzen immer mehr Wurzel schlugen und Zweige trieben, fühlte sich auch Ottilie immer mehr an diese Räume gefesselt [...]. Daß alles, was Eduarden besonders lieb war, auch ihre Sorgfalt am stärksten an sich zog, läßt sich denken. (S. 424 f.)

Täglich besucht sie den Gärtner im Schloßgarten.

Der nächste Herbst sieht die aus Schuldgefühl verstummte Ottilie im Blumengarten vor den Astern stehen (S. 480), jenen Blumen, die auf der Bahre ihr Haupt schmücken werden.

Man kleidet den holden Körper in jenen Schmuck, den sie sich selbst vorbereitet hatte; [...] Die Bahre, die Kirche, die Kapelle zu schmükken, wurden alle Gärten ihres Schmucks beraubt. Sie lagen verödet, als wenn bereits der Winter alle Freude aus den Beeten weggetilgt hätte. (S. 485)

Die Sinnbezüge sind eindeutig genug. Mit Ottilie verschwindet auch die Pracht von Eduards Gärten, und er selbst folgt bald nach.

Die Aktualität aller Tätigkeit und alles Geschaffenen in dem ererbten und im strengen Stile weitergeführten Gartenteil wird schon vorher in Frage gestellt durch den zu Besuch weilenden Gehilfen, der

durch den großen alten Schloßgarten gegangen war und die hohen Lindenalleen, die regelmäßigen Anlagen, die sich von Eduards Vater herschrieben, bewundert hatte. Sie waren vortrefflich gediehen in dem Sinne desjenigen, der sie pflanzte, und nun, da sie erst anerkannt und genossen werden sollten, sprach niemand mehr von ihnen; man besuchte sie kaum und hatte Liebhaberei und Aufwand gegen eine andere Seite hin ins Freie und Weite gerichtet. (S. 417)

Der sentimentale Garten

Charlotte, Initiatorin dieser neuen Gartenrichtung auf dem Schloßgute, hat, unabhängig vom alten Schloßgarten, jenseits von Bach und Dorf einen begrünten Felshang durch Wege, Treppchen, Ruhesitze und eine Mooshütte zu einem kleinen Landschaftspark im empfindsamen Stil umgestaltet. Es sind die »neuen Anlagen« (S. 242).

Die Aussicht durch Tür und Fenster der Mooshütte auf »die verschiedenen Bilder, welche die Landschaft gleichsam im Rahmen« zeigen (S. 243), verweist auf die pittoresken Anregungen, die die Landschaftsgärtnerei von den Landschaftsmalern übernommen hatte. Der Mooshütte kommt dabei die Funktion des früheren Belvedere zu, von dessen Höhe sich eine Abfolge kalkulierter Veduten darbietet. Derlei Landschaftsansichten haben die Maler der Zeit sehr bewußt komponiert und mit Staffageobjekten wie Gebäuden, Menschen und Tieren »ästhetisch« verbrämt.[12]

Die Mooshütte wirkt im Roman wie eine Signatur zur Charakterisierung von Situationen an Angelpunkten der Handlung. Sie ist von Charlotte für sich und Eduard geplant, die diese Zweisamkeit nun in später Erfüllung ihrer Jugendwünsche genießen könnten. Eduard findet sie zu enge und signalisiert damit bereits die erste Störung ihrer Einstimmigkeit. Die Zweisamkeit genügt ihm nicht. Er denkt an den Hauptmann, den er einladen möchte, und an größere Gesellschaft. Nur zögernd stimmt Charlotte zu, wenn sie dann auch noch »ein Viertes« (S. 243) gelten lassen würde. Zur Ankunft des Hauptmanns ist die Mooshütte »auf das lustigste ausgeschmückt« (S. 258) mit künstlichen Blumen und Feldfrüchten. Charlotte erklärt, daß sie den Ankunftstag, der mit dem Namenstag beider Männer zusammenfällt, zum Anlaß eines dreifachen Festes nahm.

Familienfeste wurden gern in Gartenanlagen begangen. Der Erinnerungszweck als historistisches Element des Gartens ist damit angesprochen. Geburtstags- oder Namenstagsfeiern wurden mit Vorliebe ins Freie verlegt. Goethe hat selbst in seinen Jugendjahren den Namenstagsjux zu Ehren Herzogin Luises im Weimarer Borkenhäuschen mitgestaltet[13], und er kannte den Tempel für »Moritz und die ländlichen Freuden« im Park zu Seifersdorf, den Tina von Brühl zur Geburtstagsfeier ihres Mannes hatte errichten lassen.[14]

Die musikalische Untermalung, die im Landschaftsgarten so zufällig (Jagdklänge) oder so naturhaft (Äolsharfen, Wasserräder) wie möglich sein mußte, ist hier durch Waldhörner, die vom Schloß herüberklingen, geboten.

Zum Zufluchtsort wählt Charlotte die Mooshütte, als sie von der drohenden Abreise des Hauptmanns erfährt. Jäh wird ihr die Zuneigung bewußt, die sie für ihn empfindet:

> [N]un warf sie sich in den engen Raum der kleinen Einsiedelei und überließ sich ganz einem Schmerz, einer Leidenschaft, einer Verzweiflung, von deren Möglichkeit sie wenig Augenblicke vorher auch nicht die leiseste Ahnung gehabt hatte. (S. 314)

Symbolhaft ist ihre Geste, wenn sie die Mooshütte erstmals mit ihrem Kinde betritt:

> [I]ndem sie dieses auf den kleinen Tisch als auf einen häuslichen Altar niederlegt und noch zwei Plätze leer sieht, gedenkt sie der vorigen Zeiten, und eine neue Hoffnung für sie und Ottilien dringt hervor. (S. 427)

Für Eduard ist die neue Gartenanlage seiner Frau kein

Endpunkt. Er will gleich beim ersten Besuch des Hauptmanns weiter hinaus, »damit er nicht glaube, dieses beschränkte Tal nur sei unser Erbgut und Aufenthalt«. (S. 259) Die Beschränkung in Ausmaß und Absicht zumindest der empfindsamen Anlagen aber ist Charlotten zuzuschreiben. Darüber wird nun hinausgeschritten. Man bezieht das ganze Besitztum in die Überlegungen ein. Die Männer gelangen zur Erkenntnis, daß der Park um die Mooshütte nicht so recht ihre Billigung habe. »Gesteh mir aufrichtig, sagte Eduard, du bist mit ihren Anlagen nicht zufrieden.« Darauf der Hauptmann:

> Wenn die Ausführung den Gedanken erschöpfte, der sehr gut ist, so wäre nichts zu erinnern. Sie hat sich mühsam durch das Gestein hinaufgequält und quält nun jeden, wenn du willst, den sie hinaufführt. Weder nebeneinander noch hintereinander schreitet man mit einer gewissen Freiheit. Der Takt des Schrittes wird jeden Augenblick unterbrochen; und was ließe sich nicht noch alles einwenden! (S. 261 f.)

Man bemängelt vor allem die Kleinlichkeit der Ausführung, das Fehlen der Harmonie und den gestörten Rhythmus. Nicht der Gegenstand wird angezweifelt. Goethe gibt hier ein anschauliches Beispiel von Dilettantismus, wie es der Konzeption im *Schema über den Dilettantismus*[15] entspricht. Von der Gartendilettantin Charlotte heißt es:

> Es ist ihr wie allen denen, die sich nur aus Liebhaberey mit solchen Dingen beschäftigen, mehr daran gelegen, daß sie etwas tue, als daß etwas getan werde. Man tastet an der Natur, man hat Vorliebe für dieses oder jenes Plätzchen; man wagt nicht, dieses oder jenes Hindernis wegzuräumen, man ist nicht kühn genug, etwas aufzuopfern; [...] man probiert, es gerät, es mißrät, man verändert, verändert vielleicht, was man lassen sollte, läßt, was man verändern sollte, und so bleibt es zuletzt immer ein Stückwerk, das gefällt und anregt, aber nicht befriedigt. (S. 261)[16]

Für Charlotte ist solcher »Tadel ihrer Parkanlagen« (S. 262) verletzend. Sie muß seine Berechtigung einsehen, doch

> selbst das Getadelte war ihr in jedem einzelnen Teile lieb; [...] sie verteidigte ihre kleine Schöpfung, sie schalt auf die Männer, die gleich ins Weite und Große gingen, aus einem Scherz, aus einer Unterhaltung gleich ein Werk machen wollten (S. 262 f.).

Sie ist verunsichert und stellt ihre Gartenarbeit abrupt ein.

Der Kirchhof

Neben Felswand, Treppchen und Mooshütte tritt ein weiterer Teil des Gartens, der dem empfindsamen Stil zugerechnet werden kann und der von Charlotte gestaltet wird: es ist der Friedhof des Dorfes. Er vertritt den Aspekt des Religiösen, der in keinem Landschaftsgarten fehlen darf, er sei christlich oder antik, islamisch (wie in Schwetzingen) oder jüdisch (wie in Wörlitz) – immer getragen vom Geiste der Liberalität.

Der Kirchhof wird auf natürliche Weise in das Gartenprogramm einbezogen, indem der kürzeste Weg vom Schlosse zur Mooshütte am Dorf vorbei durch die Begräbnisstätte führt. Alles Notwendige für eine stimmungsgemäße Einfügung ist vorhanden. »Diese Kirche stand seit mehrern Jahrhunderten, nach deutscher Art und Kunst in guten Maßen errichtet und auf eine glückliche Weise verziert.« (S. 366) Der Kirchhof dagegen scheint nicht so gut in Stand gewesen zu sein. Eduard jedenfalls mied ihn bisher. Nun von Charlotte in Pflege genommen, wird es ein »angenehmer Raum [...], auf dem das Auge und die Einbildungskraft gerne« (S. 254) verweilen, und »statt der holprigen Grabstätten« sieht man »einen schönen, bunten Teppich vor sich«. (S. 361) Die Grabsteine sind »an der Mauer aufgerichtet, eingefügt oder sonst angebracht; der hohe Sockel der Kirche selbst war damit vermannigfaltigt und geziert«. (S. 254) Die Fläche des Kirchhofes rechts und links vom Pfade zeigt nun verschiedene Arten Klee, »der auf das schönste grünte und blühte«. Das Bild vervollständigen alte Linden, unter denen der betagte Geistliche »gleich Philemon, mit seiner Baucis vor der Hintertüre« (S. 361) ausruhen kann. Mit dieser Idylle ist auch das Einsiedler-Motiv angesprochen.

Die Begräbnisstätte oder der Gottesacker, wie man im 18. Jh. noch bildhaft sagt, wird, solcherart verschönt, zu einem Träger verschiedener Sensibilitäts-Stimulantien. Es heißt, Charlotte habe »hier für das Gefühl gesorgt«. (S. 254) »Eduard fühlte sich sonderbar überrascht, wie er durch die kleine Pforte hereintrat: er drückte Charlotten die Hand, und im Auge stand ihm eine Träne«. (S. 254) Er bewundert an dem »ernsthaften Orte«, »wie schön Charlotte diese Trauer ausgeschmückt hat!« (S. 254) Als Folge der Verschönerung und »Verzierung« (S. 365) stellt sich das Gefühl der »Erheiterung« (S. 365) ein. Für den Kirchgänger ergibt das ganze Ensemble eine »heitere und würdige Ansicht«. (S. 361)

Die Diskrepanz zwischen der Staffagehaftigkeit solcher Verschönerungen und dem Begräbniszweck des Kirchhofes wird mit der Diskussion um die Grabmonumente bewußt gemacht. Es stellt sich für alle Gartengestalter des 18. Jhs. die wichtige Frage nach Wert und Wirkung von Grabmal einerseits und Denkmal andererseits. Im Grunde ist damit wieder der Streit um Original und Staffage aufgeworfen. So wie im Park historische Gebäude, Denkmäler, Kirchen, Dörfer und sensationelle Naturformen simuliert werden und damit nur Symbol für etwas Wesentliches sind, so erscheinen nun auch die Monumente der Verstorbenen nur noch stellvertretend für das eigentliche Grab.

Charlotte hat durch neue Aufstellung der Grabsteine und Einebnung der Grabhügel die Trennung zwischen Monument und Grab vollzogen. Obwohl sie »auch dem ältesten Stein [...] seine Ehre« gönnt und die Denkmäler »mit möglichster Schonung« (S. 254) behandelt, trifft sie auf die Mißbilligung mancher Gemeindemitglieder, denen das »Wer« des Denkmals nicht genügt, die das »Wo« ihres verstorbenen Vorfahren für wichtiger halten. Der junge Anwalt als Vertreter dieser Partei argumentiert, daß es nicht der Stein sei, »sondern das darunter Enthaltene,« das uns anzieht.

> Es ist nicht sowohl vom Andenken die Rede als von der Person selbst, nicht von der Erinnerung, sondern von der Gegenwart. Ein geliebtes Abgeschiedenes umarme ich weit eher und inniger im Grabhügel als im Denkmal, denn dieses ist für sich eigentlich nur wenig. (S. 362)

Dem Verteidiger des Originalgrabes setzt Charlotte entgegen: »Das reine Gefühl einer endlichen, allgemeinen Gleichheit, wenigstens nach dem Tode, scheint mir beruhigender als dieses eigensinnige, starre Fortsetzen unserer Persönlichkeiten«. (S. 363) Der Architekt, nach seiner Meinung befragt, schließt sich Charlotte an. Er sieht in ihrem Verfahren eine Art von sozialem Ausgleich. Da die meisten Menschen weder Geld noch Macht genug besitzen, um sich große Sarkophage oder Grabstätten im Kirchenraum zu leisten, sondern »ins Freie gewiesen sind«, sei es besser, sie als Glieder einer Gemeinde nebeneinander ruhen zu lassen. »[D]ie zufällig entstandenen, nach und nach zusammensinkenden Hügel« könne man einebnen und damit »die Decke, indem alle sie tragen, einem jeden leichter« (S. 363) machen. Der Kunst käme die Aufgabe zu, für ihr Andenken zu sorgen. Eine »Dauer des Daseins« (S. 364) gewährt allein die Hand des Künstlers. Die Idee triumphiert im Monument über die Substanz, die Erinnerung über die Gegenwärtigkeit der Menschenasche. Es ist bezeichnend, daß Charlottens einzige Bedenken die künstlerische Qualität betreffen. Sie kennt statt der »tausenderlei Formen« und »Zieraten«, die der Architekt propagiert, bisher nur »tausenderlei Wiederholungen«, kleinliche Obelisken, abgestutzte Säulen und Aschenkrüge. Diesen zugegebenen Mißstand (»bei uns, aber nicht überall«) glaubt der Architekt mit dem Hinweis auf »Entwürfe zu Monumenten aller Art« (S. 364) entkräften zu können, deren er viele gesammelt hat.[17]

Geradezu pervertiert ist der Denkmalsgedanke im gespielten Tableau Lucianes (S. 380 f.), wenn sie die um Mann und Bruder trauernde Königin Artemisia nebst Aschenkrug im Schauspiel darstellt und den Architekten zwingt, vor aller Augen ein Mausolus-Grab zu skizzieren. Sie will es mit der Urne gekrönt sehen, die stilistisch keineswegs zu der gelungenen Zeichnung paßt. Nirgends dienen Motive aus dem Parkbereich so deutlich dem oberflächlichen Vergnügen.

In welcher Form auch immer, die Beschäftigung mit diesen Dingen lenkt den Sinn auf die Vergangenheit, in die man sich gerne zurückversetzt. Eine Tendenz, die auch bei der Einbeziehung von Kirche und Kapelle in die Verzierungstätigkeit wirksam ist. Die Kirche soll mit dem »Auferstehungsfelde«, d. h. dem Friedhof, in »Übereinstimmung« gebracht werden. Man will »das Äußere sowohl als das Innere im altertümlichen Sinne« wiederherstellen und besonders die Kapelle zu einem »Denkmal voriger Zeiten« (S. 366) machen.[18] Es soll möglichst getreu restauriert werden, und so beschäftigt man sich eingehendst mit Entwürfen und Nachbildungen von Gefäßen, Grabmonumenten, Skizzen mittelalterlicher Malereien, ältesten Holzschnitten und Kupferstichen, die der Architekt mit sich führt wie ein Spezialist für den Totenkult.

»Alle diese Dinge richteten die Einbildungskraft gegen die ältere Zeit hin«. Die Kirche wuchs »gleichsam der Vergangenheit« entgegen. Es entsteht allmählich eine solche Vergangenheits-Suggestion, daß sich die Menschen fragen, ob sie »denn wirklich in der neueren Zeit« lebten, oder »ob es nicht ein Traum sei, daß man nunmehr in ganz andern Sitten, Gewohnheiten, Lebensweisen und Überzeugungen verweile«. (S. 367) Die Welt in den alten Bildern erscheint ihnen wie der Blick »nach einem verschwundenen goldenen Zeitalter, nach einem verlorenen Paradiese hin«. (S. 368)

Diese Zeitverlorenheit aber ist nicht nur vordergründig gesehen, sie wird auch als schuldhaft empfunden. Charlotte weiß, daß eine Fixierung auf Vergangenes der lebendigen Gegenwart nicht gerecht wird. Sie fürchtet den stillen Vorwurf, der von den Portraits auf Monumenten ausgeht und der sie an die eigenen Versäumnisse zu Lebzeiten der Verstorbenen mahnt. Die Denkmäler »deuten auf etwas Entferntes, Abgeschiedenes und erinnern mich, wie schwer es sei, die Gegenwart recht zu ehren«. (S. 365)

Ein weiterer Aspekt dieser kritischen Sicht wird in Ottiliens Tagebuch geäußert. Es ist die Überlegung, daß die Erinnerung an den Verstorbenen weder durch Monumente aus härtestem Material noch durch Gebäude großen Ausmaßes für alle Ewigkeit gesichert werden kann. Denn Grabsteine verwittern oder werden abgetreten, und ihre Inschriften verschwinden. Grabkirchen verfallen zu Ruinen. Mit derartigen Mitteln läßt sich das »zweite Dasein« nicht erzwingen. Resignation über die Vergeblichkeit allen menschlichen Mühens klingt aus den abschließenden Worten dieser Betrachtung: »Wie über die Menschen, so auch über die Denkmäler läßt sich die Zeit ihr Recht nicht nehmen.« (S. 370)

Der Widerspruch zwischen dem Bedürfnis nach Denkmälern und dem Wissen um ihre Vergänglichkeit wird empfunden, bleibt aber bestehen. Die Ausmalung der Kapelle, an der Ottilie mitarbeitet und deren Himmelsgestalten alle ihr Abbild zeigen, mündet in eine gartengemäße Dekoration der Wände mit Blumen und Fruchtgehängen, die »Himmel und Erde gleichsam zusammenknüpfen« sollen. »Die Gärten lieferten die schönsten Muster«. (S. 372)

Mit der Ausmalung des Kapellenraumes wird der Architekt betraut. Obwohl er auf diesem Gebiete Laie ist, zweifeln die Beteiligten nicht an der Qualität und Ernsthaftigkeit seiner Arbeit. Diese Tatsache unterstreicht das positive Verhältnis der Gesellschaft zum Dilettantismus.

Die Bestimmung des Ortes bleibt nicht im Unklaren. Da er nicht nur eine »Künstlergrille« sein soll, scheint er allein zu einer »gemeinsamen Grabstätte geeignet«. (S. 374) Eine Grabstätte freilich, die Bewohner des Parkes aufnehmen wird.

Lebendige Staffage

Zum Typus des empfindsamen Gartens gehörte auch die Belebung durch Menschen, die der Stimmung der Landschaft angepaßt sein mußten und entsprechend gekleidet wurden. Bevorzugte Modelle waren bukolische Figuren, voran Schäfer und Schäferinnen, Kuhhirten, aber auch Eremiten. Solch extreme Maskerade gibt es in den *Wahlverwandtschaften* nicht, doch klingt das Motiv an in Charlottes Gartensäuberungstruppe, die sich aus den Buben des Dorfes rekrutiert. Bevor sie eingesetzt werden, um den »weitläufig gewordenen Park immer rein zu erhalten«, versieht man die Knaben mit einer »Art von heiterer Montierung«, die sie aber erst anlegen dürfen, »nachdem sie sich durchaus gereinigt und gesäubert« (S. 349) haben. In ihren »reinlichen Uniformen, mit gesetzlichen Bewegungen« werden diese »Gartenknaben«, die Charlotte »ihre« (S. 407) nennt, zur Gartenarbeit abgerichtet.

Man fand an ihnen eine bequeme Dressur, und sie verrichteten ihr Geschäft nicht ohne eine Art von Manöver. Gewiß, wenn sie mit ihren Scharreisen, gestielten Messerklingen, Rechen, kleinen Spaten und Hacken und wedelartigen Besen einherzogen, wenn andre mit Körben hinterdrein kamen, um Unkraut und Steine beiseitezuschaffen, andre das hohe, große eiserne Walzenrad hinter sich herzogen, so gab es einen hübschen, erfreulichen Aufzug, in welchem der Architekt eine artige Folge von Stellungen und Tätigkeiten für den Fries eines Gartenhauses sich anmerkte. (S. 349)

Das geschilderte Bild erinnert an antike Puttenfriese, in denen Handwerk und Arbeit spielerisch unernst betrieben werden,[19] oder an Gartenstiche aus der Zeit des französischen wie englischen Gartens, in denen die Gärtnergestalten als belebende Staffagefiguren das Bild abrunden. Die Verwendung strategischer Vokabeln für die kleine Truppe ist in den Zeiten der Napoleonischen Kriege[20] wohl nicht ungewöhnlich, welche Bedeutung man dieser Tatsache auch immer zumessen mag. Der Gehilfe hat dafür eine pädagogische Norm: Männer sollten »von Jugend auf Uniform tragen«, da sie ja »in Masse zu gehorchen und ins Ganze zu arbeiten« gewöhnt werden sollen. »Auch befördert jede Art von Uniform einen militärischen Sinn sowie ein knapperes, strackeres Betragen, und alle Knaben sind ja ohnehin geborne Soldaten«. (S. 409) Ottilie erblickt darin nur ein rekrutiertes Empfangskomitee, »eine Art von Parade« (S. 349) für die ersehnte Rückkehr des Hausherren. So sieht jeder in der kleinen Truppe nur das, was er sehen will. Charlotte gibt sich durch diese Putzaktionen wiederum als Dilettantin zu erkennen, gemäß Goethes Definition im *Schema über den Dilettantismus*:

> Man wird finden, daß der Dilettant zuletzt vorzüglich auf Reinlichkeit ausgeht, welches die Vollendung des Vorhandenen ist, wodurch eine Täuschung entsteht, als wenn das Vorhandne zu existiren werth sey; eben so ist es mit der Accuratesse und mit allen letzten Bedingungen der Form, welche eben so gut die Unform begleiten können.[21]

Charlottes Tätigkeit im Park entspricht also in allen ihren Zügen den Motivationen des empfindsamen Gartenstils. In dieser Stilrichtung bewegten sich auch alle Gartenversuche der Epoche, die dem Vorwurf des Dilettantismus ausgesetzt waren.

Klassischer Landschaftspark

Der nächste Schritt, die Gestaltung der weiteren Naturumgebung zum klassischen Landschaftsgarten, wird in den Grundlinien durch den dritten Partner, durch den Hauptmann angeregt und konzipiert. Mit strategischem Geschick erkennt er die großen Möglichkeiten des Gutsareals und fordert eine kartographische Vermessung als Grundlage jeder weiteren Planung und Anlage, »die man nach einer solchen Übersicht viel besser zustande bringe, als wenn man nur einzeln, nach zufälligen Eindrücken, an der Natur herumversuche.« (S. 261) Auch er hat »die nötige Gerätschaft« (S. 260) für diese Arbeit bei sich, die er fachgerecht durchführt.

Nach der Kartierung wird die »Gutsbeschreibung« (S. 266) als Voraussetzung einer ökonomisch richtigen Arbeitsweise vorgenommen. Auch späterhin gilt immer wieder des Hauptmanns Wort, wo es um Planung, Regelung und Bauausführung geht.

So ist die Ausgangskonstellation der Hauptfiguren vom Gartengesichtspunkt her festgelegt. Eduard und Ottilie im Blumen- und Baumgarten, Charlotte im sentimentalen Park, der Hauptmann im technischen Bereich mit dem großen Überblick. Im Gespräch und auf Spaziergängen, deren fünfundzwanzig im Verlauf der Romanhandlung unternommen oder erwähnt werden, formulieren sie und formen zugleich den weiteren Parkcharakter ihres Gutsbesitzes. Doch beschränken sie sich nun nicht mehr auf ihre eigene Domäne, sondern wirken zusammen mit dem Ziel des von Goethe so oft beschworenen lebendigen »Ganzen«, wobei die Schwerpunkte des einzelnen Beitrages natürlich verschieden bleiben.

Anregungen holt man sich aus englischen Parkbeschreibungen, die Eduard herbeibringt. Es sind darin Grundriß und Naturzustand von Gegenden zu sehen, die später zu Parks umgestaltet wurden, und man findet

»auf andern Blättern die Veränderung vorgestellt [...], welche die Kunst daran vorgenommen, um alles das bestehende Gute zu nutzen und zu steigern«. (S. 288)[22]
Damit weist Goethe auf die Verfahrensweise hin, der er selbst im Romanaufbau folgt. Erst Beschreibung der Naturlandschaft mit den Augen der handelnden Personen, dann die bewußten Umgestaltungen im Sinne einer Verschönerung und ästhetischen Nutzbarmachung. Er läßt die Menschen aber nicht nüchtern und nach festgelegtem Plan vorgehen, wie man annehmen könnte. Der Plan bleibt nur stützende Grundlage, die Ideen kommen im direkten Kontakt mit dem Objekt – gelenkt von Eindruck und Empfindung. Auch das spielerische Element soll die Ungezwungenheit des Verfahrens betonen: »Man muß es erst problematisch und nur wie zum Scherz behandeln; der Ernst wird sich schon finden.« (S. 287)
Konkreter Ausgangspunkt der großen Parkerweiterung ist wieder ein gemeinsamer Spaziergang aller vier Hauptpersonen, der jedoch ohne Absicht und Lenkung, nur der Stimmung, Laune und Neugier folgend, zu jenem großen Rundcours gerät, den die Personen erst im nachhinein in die Parklandschaft einbezogen sehen möchten. (S. 291 ff.)
Der Weg führt vom Schloß hinab zu den Teichen und an diesen entlang, soweit man bequem gehen kann. Weiterhin über buschige Hügel und Felsen zieht nur ein bewachsener Pfad, der »im dichten Gebüsch zwischen moosigem Gestein« endet. Von hier bis zur »alten Mühle«, die Eduard erreichen möchte, gibt es keinen Pfad mehr, er muß erst entdeckt werden. Das »Rauschen der Räder« gibt die Richtung an. »Über Moos und Felsentrümmer« steigen Eduard und Ottilie hinab, sobald sie »das alte, schwarze, wunderliche Holzgebäude im Grunde vor sich« sehen, das »von steilen Felsen sowie von hohen Bäumen umschattet« ist. Für die Beteiligten war es ein kleines Erkundungsabenteuer, bei dem sie eine Szenerie entdecken, die für einen Landschaftsgarten wie geschaffen ist. Es braucht nichts verändert oder ergänzt zu werden. Der vorgefundene Stimmungswert ist homogen und bedarf keiner der verpönten Künsteleien. Sogar Müller und Müllerin, die diese Idylle bewohnen und den Besuchern mit Milch aufwarten können, sind bereits vorhanden. Beide leben offenbar wie Einsiedler und folgen damit einem Ideal, das die gehobenen Gesellschaftskreise der Epoche – und auch die Besitzer des Parks – nur aus Sentiment und als Spielerei genießen wollen und können.
Der Rückweg auf einem Felsenpfad, den man »mit einiger Anstrengung« zurücklegt, leitet zur Mooshütte und damit zum Schloß. Hierbei werden zwanglos weitere Gartenelemente entdeckt: »abwechselndes Gehölz«, der Anblick der Teiche, der Ausblick auf das weite Land mit seinen Dörfern, Meiereien und grünen Feldern, eine reiche Anhöhe, die beide Aussichten im Panorama zusammenfaßt, ohne daß Schloß und Dorf ins Bild treten, ferner ein »lustiges Wäldchen«, die Felswand gegenüber dem Schlosse und der Abstieg dahin über die Mooshütte. »Sie hatten eine kleine Welt umgangen«, heißt es. Diese Welt wird man gestaltend in den Griff nehmen. Am Ende des Erkundungsweges, vereint in der Mooshütte sitzend, reift der Plan dazu. Er ist ja in der Spaziergangs-Sequenz vorbereitet worden durch die allmähliche Akkumulierung von Gartenelementen. Was während des Gehens nur registriert wurde, nimmt nun in der Reflexion Gestalt an. Man

Das »Römische Haus« im Park zu Weimar.
Kolorierte Radierung von Georg Melchior Kraus 1799

will den beschwerlichen Weg bahnen, um ihn »gesellig, schlendernd und mit Behaglichkeit« in einer Stunde zurücklegen zu können. Man baut »in Gedanken« eine »die Landschaft zierende Brücke« über den Bach, man sieht »im Geiste die neuen Wege sich schlängeln, auf denen und in deren Nähe man noch die angenehmsten Ruhe- und Aussichtsplätze zu entdecken« hofft. Unschätzbar nennt Eduard den Spaziergang, nachdem das Feuer der Begeisterung alle ergriffen hat.[23]

Nachdem also die Weganlage mehr unbewußt als bewußt aus der Intuition des beschwingten Spazierens hervorgegangen ist, beginnt man zu überlegen und nimmt zuletzt die vom Hauptmann verfertigte »neue Karte« zur Hand, um die gefaßten Entschlüsse gemeinsam zu überprüfen. Hier erst ergreift auch die vierte im Kreise, Ottilie, die Initiative. Sie schlägt vor, das »neue Haus«, das die anderen auf der Felsklippe gegenüber dem Schlosse planen, an anderer Stelle auf den Rücken der aussichtsreichen Anhöhe zu setzen, von wo aus nicht Schloß und Dorf, sondern eine »andere« und »neue Welt« sichtbar würde, eine Tatsache, die dem Bedürfnis nach »Abwechslung« und »fremden Gegenständen« (S. 294 f.) mehr entgegen käme.[24] Dieser Beitrag Ottiliens zur gemeinsamen Gestaltung des neubegründeten Gartenteiles wirkt um so überraschender, als es kurz darauf von ihr heißt, sie habe »ihre ganze Sinnesweise dem Hause und dem Häuslichen mehr als der Welt, mehr als dem Leben im Freien zugewendet« und sei »eigentlich nur aus Gefälligkeit in die Gegend« mitgegangen. (S. 296) Warum Ottilie sich diese neue Welt getrennt vom alten Schlosse wünscht, kann man mit einer Art von unbewußter Hoffnung erklären, sie könnte auf diese Weise all dem entrinnen, was an Unsicherem und Beängstigendem im Verhältnis der Personen zueinander mit dem alten Schloß verknüpft ist. Trotz ihrer Häuslichkeit drängt sie weg vom Hause. Es bleibt jedoch bei diesem einzigen Vorstoß Ottiliens in die gemeinsame Planung; weiterhin steht sie den Parkfragen passiv gegenüber.

Das Wasser

Einen eigenen Schwerpunkt im Park- und Romanganzen bilden die Gewässer. Ein »starker Bach« (S. 259) ist gleichsam die Achse des Besitztums. Der Kartierungsversuch ergab, daß er sich in der Form eines großen S dahinschlängelt.[25] Drei Teiche breiten sich hintereinander daran aus. Den letzten rahmen »steile Felsen« (S. 259), der mittlere ist durch eine Pappel- und Platanengruppe bereichert, die Eduard in seiner Jugend pflanzte – am Tage von Ottilies Geburt, wie sich herausstellt. Am gegenüberliegenden Ufer stehen einige alte Eichenbäume, unter denen ein »architektonischer Ruhesitz« entstehen soll. Einen teuren Kahn läßt man »aus der Ferne« (S. 322) kommen, dessen Anlegestellen jeweils bei den Baumgruppen vorgesehen sind. Das Befahren der Gartengewässer mit Gondeln und Kähnen ist ein alter Usus, den der Landschaftsgarten vom französischen Park übernommen hat, indem er ihn ins Ländliche modifizierte und die Illusion von Fährleuten und Fischern hervorrief.[26] Auch der Hauptmann genießt die Empfindung, »sein eigner Fähr- und Steuermann zu sein« (S. 325), und ein Besucher, der Begleiter des Lords, ist begeistert, von Ottilie gerudert zu werden:

Ich setzte mich mit ihr ein und hatte meine Freude an der Gewandtheit der schönen Schifferin. Ich versicherte ihr, daß ich seit der Schweiz, wo auch die reizendsten Mädchen die Stelle des Fährmanns vertreten, nicht so angenehm sei über die Wellen geschaukelt worden. (S. 443)

Endlich beschließt man, die drei Teiche zu einem einzigen aufzustauen. Es ist ein Vorhaben, das die Landschaftsgartentheoretiker durchaus billigen; denn hierbei wird nur ursprüngliche Natur restauriert und korrigiert: die Seen bildeten nämlich schon »vorzeiten einen Bergsee« (S. 303). Man verstärkt die Staumauer des unteren Sees und entfernt die zwei anderen. Bald glänzt der See, »die neuentstandenen Ufer zierlich und mannigfaltig bepflanzt und beraset«. (S. 348) Mit der Schilderung der Teiche aber, die sich über den ganzen Roman verteilt, entwickelt sich zugleich ein anderes Motiv, das auf der Gefährlichkeit des Wassers für den Menschen beruht, das Motiv des Ertrinkens und der Rettung Ertrinkender.

Es fand Eingang in den Park von Tiefurt bei Weimar in Form eines Denkmals für den Bruder Herzogin Anna Amalias, Herzog Leopold von Braunschweig.[27] Leopold hatte bei dem waghalsigen Versuch, eine Gruppe von Menschen dem Hochwasser zu entreißen, am 27.4.1785 in der Oder den Tod gefunden.[28] Die Tat machte überall tiefen Eindruck, man feierte in Leopold das Ideal eines menschlichen Fürsten, der sein Leben für Unbekannte gegeben hat. Goethe verfaßte ein schnell verbreitetes Distichon (»Dich ergriff mit Gewalt der Herrscher des Flusses...«)[29], Herder ein Epigramm (»Hier am rauschenden Strom sei Dir mit Thränen der Liebe dies Andenken geweiht...«).[30] Beide Gedichte waren Vorschläge für die Denkmalinschrift, wurden aber nicht benützt. Auch im Seifersdorfer Park

Denkmal an der Ilm im Park von Tiefurt für Leopold von Braunschweig.
Kolorierte Radierung von Georg Melchior Kraus 1787

hat man nach diesem Muster ein Denkmal für Leopold errichtet.[31] In den *Wahlverwandtschaften* klingt das Motiv erstmals bei der Ordnung der häuslichen Angelegenheiten durch den Hauptmann an. Er kümmert sich um »alles, was zur Rettung der Ertrunkenen nötig sein möchte«. (S. 268) In der Handlung setzt das Motiv vergleichsweise idyllisch ein. Der Hauptmann manövriert den Kahn im Teich auf Grund und trägt Charlotte auf seinen Armen an Land. Gefahr droht nicht für das Leben, sondern für das seelische Gleichgewicht beider. Gefährlicher ist die Situation am Abend des Richtfestes, wenn eine Gruppe von Zuschauern mit dem Damm ins Wasser stürzt und ein Knabe zu ertrinken droht. Auch hier rettet der Hauptmann als »geschickter Schwimmer« (S. 337) im letzten Augenblick den Totgeglaubten. Charlotte meint in dem »wunderbaren« Ereignis, »wie der Freund sich aufopferte, wie er rettete und selbst gerettet war [...] eine bedeutende Zukunft, aber keine unglückliche« (S. 339) zu sehen. Sie mißversteht die Schicksalswarnung. In ihrer Auslegung bestärkt und verunsichert zugleich wird Charlotte durch die eingeschobene Novelle des Engländers: »Die wunderlichen Nachbarskinder«. Ein Jüngling, heftig geliebt von seiner Jugendgespielin, die jedoch mittlerweile die Braut eines anderen geworden ist, hegt für sie nur freundschaftliche Gefühle. Das Mädchen, verwirrt und verzweifelt, will ihn für die Teilnahmslosigkeit strafen und stürzt sich während einer Wasserlustfahrt in den Fluß, um zu sterben. Der Jüngling rettet sie, auch in ihm erwacht die Liebe, und beide erbitten von den Eltern den Segen. Alles geschieht in einer geradezu bukolischen Naturlandschaft und endet harmonisch. Auch hier wird der Retter als »der geschickte Schwimmer« (S. 440) bezeichnet. Es stellt sich heraus, daß die Novelle auf einem Ereignis aus dem Leben des Hauptmanns beruht. Auch hier eine geglückte Rettung, aber zugleich Lösung einer Verlobung und neue Bindung – ein Vorgang, der in schwerer wiegender Form als Lösungsvorschlag oder Verhängnis über dem Hause Charlottes hängt.

Mit dem nächsten Auftauchen des Motives kommt es zur Katastrophe. Eduard dringt in den Park ein, findet Ottilie mit dem Kinde, bestürmt sie und verläßt sie im Zustand höchster Aufregung. Das Mädchen, stark verspätet, will zur Abkürzung des Weges den See im Kahn überqueren, obwohl Charlotte Wasserfahrten mit dem Kinde verboten hat. Der Kahn gerät ins Schwanken, das Kind entgleitet ihr, fällt in das Wasser und ertrinkt.

Das Modell des Denkmals für Leopold von Braunschweig diente im Wittumspalais Anna Amalias zu Weimar als Vitrinenschmuck

Trotz der warnenden Vorzeichen hatte sich die Illusion vom friedlichen Gewässer im paradiesischen Park gehalten. Nun ist sie jäh zerrissen und das Bedrohliche der Natur, die nicht mit sich spielen oder dilettieren läßt, trat hervor.

Das Dorf

Auch humanitär-aufklärerische Gedanken werden unter ästhetischem Blickwinkel realisiert. So die Dorfverschönerung, die Verbesserung der Hygiene und die Beseitigung des Bettelwesens. Das zum Schlosse gehörende Dorf läßt an »Ordnung und Reinlichkeit« zu wünschen übrig. Man sucht nach Abhilfe. Der Hauptmann und Eduard hatten sich anläßlich einer Reise durch die Vorbildlandschaft Schweiz mit Ideen getragen, wie man verfahren müsse, um »eine ländliche sogenannte Parkanlage recht eigentlich zu verschönern«, indem man ein vorhandenes Dorf nur »zur Schweizer Ordnung und Sauberkeit« (S. 285) hinführe.[32]
Nun nutzt Eduard am eigenen Besitz diese Erkenntnisse: Sein Dorf hat am Bach entlang eine unschöne Schauseite gegen das Schloß hin. Jeder Anwohner schützt sich auf eigene Weise gegen das Wasser. Dieses Durcheinander ließe sich mit Hilfe einer einheitlichen Mauer ins Reine bringen, und zudem würde ein schöner Weg am Bach entlang entstehen. Doch wäre die Mithilfe der Bewohner zu gewinnen und da offenbart sich die feudalistische Haltung, mit der Eduard verfährt. Er stellt fest: »Ich mag mit Bürgern und Bauern nichts zu tun haben, wenn ich ihnen nicht geradezu befehlen kann«, und der Hauptmann sekundiert: »Alles eigentlich gemeinsame Gute muß durch das unumschränkte Majestätsrecht gefördert werden.« (S. 286)
Offenbar unter Anwendung dieses postulierten Rechts werden die Vorhaben durchgeführt. Die Mauer, die den Dorfweg gegen das Wasser zu einfaßt, wird gebaut, und das Dorf präsentiert sich einer Gruppe von Festgästen im sauberen Putz:

> Dort hatten sich auf des Hauptmanns Veranlassung die Bewohner vor ihren Häusern versammelt; sie standen nicht in Reihen, sondern familienweise natürlich gruppiert, teils, wie es der Abend forderte, beschäftigt, teils auf neuen Bänken ausruhend. Es ward ihnen zur angenehmen Pflicht gemacht, wenigstens jeden Sonntag und Festtag diese Reinlichkeit, diese Ordnung zu erneuern. (S. 304)

Die Dorfbewohner stellen sich als riesiges Tableau zur Besichtigung auf, nach optischen Gesichtspunkten geordnet, so wie auch im Parkbild lebendige Figuren zwar zufällig verteilt erscheinen, tatsächlich jedoch sehr bewußt postiert sind. Diese Anordnung aber soll »natürlich« sein. Man will natürlicher scheinen, als die unverfälschte, obzwar nicht immer schöne Natur.

Der Belästigung durch Bettler will man steuern, indem man an beiden Ausgängen des Dorfes, im Gasthaus und bei einem ehrlichen alten Paar gewissermaßen »Almosenzuteilungsstellen« errichtet, wo die Bettler bei Verlassen des Dorfes empfangsberechtigt sind. Auch vom Schlosse her wird man die Bettler an diese zuständigen Einrichtungen verweisen. Das Motto dazu, aus dem Munde des Hauptmanns, lautet: »Da sollte man mäßig und gleichförmig in allem sein, auch im Wohltun.« (S. 286)

Goethe schildert eine Gesellschaft, die im Umgang mit Untertanen die Zeichen der Zeit negiert und sich verhält, als ob sie in einem, von den umstürzenden Zeitereignissen ausgesparten, absolutistischen Freiraum lebte.

Vollendung des Parks und aufbrechender Konflikt

Die Grundsteinlegung des neuen »Lustgebäudes« (S. 288), das »mehr zum geselligen Aufenthalt als zur Wohnung« (S. 295) dienen sollte, begeht man in Form einer Feier zu Charlottes Geburtstag. Wie schon bei der Mooshütte taucht das Motiv des Gartens als Festraum auf. Ein geputzter Zug eröffnet nach festgelegtem Arrangement die Feierlichkeiten:

Nach dem Gottesdienste zogen die Knaben, Jünglinge und Männer, wie es angeordnet war, voraus; dann kam die Herrschaft mit ihrem Besuch und Gefolge; Mädchen, Jungfrauen und Frauen machten den Beschluß. (S. 299)

Der Grundstein wird »für ewig« (S. 302) gelegt, doch der Festredner erinnert zugleich an die »Vergänglichkeit der menschlichen Dinge« (S. 302). Vom Gerüst herab lobt man bereits die »schöne Aussicht« (S. 303) aus den künftigen Fenstern. Auch das Richtfest gibt Anlaß zu einer großen Gartenfeier, die die Form eines Volksfestes annimmt – mit einem »architektonisch« (S. 335) geschmückten Rohbau, mit Tanz und Feuerwerk. Gegen Bettelei und andere »Unbequemlichkeiten« ist auch hier »Vorsorge« getroffen. (S. 334)

Da das Richtfest am Geburtstage Ottilies stattfindet, wirkt es, nicht ohne Zutun Eduards, wie eine Feier zu Ehren des Mädchens. Die Festlichkeit kontrastierende Motive wie der Abbruch des Dammes, auf dem sich die Zuschauer des Feuerwerks drängen, und die Rettung eines Knaben durch den Hauptmann tragen dazu bei, die Gemüter in einen erregten Zustand zu versetzen und im Handlungsablauf den Wendepunkt einzuleiten: Eduard erklärt Ottilie seine Liebe. Er verläßt das Haus unter der Bedingung, daß Ottilie bleiben darf, und droht Charlotten: »Außer dem Bezirk deines Schlosses, deines Parks, fremden Menschen anvertraut, gehört sie mir, und ich werde mich ihrer bemächtigen.« (S. 344)

Auch der Hauptmann ist abgereist. Seine Hoffnungen auf Charlotte waren ohne Aussicht. Ehrenvolle Angebote auf neuem Betätigungsfelde zogen ihn fort. So wird für beide Frauen plötzlich der Park, der doch die unendliche Weite der Natur suggerieren soll, zum begrenzten Gehege, das sie nicht verlassen dürfen, wenn sie ihre Verhältnisse nicht der Gefahr einer gewaltsamen Änderung aussetzen wollen. Charlotte befindet sich auf einmal in der Funktion einer Aufseherin, Ottilie in der einer Gefangenen. Schloß und Park werden zum Gefängnis. Das ist nicht besonders betont, doch der Eindruck der hermetisch geschlossenen Szene, der von vornherein da war, verstärkt sich. Die Spaziergänge der Frauen, ihr Umzug in das neue Haus sind wie Bewegungen hinter unsichtbaren Gittern. Die Illusion der Freiheit, die der Landschaftsgarten wecken will, wird auf subtilste Weise mit der erzwungenen Beschränkung der Personen auf den Park kontrastiert und als Täuschung entlarvt.

Von nun an liegt die Störung der menschlichen Beziehungen offen und ist allen Beteiligten bewußt. Ottilie lauert auf eine Nachricht von Eduard und auf eine Erklärung für die rätselhaften Umstände seiner Abreise und seines Fernbleibens. Eduard, der sich selbst aus der Enklave des Gutsbesitzes ausgeschlossen hat, stürzt sich vergeblich in Abenteuer, um Vergessen zu finden, und Charlotte, obwohl am wenigsten gefährdet, unternimmt nichts, sondern reagiert nur auf die Geschehnisse, die an sie herantreten. Die Beschäftigung mit dem Park nimmt zwar weiterhin viel Raum ein, wird aber immer beiläufiger. Was vordem als begeisternde Aufgabe empfunden wurde, reduziert sich zu einer Art von Beschäftigungstherapie:

> Was von Parkanlagen im Gange war, störte sie nicht. Sie ließ vielmehr dasjenige fortsetzen, was zum Grund künftiger Ausbildung liegen mußte; aber dabei hatte es auch sein Bewenden. (S. 348)

Die einmal begonnenen Gartenarbeiten werden zu einem gewissen Abschluß gebracht – auch im Bereich des neuen Gebäudes:

> [D]ie Umgebung war viel schöner als man sichs hatte denken können. Alles störende Kleinliche war ringsumher entfernt, alles Gute der Landschaft, was die Natur, was die Zeit daran getan hatte, trat reinlich hervor und fiel ins Auge, und schon grünten die jungen Pflanzungen, die bestimmt waren, einige Lücken auszufüllen und die abgesonderten Teile angenehm zu verbinden. (S. 428)

Eine Purifizierung der Landschaft nach den Maximen der Gartentheoretiker hat stattgefunden, das Kleinliche wich dem Großen und Guten. Hervorgehoben wird aber nur die Arbeit der Natur und der Zeit. Das schnell eingerichtete neue Haus eröffnet als neuer »Mittelpunkt« (S. 429) mannigfaltige Aussichten, von deren Wirkung zu den »verschiedenen Tageszeiten«, bei Mond und bei Sonne man sich viel verspricht. Aus dem stillen Naturgemälde wird so ein Bild mit wechselnden Stimmungswerten, vergleichbar den aufeinanderfolgenden Szenenbildern eines Schauspiels. Was auf diese Weise passiv genossen wird, kann man aktiv ergänzen durch »unerwartete Spaziergänge« (S. 429), die sich vom neuen Haus eröffnen, das heißt, man kann neue Szenenbilder nacheinander aufnehmen.

Allein die Hoffnung auf eine, wie auch immer geartete, zukünftige Lösung der Probleme, in die die Menschen des Romans verstrickt sind, erhält nun das Geflecht der Beziehungen und den Gang der Dinge aufrecht. Im Vertrauen auf die Heilkraft der Zeit empfindet man die Gegenwart als etwas, das zu überbrücken ist. Wie die Frauen in den Parkalltag, so begibt sich Eduard in Jagd und Krieg, »um die Zeit zu töten und den Lebensraum auszufüllen«. (S. 359) Weder hier noch dort werden Auswege gesucht oder Entscheidungen getroffen. Flucht in die Vergangenheit und Hoffnung auf die Zukunft kennzeichnen das Verhältnis zur Zeit.

Das Urteil der Besucher

Der Landschaftsgarten ist ein Kunstgegenstand, der nach der Würdigung durch den Kenner verlangt. Im 18. Jh. kam mit den wachsenden Reisemöglichkeiten die Form der Bildungsreise zu Kunst- und Besichtigungszielen groß in Mode. Das Zeitalter der Museen kündigte sich an, und auch die neuesten Kunstgärten erfreuten sich zunehmender Beliebtheit bei Reisenden, die mehr oder minder sachkundig ihr Urteil abgaben.

Die Schilderung von Gärten in der Literatur entwickelt sich häufig aus dem Besuchermotiv.[33] In den *Wahlverwandtschaften* sind es drei Besuche, wovon allerdings für die Gartenbeurteilung nur einer schwerer ins Gewicht fällt. Der Graf und die Baronesse werden zwar »sogleich nach Tische« (S. 313) in den Park geführt, jedoch nimmt ihr Spaziergangsgespräch die Wendung auf persönliche Verhältnisse, und der Park dient den Spaziergängern nur als Handlungsraum. Charlottes Tochter Luciane wiederum verrät sofort nach der Ankunft ihre oberflächliche Hektik: »sie mußte die Anlagen besichtigen, von denen sie vieles gehört hatte. Was nicht zu Pferde geschehen konnte, wurde zu Fuß durchrannt. Bald hatte sie alles gesehen und abgeurteilt«. (S. 378) Lucianes Verhalten zeigt das absolute Unverständnis für die Ideen des Landschaftsgartens, die ja eine passive Haltung des Gartenbesuchers zur Natur voraussetzen: ein langsames Spazieren mit empfängnisbereitem Herzen und sensiblem Sinn.

Der dritte Besuch bringt erst die Würdigung aller Gartenbemühungen durch den »Liebhaber und Kenner« (S. 429). Ein reisender Engländer mit Begleiter besichtigt den Park. Er ist auf seinen Reisen Eduard und dem Grafen begegnet und war neugierig, »die schönen Anlagen zu sehen, von denen er soviel Gutes erzählen hörte«. (S. 429) Als Angehöriger des Landes, in dem der neue Gartenstil seinen Anfang nahm und seine endgültige Ausprägung fand, sowie als persönlicher Gartengestalter ist er autorisiert, ein Gutachten abzugeben.

In seiner Gegenwart genossen die Frauenzimmer erst vollkommen ihrer Umgebung. Sein geübtes Auge empfing jeden Effekt ganz frisch, und er hatte um so mehr Freude an dem Entstandenen, als er die Gegend vorher nicht gekannt und, was man daran getan, von dem, was die Natur geliefert, kaum zu unterscheiden wußte. (S. 429)

Die Absicht ist also gelungen; die Effekte wirken richtig und die künstelnde Hand des Menschen ist nicht mehr wahrzunehmen.

»Man kann wohl sagen, daß durch seine Bemerkungen der Park wuchs und sich bereicherte. (S. 429f.) Indem er die Vorstellungskraft anfeuert, erfährt die Parkillusion eine Steigerung und damit der Park selbst. Ein Beweis dafür, wie stark der Landschaftsgarten von der geistigen Resonanz im Menschen abhängt.

Der Spezialist erkennt auch die noch verborgenen Möglichkeiten des Parks. Wie der berühmte englische Gartenarchitekt Lancelot Brown, den man Capability Brown nannte wegen seiner Gewohnheit, das Land zu durchreisen auf der Suche nach Gegenden, die für einen Garten geeignet (capable) seien, so erspürt der Engländer im Roman die noch schlummernden Qualitäten des Parks: »Keine Stelle blieb ihm unbemerkt, wo noch irgendeine Schönheit hervorzuheben oder anzubringen war.« (S. 430) Indem er die Bewohner beglückwünscht, daß ihr Park noch nicht vollendet sei und für Jahre hinaus »das Vergnügen des Schaffens und Einrichtens« (S. 430) bereite, betont er einen weiteren Aspekt des Landschaftsgartens, der diesen klar vom französischen Park trennt. Dem ersteren wohnt das Prinzip des dauerndern Wandels und der Trend zur Erweiterung inne, während der andere erst nach völliger Fertigstellung sein Ziel erreicht und dann für alle Zeit erstarrt.

Der Engländer zieht mit einer »camera obscura« durch den Park, um alle sehenswerten Ansichten in Konturen festzuhalten und seiner umfangreichen Sammlung von Parks und Gegenden einzuverleiben.[34] Der Kunstkenner sanktioniert damit den Park und erhebt ihn in den Rang vorbildhafter Gartenlandschaften. Aus der Sphäre des Dilettantismus ist er in die des Mustergültigen aufgestiegen.

Ein Ring schließt sich: Die Situation zu Beginn der Parkgestaltung wird wieder heraufbeschworen, als englische Parkmuster zur Anregung für die Anlagen herangezogen worden waren. Zugleich aber nimmt diese Form der Inventarisierung einen Geruch des Musealen an. Der Park ist gewissermaßen katalogisiert und damit zugleich von einer lebendigen Weiterwirkung und Weiterentwicklung abgeschnitten. Sie ist nicht mehr notwendig. Wie der private Garten des englischen Gastes, der trotz seiner Schönheit und Vollendung den Besitzer nicht festhalten kann und nur fremden Besuchern als Besichtigungsobjekt dient, so fehlen auch dem Park Eduards und Charlottes nun alle lebendigen Antriebe. Ob der Park seinerseits wieder als Vorbild für andere, neue Gartengestaltungen dienen kann, ist insofern fraglich, als – von außen betrachtet – das Interesse für den Landschaftsgarten im Editionsjahr des Romans 1809 durchaus nicht mehr seine vorige Aktualität besitzt.

Der Garten als Symbol der Zeitverlorenheit

Man kann davon ausgehen, daß im Jahre 1809 der englische Landschaftsgarten als ästhetisches Ideal überholt ist. August Wilhelm Schlegel hatte bereits 1801/02 in seinen Berliner Vorlesungen über schöne Literatur und Kunst die »verkehrten Kunstmaximen der Natürlichkeit und Täuschung« im Landschaftsgarten angegriffen, die zu »großen Abgeschmacktheiten«[35] verleiten. Unter den Romantikern war es vor allem auch Ludwig Tieck, der den englischen Garten ablehnt, besonders deutlich in der Rahmenhandlung zum *Phantasus* (1811), wo er die Landschaftsgartenkünstler abfällig »Verfertiger der schönen Natur«[36] nennt. Goethes Einstellung ist seit der Abfassung des *Schema über den Dilettantismus* im Jahre 1799 auch nicht mehr zweifelhaft. Zwar wurden die Urteile dort unter dem Gesichtspunkt des Dilettantismus formuliert, doch sind damit die Gefahren für alle Gartenkunst angedeutet. Das Grunddilemma besteht in der Vermischung »von Kunst und Natur«. Die Gartenkunst »verkleinert das Erhabene der Natur und hebt es auf, indem sie es nachahmt«. Der Schaden liegt entscheidend im »Vorliebnehmen mit dem Schein«.[37] Das ist herbe Kritik an einer Kunstgattung, die im zeitgenössischen Roman *Die Wahlverwandtschaften* so breiten Raum einnehmen darf. Goethe schrieb mit der Absicht, »sociale Verhältnisse und Konflikte« seiner Gegenwart »symbolisch gefaßt darzustellen«.[38] Viele Zeitgenossen haben die Zeitnähe des Romans durchaus erfaßt, darunter Solger, Abeken und Savigny. Jürgen Kolbe hat in seiner Arbeit *Goethes Wahlverwandtschaften und der Roman des 19. Jahrhunderts*[39] diese Zeitbezogenheit überzeugend nachgewiesen.[40]

Es stellt sich die Frage, warum Goethe die Menschen in seinem Roman einen Park in einer Art anlegen läßt, als ob das Jahr 1775 und nicht 1809 hieße. Warum läßt er sie nicht auf der Höhe der Zeit sein, nicht modernen Auffassungen folgen, sondern in einem Garten leben, der in einer vergangenen Epoche vor der Französischen Revolution angesiedelt zu sein scheint?

Die Antwort ergibt sich, wenn man nach dem Zeitverständnis der handelnden Personen fragt. Die Problematik des Zeitbewußtseins hat zwei Schwerpunkte: Erstens den Wechsel der Zeiten, der auch als Epochenwandel, als Wechsel der Generationen und als Wechsel der Moden konstatiert wird, zweitens das Erfassen oder Verfehlen des rechten Zeitpunktes.

Die bittere Wahrheit von »tempora mutantur, nos et in illis« wird schmerzhaft gefühlt: »Die Zeit rückt fort und in ihr Gesinnungen, Meinungen, Vorurteile und Liebhabereien« (S. 417 f.) sagt der Gehilfe zu Charlotte. Die Akzeleration dieses Vorganges aber ist eine neue Erkenntnis:

> Es ist schlimm genug, rief Eduard, daß man jetzt nichts mehr für sein ganzes Leben lernen kann. Unsre Vorfahren hielten sich an den Unterricht, den sie in ihrer Jugend empfangen; wir aber müssen jetzt alle fünf Jahre umlernen, wenn wir nicht ganz aus der Mode kommen wollen. (S. 270)

Als Zwang empfindet Charlotte die Diktatur der Mode:

> Indem uns das Leben fortzieht, [...] glauben wir aus uns selbst zu handeln, unsre Tätigkeit, unsre Vergnügungen zu wählen, aber freilich, wenn wir es genau ansehen, so sind es nur die Plane, die Neigungen der Zeit, die wir mit auszuführen genötigt sind. (S. 417)

So äußert sie in einem Gespräch zu dem Gehilfen, der nach dem Besuch des regelmäßigen Gartens darüber klagt, daß man diesen nicht mehr beachtet und »Liebhaberei und Aufwand gegen eine andere Seite hin ins Freie und Weite gerichtet« habe. (S. 417) Der Epochenbruch wird mit einer gewissen Wehmut zur Kenntnis genommen, aber zugleich als unvermeidlich erkannt: »Fällt die Jugend eines Sohnes gerade in die Zeit der Umwendung, so kann man versichert sein, daß er mit seinem Vater nichts gemein haben wird.« (S. 418)

Der Wechsel vom Strengen und Engen zum Freien und Weiten, wie er sich im Wechsel vom regelmäßigen zum natürlichen Garten manifestiert, entspricht Goethes Definition von Systole und Diastole. Die neue Zeit reißt die Gartenzäune nieder, verleugnet allen Zwang und gibt sich der Illusion einer unendlichen Freiheit hin:

> Niemand glaubt sich in einem Garten behaglich, der nicht einem freien Lande ähnlich sieht; an Kunst, an Zwang soll nichts erinnern; wir wollen völlig frei und unbedingt Atem schöpfen. (S. 418)

Wenn man jedoch das Gesetz des Wandels gelten läßt, dann muß man auch mit der Ablösung des Landschaftsgartens durch andere Gartenformen rechnen – oder gar mit Restauration verflossener Moden. Solches prophezeit der Gehilfe, indem er dem freien Zustand, der Überfluß voraussetzt, hypothetisch eine Zeit des Mangels entgegensetzt, in der man wieder auf den Nutzen aus Grund und Boden angewiesen wäre und folglich zum Schutze wieder Mauern um die Gärten zöge: »es ist möglich, daß Ihr Sohn die sämtlichen Parkanlagen vernachlässigt und sich wieder hinter die ernsten Mauern und unter die hohen Linden seines Großvaters zurückzieht.« (S. 418 f.) Eine Tendenz, die sich zur Entstehungszeit des Romans vor allem im Kreise der Romantiker weitgehend durchgesetzt hatte. Auch Goethe dürfte sie bekannt gewesen sein.

Ein Zeichen für das Sterben der Landschaftsgartenidee liegt in dem Bericht des Engländers, wo das Motiv des Generationswechsels wieder aufgenommen wird. Dieser Mann sehnt sich nicht zurück in seinen Garten:

weil mein Sohn, für den ich alles eigentlich getan und eingerichtet, dem ich es zu übergeben, mit dem ich es noch zu genießen hoffte, an allem keinen Teil nimmt, sondern nach Indien gegangen ist, um sein Leben dort, wie mancher andere, höher zu nutzen oder gar zu vergeuden. (S. 431)

Umstände oder Neigung hindern den Begründer am Genuß der selbstgeschaffenen Parknatur: »Wer genießt jetzt meine Gebäude, meinen Park, meine Gärten? Nicht ich, nicht einmal die Meinigen: fremde Gäste, Neugierige, unruhige Reisende.« (S. 431) Ottilie zieht sofort die Parallele zu Eduard:

[E]s zerriß mit Gewalt vor ihr der anmutige Schleier, und es schien ihr, als wenn alles, was bisher für Haus und Hof, für Garten, Park und die ganze Umgebung geschehen war, ganz eigentlich umsonst sei, weil der, dem es alles gehörte, es nicht genösse, weil auch der, wie der gegenwärtige Gast, zum Herumschweifen in der Welt, und zwar zu dem gefährlichsten, durch die Liebsten und Nächsten gedrängt worden. (S. 432)

Ein Gefühl der Vergeblichkeit aller Bemühungen macht sich breit, in dem bereits Riemer eine »moralische Lehre« sieht, nämlich die

Lehre der unendlichen und doch verlornen Mühe, die sich Menschen oftmals geben, um zuletzt nur einen Schauplatz der unglücklichsten Ereignisse bereitet zu haben. Es ist, als hätten jene Personen das Holz selbst herbeitragen müssen zu dem Scheitergerüst, das sie alle verzehren sollte.[41]

Für Riemer ist dieses Verhängnis schicksalhaft, er fragt nicht nach den Ursachen und erkennt folglich nicht die kritische Brisanz, die in der Schilderung dieser Gesellschaft liegt.

Eine Antwort auf die Frage nach den Gründen der Frustration im Romangeschehen kann sich nicht auf das Argument von der sittlichen Verfehlung und dem daraus folgenden Urteil des Gewissens beschränken. Eine wichtige Quelle für die fatale Bewußtseinsentwicklung der handelnden Personen ist auch in der schuldhaften Verkennung der Zeiterfordernisse zu sehen. Anstatt Konsequenzen aus der Erkenntnis des Epochenwechsels zu ziehen und neue Wege zu suchen, die auch im Verhältnis zur Natur sichtbar würden, verharrt die Gesellschaft in der Vergangenheit und gibt sich passiv der Wehmut hin. Stellvertretend für verschiedene Mißgriffe in dieser Richtung ist Eduards Einsicht:

Wer in einem gewissen Alter frühere Jugendwünsche und Hoffnungen realisieren will, betriegt sich immer; denn jedes Jahrzehnt des Menschen hat sein eigenes Glück, seine eigenen Hoffnungen und Aussichten. Wehe dem Menschen, der vorwärts oder rückwärts zu greifen durch Umstände oder durch Wahn veranlaßt wird! (S. 448)

Warnung also vor dem Selbstbetrug gegenüber dem, was die Stunde geschlagen hat. Es »läßt sich die Zeit ihr Recht nicht nehmen« (S. 370), heißt die entsprechende Tagebuchnotiz Ottilies, und Charlotte klagt, »wie schwer es sei, die Gegenwart recht zu ehren«. (S. 365)
Die »Atmosphäre« der Zeitverlorenheit ist besonders spürbar im ersten Teil der *Wahlverwandtschaften*. Alle gesellschaftliche Kommunikation und damit alles der Gegenwart Verpflichtete erscheint ausgeschlossen, und wenn es von außen hereintritt, so wirkt es nur wie ein störender Einbruch in die isolierte Welt des Romans. Anzeichen dieser Stagnation werden deutlich, wenn Eduard nach der Zeit fragt.

Da zeigte sich denn, daß der Hauptmann vergessen hatte, seine chronometrische Sekundenuhr aufzuziehen, das erstemal seit vielen Jahren; und sie erschienen, wo nicht zu empfinden, doch zu ahnen, daß die Zeit anfange, ihnen gleichgültig zu werden. (S. 290)

Eine eigentümliche Neigung zu den Dingen der Vergangenheit macht sich breit und gewinnt unter dem Aspekt der schuldhaften Zeitverlorenheit eine neue Dimension. Noch ganz dem Zeitgeschmack entsprechend erinnert der Geselle bei der Grundsteinlegung an die Vergänglichkeit aller Dinge, wobei auch die Vorstellung mitspielt, daß das neu begonnene Haus den Keim seiner Zerstörung bereits mitenthalte. Die ganze Thematik des Kirchhofes weist auf die Rückwendung in die Vergangenheit (die Kapelle als »Denkmal voriger Zeiten«, S. 366), man fragt sich, »ob man denn wirklich in der neueren Zeit lebe, ob es nicht ein Traum sei [...]«. (S. 367)

Die Tragödie, der der Roman zusteuert, entlarvt diese nostalgische Tendenz als Selbstbetrug, und wenn Eduard sein Fazit zieht: »Ach! [...] was bin ich unglücklich, daß mein ganzes Bestreben nur immer eine Nachahmung, ein falsches Bemühen bleibt!« (S. 489), dann ist das im weitesten Sinne gemeint. Der Schauplatz aller Mühen aber wird durch diese Erkenntnis unerträglich:

Charlotte fühlte, wie sehr Haus und Park, Seen, Felsen- und Baumgruppen nur traurige Empfindungen täglich in ihnen beiden erneuerten. Daß man den Ort verändern müsse, war allzu deutlich. (S. 464)

Doch mit dem Entsagen des Parks, mit der Flucht aus dem selbstgeschaffenen Naturkäfig ist das Fatum nicht mehr zu beeinflussen. Nur der Tod kann Sühne und Erlösung bringen. Der Roman *Die Wahlverwandtschaften* zeigt eine Gesellschaft, die die Zeichen der Zeit nicht erkennen kann oder will und schuldhaft in einer Scheinwelt, in einem Pseudo-Paradies verharrt, dessen sichtbares Symbol der anscheinend so freie, in Wirklichkeit jedoch hermetisch geschlossene Landschaftsgarten ist. In allen seinen Nuancen wirkt er als Vortäuschung echter Natur, was im Zeitalter der erwachenden romantischen Vorliebe für wahre Natur als zu künstlich abgelehnt wird. Der englische Landschaftsgarten ist als Naturideal längst überholt. Es ist die Mißachtung der Zeit, deren sich die Personen der *Wahlverwandtschaften* schuldig machen.

Vielen Zeitgenossen Goethes dürfte dieser Aspekt unmittelbar verständlich gewesen sein, während er später infolge der allgemein erlahmenden Anteilnahme an stilistischen Fragen der Natur- und Gartengestaltung völlig übersehen wurde und in Vergessenheit geriet.

Im 19. Jahrhundert konnten Gartenstile beliebig kombiniert werden, darunter auch architektonischer Garten und englischer Park, die im 18. Jahrhundert noch militant gegeneinandergesetzt worden waren. So verlor sich das Bewußtsein dafür, wie zeitbedingt die Prägung eines Gartenstiles ist und wie hintergründig Goethe diese Bedingtheit in seinem Roman genutzt hat.[42]

Es lag damals nicht so fern, die Kritik an der Gesellschaft im Park der *Wahlverwandtschaften* auf die herrschenden Gesellschaftskreise und ihre Unbeweglichkeit zu übertragen. Dies war mit ein Grund für das Aufsehen, das der Roman erregte.

Gartennatur in Goethes »Novelle«

Die hohe Zeit der Gartenkunst war endgültig vorbei, als Goethe 1826/27 die *Novelle* niederschrieb. Die Gartenformen wurden nicht mehr als künstlerisches Sujet diskutiert. Ohne auf Stilfragen einzugehen, kontrastiert Goethe noch einmal einen regelmäßigen Schloßgarten mit einer natürlich überwucherten Stammburg-Ruine in dieser kleinen Altersdichtung.

Die Gesellschaft betrachtet durch die Fenster des Schlosses oder durch ein Fernrohr ausschnittsweise die Landschaft (Vedutenprinzip):

> Die Fürstin [...] fand das treffliche Teleskop noch in der Stellung, wo man es gestern abend gelassen hatte, als man, über Busch, Berg und Waldgipfel die hohen Ruinen der uralten Stammburg betrachtend, sich unterhielt, die in der Abendbeleuchtung merkwürdig hervortraten, indem alsdann die größten Licht- und Schattenmassen den deutlichsten Begriff von einem so ansehnlichen Denkmal alter Zeit verleihen konnten.[1]

Es ist eine Betrachtungsweise, die das Pittoreske des Bildausschnittes hervorhebt.

Dieses romantische Bild holt man realiter herunter, indem ein Zeichner beauftragt wird, Ansichten von der Stammburg anzufertigen, die den Saal des Schloßgartens zieren sollen. Den Eindruck, den die Detailzeichnungen hervorrufen, faßt des Fürsten Oheim in Worte. Seine Beschreibung ist voll von Bezeichnungen, die zum Wortschatz des Landschaftsgartengestalters gehören. Die Stammburg ist verfallen, Teile sind »in wüste Ruinen«[2] zusammengestürzt. Ein Burgturm sitzt auf gewachsenem Felsen, »doch niemand wüßte zu sagen, wo die Natur aufhört, Kunst und Handwerk aber anfangen«.[3] Die Natur hat über das Menschenwerk triumphiert, wie es seit je die Gartenschöpfer bei einer Ruine gefordert hatten – gleichgültig, ob es sich um eine echte oder um eine künstliche Staffageruine handelt. Die mächtigen Bäume dringen bereits mit ihren Ästen durch die Öffnungen des Gebäudes bis in die Galerien und

> gewölbten Säle, aus denen wir sie nicht vertreiben wollen; sie sind eben Herr geworden und mögens bleiben. Tiefe Blätterschichten wegräumend, haben wir den merkwürdigsten Platz geebnet gefunden, dessengleichen in der Welt vielleicht nicht wieder zu sehen ist.[4]

Alles fügt sich scheinbar hervorragend zu einer klassischen Landschaftsgartenpartie, wo der Mensch nur ganz behutsam vorzugehen hat. Auf jegliche Korrektur wird verzichtet. Nichts ist gekünstelt. Um die Bäume »müssen wir uns herumschlängeln und unsere Fußpfade verständig führen«.[5] Man ist nicht mehr so vermessen, die Natur »verschönern« zu wollen, man nimmt sie unwidersprochen hin. Keine Axt darf hier walten, auch nicht die bei Gartentechnikern bis heute sprichwörtliche »silberne Axt« des Fürsten Pückler-Muskau, der bei Neuanlagen von Parks Rodungen am vorhandenen Baumbestand nur nach sorgfältiger Überlegung vornehmen läßt.[6]

In der *Novelle* bleibt die Spannung zwischen Natur und Kultur erhalten in einer behutsam nostalgisch anmutenden Variante:

> Es ist eine Wildnis wie keine, ein zufällig einziges Lokal, wo die alten Spuren längst verschwundener Menschenkraft mit der ewig lebenden und fortwirkenden Natur sich in dem ernstesten Streit erblicken lassen.[7]

Diese Beschreibung »präpariert« für den Leser symbolhaft die Lokalität, in der sich die entscheidende Szene zwischen dem entflohenen Löwen und dem Knaben abspielen wird, der durch seinen orphischen Gesang das schreckenerregende Tier besänftigt. So gibt es hier zwei Modelle zur Ansicht, wie die Antinomie von Mensch und Natur aufgelöst werden kann. Das Kind und seine exotisch erscheinenden Eltern stehen gleichnishaft für unverbildete Naturkinder, die mit Liebe, Gottvertrauen und Anpassung an die »gefährliche« Natur alle Spannung in Harmonie auflösen, während die kultivierte Gesellschaft sich vom Elementaren dämonisch bedroht fühlt und in Kategorien der Jagd denkt. Aus mangelndem Verständnis resultiert Gewaltanwendung, die zum Tode des Tigers, eines zahmen Tieres führt.

Kultivierte Gesinnung und Form herrschen auch im französischen Garten des Schlosses vor, für den die Zeichnungen der Stammburg gedacht sind:

> Wir wollen mit diesen Bildern unsern Gartensaal zieren, und niemand soll über unsere regelmäßigen Parterre, Lauben und schattigen Gänge seine Augen spielen lassen, der nicht wünschte, dort oben in dem wirklichen Anschauen des Alten und Neuen, des Starren, Unnachgiebigen, Unzerstörlichen und des Frischen, Schmiegsamen, Unwiderstehlichen seine Betrachtungen anzustellen.[8]

Die landschaftsgartenartige und zugleich spannungsvolle Szenerie auf den Bildern soll in Gegensatz treten zu dem kultivierten, gestutzten Areal des Schloßgartens. Wer sie betrachtet, wünscht sich weg vom künstlich Gesetzmäßigen hin zum naturhaft Ungebändigten. Nur, wo man dieses in seiner Eigenart vollkommen gelten läßt, hat es die Kraft, »jeden Besuchenden in Erstaunen zu setzen, zu entzücken«.[9]

Selbst wenn die Schilderung dieser Örtlichkeit in der *Novelle* nur wenig Platz einnimmt, so zielt sie doch logisch gemeinsam mit der Handlung auf eine übergeordnete Moral, nämlich auf den Auftrag an den Menschen, die von Gott geschaffene und durchwaltete Welt zu hegen und zu pflegen. Damit folgt Goethe romantischem Naturverständnis. Die Gesellschaft wäre bedroht von der Gefahr, unbeweglich und starr zu werden ohne die Begegnung mit dem ewig Lebendigen, das hier in einer zauberhaft archaischen Situation auftritt, die an das Paradies erinnert.

Während sich die Gesellschaft der *Wahlverwandtschaften* aus Mißverständnis in die hermetisch geschlossene Welt einer korrigierten Natur zurückzieht und scheitert, wird hier die Herausforderung der ungebändigten Natur angenommen und als Anregung und Korrektiv für das eigene Weltverständnis hingestellt.

Die romantische »Synthese« der Gartenstile

Die Diskussion um die Garten*form* lebt auch bei den Autoren, die allgemein »Romantiker« genannt werden, noch fort; jedoch entfällt die wertende Parteinahme. Es gibt wohl kaum einen Dichter der Romantik, der das Gartenmotiv nicht aufgenommen hätte. Der wahre romantische Garten voller Wunder und Träume, Geheimnis und Zauberei, wie er aus den Dichtungen E. T. A. Hoffmanns, Clemens von Brentanos, Achim von Arnims und Joseph von Eichendorffs jedem Leser geläufig ist, existiert nicht real, sondern ist das Produkt reiner Imagination. Es geht den Autoren nicht um die »Wahrscheinlichkeit« der geschilderten Anlagen. Sie gestalten ihre Gärten nicht mit Rücksicht auf gartentheoretische Überlegungen oder unter Zuhilfenahme hortologischer Literatur; sie schaffen »ihre« Gartennatur allein aus den Bedingungen ihrer Gestalten, Motive und Darstellungsziele (Gehalte, Inhalte, Ideale).

Marianne Thalmann macht in ihrem Aufsatz über den romantischen Garten auf die Akzentverschiebung aufmerksam, die hier stattfindet: ein synästhetischer Wechsel vom Auge zum Ohr, vom Optischen zum Akustischen. Die Vögel singen und die Wipfel rauschen, wo das Herz spazierengeht.[1]

Wo aber Formelemente des Gartens schlagworthaft auftauchen, erhalten sie nicht die Bedeutung und nicht die ideologische Befrachtung, die dem Garten vordem zugemessen worden war. Vor allem der Gegensatz von französischem und englischem Park wird nicht mehr betont; man läßt vielmehr jeden an seinem Ort gelten.

Jean Paul z. B. »zerreißt« das Artefakt Landschaftsgarten, weil er sich nicht mehr an den Kanon hält. Er bedient sich seiner, aber er baut daraus eine eigene Gartenwelt.[2]

Unter den Schriftstellern, die das Sujet noch theoretisch erörtern, sind August Wilhelm Schlegel und Ludwig Tieck zu nennen. Beide nehmen den französischen Garten vor den Verfechtern der englischen Gartenkunst in Schutz.

Bereits 1801/02 kommt August Wilhelm *Schlegel* in einer für die ästhetische Theorie der Zeit typischen »Kehre« auf den positiven Aspekt der »Willkür« zu sprechen, die sich an der Natur »abarbeitet«:

> Es geschmackwidrig zu finden, daß man Bäumen und Stauden in Spalieren, Hecken und Lauben nicht ihren natürlichen Wuchs läßt, ist daher nicht viel anders, als wenn man ein Gebäude deswegen tadelte, weil es nicht aus natürlichen Felsenstücken, sondern aus behauenen Stellen zusammengefügt ist.[3]

Schlegel hatte kurz vorher, im Jahre 1800, Horace Walpoles Schriften in deutscher Übersetzung herausgebracht, darunter den lange nachwirkenden und vielzitierten Essay *History of the Modern Taste in Gardening*, der 1770 geschrieben, aber erst 1780 veröffentlicht worden war.[4] Es ist eine überzeugte pro domo-Darstellung des englischen Gartenstils, die in der Feststellung gipfelt:

> Wir haben den Punkt der Vollkommenheit erreicht, wir haben der Welt ein Vorbild ächter Gartenkunst gegeben: mögen nun andre Nationen unseren Geschmack nachäffen oder verfälschen; hier herrsche er auf seinem grünenden Thron, originell durch seine gewählte Einfachheit, und stolz auf keine andre Kunst als die, Härten der Natur zu mildern, und ihre anmuthigen Züge nachzubilden.[5]

Hierzu sind die Anmerkungen des Übersetzers von hohem Interesse. Schlegel weist den Anspruch Walpoles zurück. Es sei einem patriotischen Engländer zwar nicht zu verübeln, daß er auf die einzige bildende Kunst, worin seine Landsleute Anspruch machen können, original zu seyn, einen starken Nachdruck legt. Indessen läßt sich vielleicht manches gegen den hohen Werth der Englischen Gartenkunst und zur Vertheidigung der Ansichten anderer Völker und Zeitalter sagen.[6]

Schlegel preist die Bequemlichkeit und Zweckmäßigkeit der Alleen, Terrassen, Parterrebroderien usw. im formalen Garten, die ihm »gleichsam fortgesetzte Zimmer in freyer Luft« sind. Wenn man freie Natur genießen wolle, sei es »verständiger, zur Natur hinzugehen, als sie auf eine mühsame und kümmerliche Art zu sich herkommen zu lassen«.[7] Dies ist ein Hauptargument der Romantikergeneration gegen den englischen Garten. Die Größe der gottgeschaffenen Landschaft ist unnachahmlich. »Denn wer sich einbildet, etwas schöneres [...] hervorbringen zu können [...], müßte entweder sehr vermessen seyn, oder wenig große Naturszenen gesehen haben.«[8] Den Vorteil, mit einem derart gestalteten Garten ein Stück Landschaft für sich selbst zu besitzen, tut Schlegel als »Nebensache« ab. Die freie Natur wird vom deutschen Romantiker ohnehin als Allgemeingut betrachtet.

Schlegel dämpft den Nationalstolz der Briten weiterhin, indem er ihnen das ausschließliche Privileg der Erfindung des Landschaftsgartens streitig macht mit Hinweisen auf die Landschaftsmalerei der vorangegangenen Epochen und auf römische Schriftsteller wie Horaz und Tibull. Die beispielgebende Schilderung des Gartens Eden im *Paradise Lost* des Engländers Milton findet Schlegel bereits vorgeprägt in Torquato Tassos Beschreibung des Gartens der Armida in *Gerusalemme liberata*, und die von Walpole geäußerte Hoffnung auf eine englische »Schule der Landschaftsmahlerey«[9], die durch das Vorbild der Landschaftsgartenkultur eine Höhe erreichen sollte, »wie sie auf dem übrigen Erdboden nicht gefunden werden kann«[10], habe sich nicht erfüllt. Schließlich verspottet Schlegel die Erwartungen Walpoles mit dem Argument, daß ja trotz größter Vorliebe der Engländer für »schönes Hornvieh und Pferde« ihnen kein berühmter Tiermaler erwachsen sei, was »Zweifel an dem Kunstsinne der Nation, selbst für die unteren Gattungen« erregen müsse.[11] Es bleibt die Frage, warum Schlegel bei so starken Vorbehalten diese Schrift überhaupt übersetzt und herausgibt. Sie ist damit zu beantworten, daß im Jahre 1800 das Interesse für den englischen Garten wie die Nachfrage nach authentischer Literatur aus England noch sehr lebendig waren.

Geradezu fachtheoretisch handelt Tieck Probleme der Gartenkunst in der Rahmenerzählung des *Phantasus*[12] ab, wo ein Freundeskreis inmitten eines idyllischen, ganz formalen Hausgartens eine Debatte über die Gartenkultur führt. Das Vorbild für die Rahmenform dieses Buches, das ursprünglich *Gartenwochen* heißen sollte, fand Tieck in Boccaccios *Decamerone*. Die Freunde nehmen recht kontrovers zu verschiedenen Gartenformen Stellung, unter denen im Verlauf der Diskussion das französische Genre am besten abschneidet. Der englische Garten (von Tieck bevorzugt »Park« genannt) wird vorwiegend in den Übertreibungen und Verirrungen seiner empfindsamen und pittoresken Spielarten angegriffen und verurteilt; doch selbst dem von solchen Entgleisungen freien, klassischen Landschaftsgarten zollt man nur sehr zurückhaltend Anerkennung. Der Anspruch, verschönerte Natur zu sein, wird strikt zurückgewiesen.

Die hohe Empfindung, welche uns der Anblick der Natur gewährt, sei es das Gefühl des Waldes, des Meeres oder Gebirges, läßt sich in keinen Garten ziehn, denn diese Gefühle sind wechselnd, unbeschränkt, unaussprechlich. Diejenigen, welche in Parks das Seltsam-Schauerliche, oder das Erhaben-Majestätische erregen wollten, haben sich im größten Irrthume befunden, und es war natürlich, daß ihre Bestrebungen in Fratzen ausarten mußten.[13]

Die Ablehnung dieser »Gemütserregungskunst« durch vorgebliche »Veredelung der Natur« mündet in dem abfälligen Verdikt: »Verfertiger der schönen Natur«.[14] Dem Landschaftsgarten würde man ausnahmsweise Geltung einräumen, wenn er eine gewisse Vollkommenheit aufwiese. Dies aber sei nirgends erreicht. Alle bestehenden Gärten seien ungenügend, und so werden ihre Verirrungen ironisch gebrandmarkt: »Wo sind denn in Deutschland die vortrefflichen Gärten im sogenannten Englischen Geschmack, gegen die der gebildete Sinn nicht sehr Vieles einzuwenden hätte?«[15]
Nach dem Vorbild in England, wo durchaus Parks von großer Schönheit bestünden,

fing man denn in Deutschland ebenfalls an, mit Bäumen, Stauden und Felsen auf mannigfache Weise zu malen, lebendige Wasser und Wasserfälle mußten die springenden Brunnen verdrängen, so wie alle geraden Linien nebst allem Anschein von Kunst verschwanden, um der Natur und ihren Wirkungen auf unser Gemüth Raum zu gewähren. Weil man sich nun hier in einem unbeschränkten Felde bewegte, eigentlich keine Vorbilder zur Nachahmung hatte, und der Sinn, der auf diese Weise malen und zusammen setzen soll, vom feinsten Geschmack, vom zartesten Gefühl für das Romantische der Natur geleitet werden muß, ja, weil jede Lage, jede Umgebung einen eigenthümlichen Garten dieser Art erfordert, und jeder also nur einmal existieren kann, so konnte es nicht fehlen, daß man, von jenem ächten Natursinn verlassen, in Verwirrung gerieth, und bald Gärten entstanden, die nicht weniger widerlich, als jene holländischen waren. Bald genügten die Effekte der Natur und der sinnigen Bäume und Pflanzen nicht mehr, dem bizarren Streben waren diese Wirkungen zu gelinde, man baute Felsenmassen, Labyrinthe, hängende Brükken, chinesische Türmchen auf steilen Abhängen, gothische Burgen, Ruinen aller Art, und so waren diese verworrenen Räume am Ende mehr auf ein unangenehmes Erschrecken, oder unbehagliche Ängstlichkeit, als für einen stillen Genuß eingerichtet.[16]

Tieck läßt wiederholt die mangelnde Sensibilität für die Natur beklagen[17], die man im englischen Garten voraussetzen muß, wenn man den jeweils einmaligen, individuellen Park schaffen will, der gefordert ist. Daß zu den Gefühlen, die im Landschaftsgarten erregt werden, auch das »unangenehme Erschrecken« oder die »unbehagliche Ängstlichkeit« gehören, ist für die Landschaftsgartenschöpfer selbstverständlich. Sie sind ja für die Gefühlslenkung des Gartenbesuchers notwendig – als Gegenamplituden zu den sanften und angenehmen Partien im Park. Wenn Tieck sie perhorresziert, bedeutet dies zugleich eine Verkennung oder Ablehnung der Absichten des sentimentalen Landschaftsgartens.
Die Diskussionsteilnehmer im *Phantasus* lassen den englischen Garten nur unter der Voraussetzung zu, daß er aus persönlichem Gefühl und ohne Übertreibungen der umgebenden Landschaft anempfunden ist oder aber eine »unfreundliche« Landschaft bereichert, womit eine unauffällige Gegend gemeint ist. Als Beispiel dient der Garten des Herausgebers der *Arethusa*[18], in dem »dieselben heitern Gefühle« geweckt werden, mit denen

der sinnvolle Pflanzer die anmuthigste Landschaft hier mit dem Schmuck der schönsten Bäume dichtete, die auf sanften Hügeln und in stillen Gründen mannichfaltig wechselt, und durch rührende Reize den Sinn des Gebildeten beruhigt und befriedigt. Denn ein wahres und vollkommenes Gedicht muß ein solcher Garten sein, ein schönes Individuum, das aus dem eigensten Gemüthe entsprungen ist.[19]

Hier wird ein Garten mit dem Medium der Naturgegenstände »gedichtet«, nicht »gemalt« oder »komponiert«, wie in den meisten Landschaftsbeschreibungen. Trotz Kenntnis aus eigener Anschauung sagt Tieck über diesen poesiegeborenen Garten nichts Greifbares aus. Er sei angelegt, »um die innerlichen Bildungen eines schönen Gemüthes in Pflanzen und Bäume äußerlich zu erschaffen«[20], also, um Spiegel der Seele zu sein. Das allein rechtfertigt diesen »englischen« Park. Zudem befindet er sich in einer der traurigsten Gegenden Deutschlands, der brettebenen Mark Brandenburg.

Dagegen müsse ein solcher Park in eindrucksvollen Gebirgslandschaften »albern«[21] erscheinen, »weil die Natur, die unmittelbar hinein blickt, die Kunst-Effekte, die ihr hier verwandt sein sollen, vernichtet«.[22] Der formale Garten hingegen kann die Größe der Landschaft nicht stören. Er liegt »in stiller Demuth zu den Füßen jener Riesen, mit ihren Wäldern und Wasserbächen, und spielt mit seinen Blumen, Laubengängen und Brunnen wie ein Kind in einfältigen Phantasien«.[23] Dieser Garten hat für Tieck menschliches Maß. Er dient dem geselligen Umgang vieler Personen ebenso wie dem meditierenden Individualisten.

Der bunte grünende Raum war Fortsetzung der Säle und Zimmer, [...] der Frohwandelnde, wie jener, der sich in stille Betrachtung senkt, fand nichts, was ihn störte und irrte, sondern die lebendige Natur umgab sie zauberisch in denselben Regeln, in denen der Mensch von Verstand und Vernunft, und der innern unsichtbaren Mathematik seines Wesens ewig umschlossen ist.[24]

Der Garten ist eingegrenzt und gaukelt keine unendliche Weite vor. In ihm fühlt man sich sicher. Der Intellekt wird nicht irritiert, er braucht nicht zu zweifeln oder zu deuten. Marianne Thalmann spricht vom »Gehäuseerlebnis« der Romantiker in der Kleinform dieser Gärten.[25] Es sind zwar die Regeln des Architekten, die diesem Garten zugrundeliegen, doch will man seine Formen nicht direkt aus der Architektur abgeleitet sehen, sondern aus einer tieferen Gemütsschicht. So wie Landschaftsmaler und Landschaftsgärtner, die in der Landschaftsgartentheorie häufig verglichen worden sind, aus einer »gemeinschaftlichen poetischen Quelle schöpfen«, so nimmt »auch der Architekt nur aus jener mathematischen Poesie des Gemüthes seine Erfindungen«. Bei Tieck »erobert« das Gefühl auch den formalen Garten, das die Liebhaber der englischen Anlagen bisher dort vermißt hatten:

Alles dient hier einer Empfindung, die ich am liebsten im Gegensatz jener musikalisch schwärmerischen Gefühle eine pathetische Entzückung nennen möchte; alles erhebt die Seele zur Begeisterung, alles ist klar und unverworren; gleich vom ersten Eintritt fühle und übersehe ich den Plan des Ganzen, und aus jedem Punkte finde ich mich unmittelbar in den Mittelpunkt der großartigen Composition zurück.[26]

Die vordem so eifrig erstrebten Affekte wie Überraschung, Beunruhigung, Verwunderung, Täuschung und andere Gefühlserregungen fallen weg, und der verpönte, »Langeweile« erzeugende Überblick über die Gesamtkomposition wird sogar positiv hervorgehoben. Bei der Schilderung des formalen Gartens in der römischen Villa Borghese bedient sich Ernst, der Erzähler, sogar jener Metaphern, die der englische Garten usurpiert zu haben schien; er nennt ihn einen »*elysischen Garten,* dessen Reize nie veralten, und der jetzt eben wieder wie eine *Insel der Seligen* vor meiner Einbildung schwebt«.[27] Bei aller Sympathie leugnet Tieck nicht die negativen Seiten der formalen Gartenkunst, wie sie besonders kraß in der »*holländischen*« Variante dieses Kunstgartens auftraten.

Es giebt vielleicht in der ganzen Natur keine traurigere Einsamkeit, als uns die erstorbene Formel dieser Gartenkunst in dem barocken übertriebenen holländischen Geschmack darbietet, wo es den Reiz ausmachen soll, die Bäume nicht als solche wieder zu erkennen.

Ernst spricht von »vollendeter Abgeschmacktheit«, die »Grausen« erregt, vom Wasser, das zum »Possenreißer« gemacht wird, von »vollendetem Unfug«, der diese »*Gespenster von Gärten*« erfüllt.[28]

Beide Gartenformen stellt Tieck anhand der allgemeinen Stilzüge von Werken Calderons und Shakespeares noch einmal gegenüber. Es ist wohl auf Justus Mösers und Friedrich Schillers Vergleich von Shakespeares Stil mit dem des englischen Gartens zurückzuführen, wenn bei Tieck die gleiche Parallelisierung auftaucht. Er vergleicht den englischen Park mit dem Lustspiel von Shakespeare, den regelmäßigen Garten mit dem von Calderon.

Scheinbare Willkühr in jenem, von einem unsichtbaren Geist der Ordnung gelenkt, Künstlichkeit in anscheinender Natürlichkeit, der Anklang aller Empfindungen auf phantasirende Weise, Ernst und Heiterkeit wechselnd, Erinnerung an das Leben und seine Bedürfnisse, und ein Sinn der Liebe und Freundschaft, welcher alle Theile verbindet. Im südlichen Garten und Gedicht Regel und Richtschnur, Ehre, Liebe, Eifersucht in großen Massen und scharfen Antithesen, eben so Freundschaft und Haß, aber ohne tiefe oder bizarre Individualität, oft mit den nehmlichen Bildern und Worten wiederholt, Künstlichkeit und Erhabenheit der Sprache, Entfernung alles dessen, was unmittelbar an Natur erinnert, das Ganze endlich verbunden durch einen begeisterten hohen Sinn, der wohl trunken, aber nicht berauscht erscheint.[29]

Weiter werden Stanzen und andere »künstliche« Versmaße mit beschnittenen Buchs- und Taxushecken verglichen.

Man kann die hier vorgenommene Charakterisierung des englischen Gartens nicht als abwertend-kritisch bezeichnen, was bei Tiecks Achtung für Shakespeare auch nicht zu erwarten war. Ich nehme vielmehr an, daß die gleiche Wertschätzung der beiden Dichter auch eine gewisse versöhnliche Stellungnahme andeuten soll. Um so mehr, als Tieck anregt, eine Synthese beider Stilrichtungen zu vollziehen, wie sie zu dieser Zeit bereits an verschiedenen Orten verwirklicht worden war. Beispielsweise im Nymphenburger Park in München oder im Schloßpark zu Schwetzingen.

Der regelmäßige Garten schließt vielleicht im Hintergrunde am angenehmsten mit einer parkähnlichen, so wie der englische am schicklichsten nahe am Hause freie Räume und eine gewisse Regelmäßigkeit ausspart.[30]

Die zwei antithetischen Stile können folglich in einem Garten integriert werden. Sie schließen sich gegenseitig nicht aus, da sie nicht mehr nach ideologischen, sondern bestenfalls nach ästhetischen Kategorien beurteilt werden. Daß die Sympathien Tiecks aber dem französischen Garten gehören, geht aus den Gesprächen im *Phantasus* eindeutig hervor. Da die Mode offenbar noch den englischen Garten bevorzugt und die Gefahr einer Umwandlung formaler Gärten in Landschaftsparks weiter besteht, entrüsten sich die Diskussionspartner über die seltsame

Verirrung, daß man jetzt vorsätzlich auch viele Gärten zerstört, die in dem sogenannten französischen Geschmack angelegt sind, um eine unerfreuliche Verwirrung von Bäumen und Gesträuchen an die Stelle zu setzen, die man nach dem Modeausdruck Park benamt, und so bloß einer todten Formel fröhnt, indem man sich im Wahn befindet, etwas Schönes er erschaffen.[31]

Auch Clara, die Besitzerin des Gartens, in dem die Freundesrunde diese Debatte führt, liebt ihren Garten in der bestehenden, regelmäßigen Form und verteidigt ihn gegen die englische Gartenmode:

> [S]chon einige empfindsame Reisende haben unsern muntern Garten als altfränkisch getadelt und meiner Mutter auf vielfache Weise gerathen, einen krummen, und wenn man den nächsten Hügel mit hinein zöge, auch auf- und absteigenden Park mit allen möglichen Effekten anzulegen, [...] so daß ich schon für meine Blumenbeete und für die Wasserkünste, die selbst in der Stille der Nacht fortlachen, gezittert habe.[32]

Als Fazit der ganzen Gartendebatte bringt Clara die neue Zuversicht zum Ausdruck, daß der gefährdete Gartenplatz, nämlich der »locus« dieser Unterhaltung, gerettet sei,

> denn es steht vielleicht zu erwarten, daß man in der Zukunft manche der natürlichen Parks wieder in dergleichen künstliche Anlagen umarbeiten möchte. – Nicht wahr, mein Freund, [...] es ist überhaupt wohl schwer zu sagen, was denn Natur oder natürlich sei?[33]

Damit stellen sich neue, grundsätzliche Fragen, die in romantischem Sinne vorerst auf die seelische Disposition des Gartenbesuchers zielen, ehe von der Form die Rede ist:

> In uns selbst muß die Harmonie schon sein, um sie außer uns zu finden, sonst behelfen wir uns freilich nur mit leeren Phrasen, ohne die Schönheit zu genießen.[34]

Und was den Anteil der Kunst betrifft, so wird konstatiert: »Kunst und Natur sind aber beide, richtig verstanden, in der Poesie wie in den Künsten, ein und dasselbe.«[35]

Wie relativ der Streit um den Wert der beiden Gartenformen für die Romantiker letztlich geworden ist, kommt in der Feststellung zum Ausdruck: »Nach der Natur aber selbst sehnt sich gewiß jeder aus beiderlei Gärten vielmals hinaus und Niemand kann sie entbehren.«[36]

Eine weitgehende Abkehr vom englischen Garten wird in zwei späten Novellen Ludwig Tiecks deutlich, die das Gartenstil-Thema aufgreifen. Sehr signifikant ist das Gespräch zweier junger Freunde – Elsheim und Leonhard – in der Novelle *Der junge Tischlermeister* (1836). Sie ziehen sich nach einer Reise in drückender Hitze unter die Linde eines ländlichen Gasthofes zurück, deren Äste so beschnitten sind, daß sie unten eine Art »Vorsaal« des Hauses bilden. »Dieser kühldämmernde, dunkelnd grüne poetische Saal« gibt »duftende Kühle«, wie sie keine »Kunst-Anstalten« hervorbringen können, und eine Wohnlichkeit wie keine »Gartenlaube«. »Der schöne Baum ist freilich verdorben; dafür hat dieser Bauer aber auch einen grünen Sommersaal, wie kein Fürst mit allem seinem Prunke ihn aufweisen kann.«[37] Der abfällige Terminus »verdorben« (aus dem Wortschatz der Landschaftsgartenkünstler für den Heckenverschnitt) wird *noch* benutzt, aber an die Stelle des Bedauerns tritt hier Verständnis und Bewunderung:

> Es hat etwas Wunderbares, wie der Baum sich erziehen und verziehen läßt [...]. Das Gedicht des Wandsbecker Boten gegen diesen *Schneiderscherz*, wie er es nennt, ist recht getreu und biederherzig, aber es wird mir die Schönheit dieses Sommersaales oder gar den Zauberreiz eines ächten großartigen französischen Gartens niemals aus der Seele singen können.[38]

Matthias Claudius hatte in der *Serenata, im Walde zu singen* aus dem *Wandsbecker Boten* den künstlichen Wald der französischen Gärten verhöhnt, den man in einer langen Reihe pflanzt und mit der Schere verschneidet.[39]

Nicht mehr ideologische, sondern ästhetische und praktische Gesichtspunkte werden zur Verteidigung des formalen Gartens ins Feld geführt. Der Gedankensprung vom Motiv eines einzelnen verschnittenen Baumes in ländlicher Umgebung zur bekenntnishaften Verteidigung der französischen Gartenkunst im ganzen beweist aber zugleich, wie präsent die Thematik von der Kontroverse um die Gartenform noch in den dreißiger Jahren des 19. Jahrhunderts gewesen ist.

Am Abend wechseln die Freunde in den Garten desselben Gasthofes, wo ein zweiter Lindenbaum »so künstlich verschnitten« ist, daß er in seinem Geäst hoch oben eine »Blätterlaube« bildet, die über die genannten Annehmlichkeiten hinaus noch den Ausblick in die weite Landschaft gewährt. »Reizend«, »rührend« und »voller Weihe« sind die Eindrücke – wohlgemerkt Empfindungskorrelate, die ehemals ausdrücklich dem englischen Garten vorbehalten waren. »Mir ist hier zu Muthe, als wenn wir die Figuren aus einem dichterischen Mährchen wären«, äußert Elsheim.[40]

Der sozialpolitische Aspekt, wonach im Landschaftsgarten die Natur ihre Freiheit erhält, um Symbol zu werden für die Befreiung des Menschen und für die Rückkehr zu den einfachen naturgesetzlichen Formen, wird hier nicht mehr am Vorbild eines englischen Gartens demonstriert, sondern am Beispiel des in französischer Gartentechnik verformten Baumes. Ungeachtet der langen ländlichen Tradition des Baumverschnitts, tritt der Gegensatz von »Hütte und Palast«[41] in einer frappierenden Variante auf. Der Eingriff, den die Landschaftsgartenideologen der fürstlich-französischen Gartenkunst als frevelhafteste Sünde vorwarfen, wird hier zum fraglosen Vorzug des einfachen Lebens vor dem aristokratischen stilisiert. Dennoch erscheint Elsheim die Rehabilitierung dieser »Künstlichkeit« vor dem offenbar noch immer wirksamen landschaftsgärtnerischen Geschmacksdiktat notwendig:

> Was hindert mich denn, diese bäuerliche Erfindung auf meinem Gute nachzuahmen? Mögen die Enthusiasten der englischen Gartenkunst die Nase rümpfen, so viel sie immer wollen, ich werde es ganz gewiß thun.[42]

Damit sind die Vertreter der englischen Gartenkunst der Arroganz und Regelunterwürfigkeit bezichtigt, während der Enthusiast der vormals verpönten französischen sich die Freiheit nimmt, ihr zu folgen!

Vollends auf Ablehnung trifft der englische Garten in Tiecks Novelle *Eine Sommerreise* von 1834, wo Ferdinand angesichts der »Berceaus« im fränkischen Schloßgarten von Werneck »eine fast übertriebene Vorliebe« für den jetzt »verschmähten« französischen Garten zeigt. Besonders die geflochtenen Gewölbe der Buchenlaubgänge haben es ihm angetan:

> [D]as auffallend Künstliche dieser Bogenwölbung, so innigst mit der Baumschönheit verbunden, ist so lieblich und phantastisch, daß es wie von selbst Poesie und zarte Wunderträume erregt. Preise man nur nicht so unmäßig jene monotonen, melancholischen englischen Gärten, die weit eher ein Rückschritt zur Barbarei zu nennen sind, als daß sie echte, höhere Gartenkunst sich rühmen, oder gar für die einzig wahre ausgeben dürften.[43]

Monotonie, Melancholie, Barbarei – lauter Verdikte, mit denen man vordem den formalen Garten bedacht hatte. »Poetischen Sinn« spricht Ferdinand diesen »sonderbaren Compositionen« auch beim Besuch des Gartens der Eremitage bei Bayreuth zu, wo er beklagt, daß in den formalen Gartenteil »einige sogenannte englische Partien« hineingebracht wurden, »die den gut geführten französischen Anlagen ganz unharmonisch widersprachen«.[44]

Die Meinung Schlegels und Tiecks teilt nun auch

Johann Georg Jacobi, der vorher begeisterter Anhänger der englischen Gartenkunst gewesen war. In einem von vielen lyrischen Einlagen durchschossenen Aufsatz – *Über die englischen Gärten. An den Herrn Kanzler von Ittner. Freyburg, im Sommer 1807* – durchleuchtet er kritisch die Tendenz der englischen Gärten und kommt zu der Auffassung, daß sein Wunschgarten kein Park im herkömmlichen Sinne sein würde und schon gar kein englischer, sondern ein idyllisch-ökonomisches Dörfchen inmitten von nutzbringenden Feldern, wo jeder Siedler seine kleinen Blumen- und Fruchtgärten besäße. In seiner Heimat sei es

ohnehin Versündigung an der Natur, wirklicher Frevel [...], eine künstliche Landschaft anzulegen, weil die natürliche schon ein Garten ist, dem es weder an Bergen und Waldung, noch an Bächen, die sich durch Wiesen schlängeln, noch an Kapellen auf schattigten Hügeln, noch selbst an Ruinen gebricht, und wo man Leben und Fröhlichkeit überall um sich her sieht.[45]

Für den Geschmackswandel, der in der Zeit um die Jahrhundertwende allenthalben deutlich wird, ist diese Stellungnahme höchst aufschlußreich. Denn Jacobi hatte siebzehn Jahre vorher noch eigenhändig empfindsame Gartenkunst betrieben. Er hat den barocken Familiengarten in Pempelfort (heute zu Düsseldorf gehörend) im Jahre 1790 in einen sentimentalen Landschaftsgarten verwandelt und damals stolz an die Gräfin von Reventlow geschrieben:

Wenn Sie Lust haben, beste Julie, Pains-Hill wiederzusehen, ohne über das Meer zu gehen, so machen Sie die Reise nach Pempelfort. Ich habe das leibhafte Pains-Hill aus meinem Garten gemacht, die Grotte, den Thurm, das gothische Gebäude und dergleichen ausgenommen. Er ist ungefähr noch einmal so groß geworden, als Sie ihn gesehen haben. Der Düsselbach hat einen anderen Lauf bekommen; es sind Berge und Thäler entstanden. –[46]

Der Park von Pains-Hill gehört zu den mit Staffagen überladenen sentimentalen Gärten Englands, die in den siebziger und achtziger Jahren bewundertes Vorbild waren.[47] Von einer Erweiterung des privaten Gartens der Jacobis ist nichts bekannt; man muß annehmen, daß die Vergrößerung aufgrund der optischen Täuschung durch eine ausgeklügelte Landschaftsgarten-Gestaltung zustande kam.

Einen Schritt weiter als die Romantiker geht Hegel, indem er die englische Gartenkunst rundweg ablehnt. Sie mache die »Mannigfaltigkeit und deren Regellosigkeit zum Gesetze«. Ihre Staffagen führten bald zum »Überdruß«. Was ihm aber am wichtigsten ist: der Mensch soll die Hauptperson im Garten sein, und das ist nach seiner Vorstellung nur in der Regelmäßigkeit eines formalen Gartens gewährleistet, wo die architektonischen Gesetze auch für die Pflanzennatur Gültigkeit haben.[48] Hegel verstößt die Gartenkunst aus dem Kanon der ersten Künste und rechnet sie den unvollkommenen zu.[49] Im Jahre 1846 stellt Friedrich Th. Vischer noch einmal die beiden Stilrichtungen einander gegenüber, ohne auf ihren Antagonismus einzugehen. Sie sind für ihn »interessante Ausprägungen der allgemeinen Stilunterschiede in der Kunst«, ohne daß er deren Befrachtung mit Ideen über ihre Entwicklung und gegensätzliche Wirkung im Politischen oder Psychologischen anspricht. Sein Gartenbild ist geradezu biedermeierlich:

Der Spaziergänger entbehrt die freie Schönheit der zufällig gefundenen ästhetisch erfreuenden Landschaft im Großen und genießt dafür den Vorteil einer von Menschenhand gepflegten, gereinigten Natur, wo ihn nicht rohe Zufälligkeit, Schmutz, Verkrüpplung, Raupenfraß, wüster Lärm, Anblick von Tierquälerei, überhaupt die Qual des Lebens in der reinen Stimmung stört.

Vischer gliedert in einen plastischen und einen malerischen Stil und kritisiert einerseits die Entartung des Hecken- und Baumverschnitts im Rokoko-Garten und andererseits die Übertreibungen des aus dem germanischen England herübergekommenen Stils, der die Grenzen zur Musik und Dichtung ungebührlich überschritt, indem er »bestimmte Stimmungen und Ideen hervorrufen wollte«.

Der Schlußsatz Vischers ist typisch für die neue Liberalität in den Künsten, aber auch für den Verfall ihres Einflusses. In der Kunst und mit ihr kann sich keine revolutionäre Idee mehr manifestieren. Die Frage des Stils ist keine Frage der Weltanschauung:

> Übrigens stehen wir hier im Geschmacksgebiete, wo die individuelle Neigung gilt. Zieht Jemand den plastischen Stil vor, wie z. B. Hegel, so ist daher nicht mit ihm zu rechten. Man mag auch in passenden Übergängen die beiden Stile verbinden.[50]

Der Streit um Sinn und Geltung der unterschiedlichen Formen gärtnerischer Naturgestaltung, der viele Jahrzehnte hindurch die Geister bewegt hatte, verebbt. Der Landschaftsgarten ist nicht mehr Protestschrei gegen Fürstenwillkür und der französische Garten nicht mehr Synonym für absolutistische Systeme. Die Hoffnungen, die an den englischen Garten geknüpft worden waren, nämlich Mahnung an die Fürsten zu sein, ihrem Volk ebensoviel Freiheit zu gewähren wie den vegetabilischen Elementen, wurden enttäuscht, und das Vertrauen auf die moralische Wirkung freiwachsender Natur in Gärten ging verloren. Der Garten konnte keine innere Revolution des Menschen bewirken. Nur noch als bittere Ironie ist der Wunsch zu verstehen, der in Tiecks Novelle *Der Jahrmarkt* (1831) geäußert wird:

> Möglich, (und der Gedanke ist erfreulich), daß die Menschheit so hoch steigt, daß man in Zukunft einen Verbrecher oder gottlosen Zweifler nur in das Gatterthor eines Gartens sanft einschiebt, um ihm [sic!] nach zwei, drei Stunden jenseit als Gläubigen, Überzeugten und Tugendhaften wieder heraus zu lassen.[51]

Der Glaube, daß die Menschheit hier auf Erden ein Paradies wiederherstellen könnte, das seit dem Sündenfall verloren war, mußte an der Wirklichkeit zerbrechen. Damit ist auch der Landschaftsgarten kein Motiv mehr für engagierte Schriftsteller. Die Dichtung wendet sich entweder dem politisch-pragmatischen Alltag oder der unverbindlichen Innerlichkeit zu, die nur dem ästhetischen Diktat unterliegt. Wo noch Gärten in der Art französischer oder englischer Parks geschildert werden, hat das Bewußtsein von ihrer Stileigentümlichkeit keine die Handlung strukturierende Bedeutung mehr – wenn ein solches Bewußtsein überhaupt noch artikuliert wird.

Anmerkungen

Einleitung

1 Das vielzitierte Wort wird Blaise *Pascal* zugeschrieben
2 Ernst *Bloch*, Das Prinzip Hoffnung. Bd. I, 1959, S. 452
3 Vgl. Fr. *Nemec*: Die Ökonomie der »Wahlverwandtschaften«.

Erscheinungsform des Landschaftsgartens

1 aus lat. parricus, Gehege (vgl. Pferch), Tiergehege, Wildpark, weiträumiger Garten.
2 aus got. garda, »Hürde«, ursprünglich mit Gerten eingefriedetes Gehege zum Anbau von Nutzpflanzen.
3 Das Wort erscheint erstmals im Jahre 1764 in den »Unconnected Thoughts on Gardening« des englischen Dichters William *Shenstone*:
»Gardening may be divided into three species- kitchen-gardening – parterre-gardening and landskip-, or picturesque-gardening«.
Den Begriff des Landschaftsgärtners prägt Shenstone in Analogie zu dem des Landschaftsmalers:
»I have used the word landskip-gardeners; because in pursuance of our present taste in gardening, every good painter of landskip appears to me the most proper designer.« (Zitate nach Miles *Hadfield*, A History of British Gardening. London u. a. 1969, S. 203)
4 Noch Rudolf *Borchardt* huldigt ihm im Jahre 1925 recht unkritisch und offenbar ohne gründliche Lektüre: »wir, das Volk C. C. L. Hirschfelds, der die Blumenliteratur so zur Kunstform erhob, wie Ritter die Erdkunde und Clausewitz die Kriegswissenschaft...«. (»Der leidenschaftliche Gärtner«. Stuttgart 1968, S. 19) Blumen spielen in Hirschfelds Theorie eine völlig nebensächliche Rolle.
Über die Wertschätzung Hirschfelds vgl. auch Wolfgang *Schepers*' Aufsatz »C. C. L. Hirschfelds Theorie der Gartenkunst (1779–85) und die Frage des ›deutschen Gartens‹« in »Park und Garten im 18. Jahrhundert«. Heidelberg 1978, S. 83–92. Der Begriff eines ›deutschen Gartens‹ im Sinne eines bereinigten englischen, auf deutsche Konditionen abgestellten Gartens ist über verschwommene Postulate nie hinausgekommen.

Bodengestalt

5 *Hirschfeld* II, 7
6 ebda. II, 5
7 ebda. II, 7
8 Barthold Heinrich *Brockes*, Auszug der vornehmsten Gedichte aus dem Irdischen Vergnügen in Gott. Faksimile nach der Ausgabe von 1738 (Hamburg: Chr. Herold), S. 124
9 *Haller*, »Die Berge«, 1721
10 *Haller*, »Die Alpen«, Vers 319 f., 1729
11 Johann Joachim *Winckelmann*, Briefe. In Verb. mit Hans Diepolder herausgegeben von Walther Rehm, Berlin: W. de Gruyter 1952, Bd. I, S. 189
12 ebda. S. 223 f.
13 ebda. Bd. IV (Berlin 1957), S. 267. (»Als ich nun gemeinsam mit Winckelmann in die Berge hineinfahre, sehe ich plötzlich, wie seine Miene sich verändert, und in pathetischem Tone ruft er aus: ›Schaut Freund, welch entsetzlicher Anblick! Welch maßlose Höhe der Berge!‹ Kurz darauf, bereits auf deutschem Boden, fährt er fort: ›O, welch alberne Form im Bauen! Beachten Sie, wie spitz die Dächer sind.‹ Dabei zeigte er eine Erregung, und einen unglaublichen Abscheu vor diesen Dingen.«)
14 *Hirschfeld* II, 5
15 ebda. II, 7 f.
16 ebda. II, 10
17 z. B. *Leisewitz* in seinen Tagebüchern über die Parks von Tiefurt und Weimar: (Unter dem 8. 8. 1780: »Diefurt wollte mir nicht so sehr gefallen als der Stern – die Parthieen an Waßer sind unterdeßen vortreflich –«) hrsg. von H. Mack und J. Lochner. Weimar 1920. Bd. II, S. 16
18 *Hirschfeld* II, 10
19 Sämtliche Werke. Berlin: Reimer 1827, 1. Bd., S. 319
20 H. *Walpole*, On Modern Gardening. 1785. Seit 1770 handschriftlich kursierend.
21 Jacques *De Lille*, Die Gärten. Ein Lehrgedicht in vier Gesängen. (1782) Übers. von Christ. Fried. Traugott Voigt. Leipzig: Fleischer 1796. S. 41
22 Jacques *De Lille*, s. o. S. 49
23 *Walpole*, On Modern Gardening, s. o. Bridgeman war einer der

ersten, die landschaftliche Züge in die Gärten einbrachten. Sein Leben und sein Werk sind nur aus spärlichen Berichten bekannt. Von 1728 bis zu seinem Tode 1738 war er ›royal gardener‹ (M. *Hadfield*, A History of British Gardening. London 1969, S. 182–184)

24 A. J. D. *D'Argenville*, La Théorie et la Pratique du Jardinage [...]. Paris 1709, S. 19: »Au bout de ces allées on percera les murs par des grilles, ou des ouvertures avec des fossés au pied, pour continuer les enfilades et le coup d'oeil[...]«

25 Johann Christian August *Grohmann*, Neue Theorie der schönen Gartenkunst. Leipzig: Leupold 1797, Bd. I, S. 223

26 »Die Zeitgenossen nannten sein Fürstentum das Gartenreich«. Paul Ortwin *Rave*, Gärten der Goethezeit. Leipzig: Koehler u. Amelang 1941, S. 43 – Alfred *Hoffmann*, Der Landschaftsgarten. Hamburg: Broschek 1963, S. 80

27 *Schillers* Werke, Nationalausgabe Bd. 22, hrsg. von Herbert Meyer. Weimar: Böhlau 1958, S. 290

28 ebda.

29 ebda.

Vegetation

30 Der orientalische Teppich aus der Türkei oder aus Persien zeigt mit Vorliebe stilisierte Gartengrundrisse in vielen Varianten. Es gibt auch den Fachausdruck »Gartenteppich«.

31 Schon 1610 zieht der Tiroler Arzt Guarnonius einen ähnlichen Vergleich zwischen Ebene und Gebirgslandschaft. Vgl. Friedrich *Kammerer*, Zur Geschichte des Landschaftsgefühls im frühen achtzehnten Jahrhundert. Berlin: Calvary 1909, S. 86

32 *Hirschfeld* II, 63

33 ebda. II, 16/18

34 So eine Kapitelüberschrift bei *Hirschfeld* II, S. 49

35 *Hirschfeld* II, 50 f. und I, 150 f. – *Goethe*, der in seiner Farbenlehre selten landschaftliche Dinge behandelt, interessiert an der Pflanzenfarbe allein die Mischung von Gelb und Blau. Er beobachtet die Varianten des Holzes von Gelb bis Braun: »Blaue Hölzer sind mir nicht bekannt, und so zeigt sich schon auf dieser Stufe der Organisation die aktive Seite mächtig, wenn in dem allgemeinen Grün der Pflanzen beide Seiten sich balancieren mögen.« (Hamburger Ausgabe, Bd. XIII, S. 464, § 630). Und vom Blattwerk sagt er: »So scheint auch das Gelbe wesentlicher den Blättern anzugehören als der blaue Anteil: denn dieser verschwindet im Herbste, und das Gelbe des Blattes scheint in eine braune Farbe übergegangen. Noch merkwürdiger aber sind die besonderen Fälle, da die Blätter im Herbste wieder rein gelb werden und andre sich bis zu dem höchsten Rot hinaufsteigern.« (H. A. XIII, 464, § 632). Auch in der Abteilung über die »Sinnlich-Sittliche Wirkung der Farbe« betont Goethe den beruhigend-heiteren Einfluß der ausgeglichenen Grün-Nuancen ohne auf ihren dominierenden Anteil in der Natur einzugehen: »Unser Auge findet in derselben eine reale Befriedigung. Wenn beide Mutterfarben sich in der Mischung genau das Gleichgewicht halten, dergestalt, daß keine vor der andern bemerklich ist, so ruht das Auge und das Gemüt auf diesem Gemischten wie auf einem Einfachen. Man will nicht weiter, und man kann nicht weiter. Deswegen für Zimmer, in denen man sich immer befindet, die grüne Farbe zur Tapete meist gewählt wird.« (H. A. XIII, 501, § 801) Und im Kapitel »Charakterlose Zusammenstellungen«: »Gelb und Grün hat immer etwas Gemein-Heiteres.« (H. A. XIII, 505, § 829)

36 *Hirschfeld* I, 169 f.

37 ebda. I, 170

38 ebda. I, 171

39 ebda. II, 50

40 ebda. II, 38

41 ebda. I, 202

42 ebda. I, 202

43 ebda. II, 82

44 ebda. II, 84

Das Wasser

45 *Hirschfeld* II, 125

46 ebda. I, 200

47 ebda. II, 88

48 ebda. II, 100 f.

49 ebda. II, 102

50 ebda. II, 103f.

51 ebda. II, 108

52 ebda. II, 111

53 ebda. II, 108

54 ebda. II, 105

55 ebda. II, 119

56 ebda. II, 116; Albrecht *v. Haller*: Die Alpen. 1729, Vers 359f.

57 *Hirschfeld* II, 113

58 ebda. II, 124

59 so zum Beispiel in der Anlage von Schönbusch bei Aschaffenburg.

Künstliche Elemente

Die Wege

60 *Hirschfeld*, II, 130

61 Friedrich *Schiller*, Sämtliche Werke, Bd. V, München: Hanser (1959), S. 424

62 *Hirschfeld* II, S. 131

63 ebda. II, S. 133

64 Gartenkalender auf das Jahr 1783, hrsg. v. C. C. L. *Hirschfeld*, 2. Jgg., Altona 1783, S. 179

65 Friedrich Ludwig von *Sckell*, Beiträge zur bildenden Gartenkunst. München: Lindauer 1818, § 6, Tab. I

66 *Hirschfeld* II, S. 134

Die Gebäude

67 *Hirschfeld* III, S. 41

68 Abbildungen verschiedener Beispiele in *Hirschfeld* III, S. 58 ff.

69 Wilhelm Gottlieb *Becker*, Das Seifersdorfer Thal. Leipzig: Voß und Leo 1792, S. 158 – Goethe korrespondierte mit Tina von Brühl, der Schöpferin des Seifersdorfer Gartens, nur in französisch. Vgl. WA IV/7, S. 82, 132 f., 179 ff., 190 f.

70 *Becker*, Das Seifersdorfer Thal. S. 159

71 ebda. S. 56 f.

72 ebda. S. 45

73 ebda. S. 46

74 Auch der Altar im Park des Schlosses von Louisenlund bei Schleswig stand vor einem mächtigen abgestorbenen Baum. Er gehörte in eine Abfolge von freimaurerischen Einrichtungen. Eine zeitgenössische Abbildung findet sich im Quatuor Coronati Jahrbuch 1975, Nr. 12, Bild 16

75 *Hirschfeld* III, S. 80; Hirschfeld mißversteht die selbstkritische Ironie der Engländer und findet den Vorwurf »ungerecht«. Paul Zucker, ein moderner Betrachter, meint hingegen, daß der Temple of Modern Virtue »ironically is more emotionally evocative and artistically satisfying than its twin.« (P. *Zucker*, Fascination of Decay. Ruins: Relic – Symbol – Ornament. S. 196.) Literarische Anregung gab eine Satire von Alexander Pope. Die Anspielung hatte auch einen aktuellen politischen Hintergrund: Der Besitzer des Gartens, Lord Cobham und sein Neffe Pitt (später Lord Chatham) standen in heftiger Opposition zur Regierung, die damals von Robert Walpole geführt wurde und der man den Verfall der Sitten zum Vorwurf machte. Vgl. L. *Whistler* u. a., Stowe. (Buckingham) 1968, S. 18 f.

76 *Becker*, Das Seifersdorfer Thal. S. 63

77 ebda. S. 68

78 *Hirschfeld* III, 109

79 ebda.

80 Das Motiv des Eremiten ist im Mittelalter durch Wolframs Trevrizent und im Barock durch Grimmelshausens Simplicius beispielhaft mit tiefem Gehalt erfüllt worden. Im ersten Fall idealische Sühne für die Sünde des Bruders, im zweiten Selbstbesinnung und Reue zwecks Rettung der eigenen Seele. Die weitere Entwicklung als literarisches Motiv bei Lessing, Bürger, Lenz, Klinger, Wieland, Goethe, Novalis, Hölderlin, Wackenroder verfolgt John *Fitzell*, The Hermit in German Literature. Chapel Hill 1961.

81 *Hirschfeld* III, 96

82 *Hirschfeld* III, 98. – Das Motiv des Eremiten, der seine Klause einem würdigen Nachfolger vererbt, ist aufgenommen in einem Gedicht »Das Testament eines Einsiedlers«, anonym abgedruckt in Hirschfelds »Kleiner Gartenbibliothek«, S. 106–109

83 *Hirschfeld* III, 98

84 ebda.

85 ebda. III, 103

86 ebda. III, 104

87 ebda. III, 105

88 Kleine Gartenbibliothek, S. 97

89 Derek *Clifford*, Geschichte der Gartenkunst. München: Prestel (1966), S. 324 f.

90 Journal des Luxus und der Moden, hrsg. von F. J. *Bertuch* und G. M. *Kraus*, I. Jgg., Weimar und Gotha 1786, S. 107

91 *Hirschfeld* III, 244

92 In der Höhle der mit Baumrinde verkleideten Einsiedelei des Parks zu Arlesheim bei Basel lag die Figur des Einsiedlers vor einer Begräbnisurne. Der Berichterstatter im Journal des Luxus und der Moden (1. Jgg., 1786, S. 306) kann nicht umhin, diese Übertreibung in einer Fußnote zu rügen: »Man findet so häufig geschmacklose Einsiedeleyen in noch geschmacklosern Gärten und Gärtchen mit hölzernen Einsiedlern garnirt, daß man diese schöne Parthie, die hier die Natur geformt hat, unwillig durch solch eine Spielerey entstellt sieht.«

Im Schloßpark von Louisenlund bei Schleswig befand sich noch bis in unser Jahrhundert eine Holzeremitage, die außen mit Eichenborke verkleidet war und ein Reetdach trug. Auf einem Holzgestell lag ein aus Holz geschnitzter Eremit. Eine aufgeschlagene Bibel ruhte auf den Knien des Alten. Trat man auf eine im Fußboden befindliche Klappe, so wurde durch einen Mechanismus der Oberkörper des Eremiten aufgerichtet und der weißbärtige Alte starrte den Eintretenden an. In dem Raum standen außerdem ein kleiner Tisch und ein Stuhl. Auf dem Tische sah man einen Totenschädel und ein Kruzifix. Der Besitzer des Gartens seit 1770, Landgraf Carl zu Hessen, war der höchste Repräsentant der Freimaurer in den Herzogtümern Schleswig und Holstein. Er ließ verschiedene Anlagen in seinem Schloßpark schaffen, die freimaurerischen Kult- und Versammlungszwecken dienten, wie z. B. den sog. Freimaurerturm (1778–1784) und den Altar. Die Eremitage wird als »eine übliche Teststation in der Freimaurerei« bezeichnet. Vgl. dazu Otto *Schwartz*. Die freimaurerischen Anlagen im Park des Schlosses Louisenlund. In: Quatuor Coronati Jahrbuch 1975, Nr. 12, S. 25 f. Hamburg 1975.

Ein intaktes Beispiel für eine Klause mit polychromierter Eremitenfigur aus dem 18. Jh. findet sich bis heute im Felsen-Landschaftsgarten von Son Raxa auf der Mittelmeerinsel Mallorca. –

93 Das Verfahren erinnert an den exzentrischen »Sacro Bosco« von

Bomarzo bei Orte nördlich von Rom, wo Fürst Vicino Orsini, ebenfalls ein Außenseiter, seit 1500 eine Fülle von allegorischen und monströsen Gestalten und Architekturen aus dem anstehenden Felsen hauen ließ. Man brachte die Figurengruppen mit literarischen Vorlagen wie Ariostos »Orlando Furioso« in Verbindung, doch entziehen sie sich einer überzeugenden Deutung.

94 Vgl. Erich *Bachmann*, Anfänge des Landschaftsgartens in Deutschland. In: Zs. für Kunstwissenschaft, Bd. V, Heft 2. Berlin 1951, S. 203 ff.

95 Vgl. Hermann *Ullrich*, Robinson und Robinsonaden (Bibliographie, Geschichte, Kritik). Weimar: Felber 1898

96 Vgl. »Leser und Lesen im 18. Jahrhundert.« Colloquim der Arbeitsstelle 18. Jahrhundert. Gesamthochschule Wuppertal. Heidelberg 1977, S. 40 ff.

Die Ruinen

97 Unverbindliche Zusammenstellungen bringen Paul *Zucker*, Fascination of Decay. Ruins: Relic – Symbol – Ornament. Ridgewood (1968) und Hans *Vogel*, Die Ruine in der Darstellung der abendländischen Kunst. Kassel: Winter 1948.

98 Reinhard *Bentmann* / Michael *Müller*, Die Villa als Herrschaftsarchitektur. Frankfurt a. M. ^{2}1971, Edition Suhrkamp 396

99 ebda. S. 48

100 *Hirschfeld* III, 110

101 ebda.

102 ebda. S. 111

103 Heinrich *Wölfflin*, Kunstgeschichtliche Grundbegriffe. München ^{8}1947, S. 27
Eine Zusammenfassung der lyrischen Ruinendichtung gibt Lotte *Kander* in ihrer Dissertation »Die deutsche Ruinenpoesie des 18. Jahrhunderts bis in die Anfänge des 19. Jahrhunderts.« Heidelberg 1933. Sie erblickt in der Ruine ein Symbol für das Ringen des 18. Jahrhunderts »nach echtem Gefühlsleben, seiner Auffassung von Natur, Kunst und Geschichte auf Grund einer rückwärts gewandten, lebensfernen Weltauffassung.« (S. 78) Die Ruine erfährt ihre »Würdigung als ästhetisches Gebilde«. Das Fazit Lotte Kanders ist folgender »Grundgedanke«: Das fruchtlose Nachgrübeln über die Unabänderlichkeit des Schicksals, zu welchem die Ruine im 18. Jahrhundert Anlass gibt, verwandelt sich in ein Anspornen zur Tat oder zu freudigem Lebensgenuß.« (S. 78) Hier mangelt völlig die Einsicht, daß das Ruinensentiment seinen Wert in sich selbst fand, daß die Ruine als Gefühlserregungsinstrument diente, wobei die Wertigkeit von Lust oder Unlust dieses Gefühls irrelevant war, weil eines sich aus dem anderen ergibt. Der Lebensgenuß wird gewonnen aus der Intensivierung des Lebensgefühls, etwa wenn die Freude durch den Kontrast mit gerade überwundener Trauer gesteigert ist. Lebensfern war dieses genußvolle Auskosten sicher nicht, jedoch ineffektiv im Sinne eines rationalen oder gar politischen Zukunftsdenkens. Auf das Phänomen der Ruinenimitation geht die Verfasserin nicht ein.

104 *Hirschfeld* III, 110

105 ebda. III, 112

106 ebda. III, 114

107 Sehr instruktive Anweisungen zum Bau von »wahren« Ruinen gibt noch im Jahre 1818 Friedrich Ludwig *von Sckell* in seinem Buch »Beiträge zur bildenden Gartenkunst für angehende Gartenkünstler und Gartenliebhaber«. München: Lindauer, S. 37 f.: »Um aber diese Wahrheit soviel möglich hervorgehend zu machen, so sollte die Anlage einer künstlichen Ruine nach einem bestimmten Plane ausgeführt werden, und die ruinierten Theile durch eine zweifache Verfahrungsart hervortreten, nämlich: es brauchen jene großen, durch die Zeit eingestürzten Theile, als eingefallene Mauerstücke, Gewölbe, Kuppeln etc. nicht ergänzt gebaut zu werden, um sie nachher wieder einschlagen zu müssen, sondern diese Theile sind gleich im Bauen schon auszulassen, weil im andern Falle, und wenn man diese Zerstörungen durch Instrumente bewirken wollte, der Bau zu sehr erschüttert und eine gefährliche Ruine entstehen könnte; [...] Wenn bei einem Fronton mehrere Gesimsstücke mangeln, oder wenn bei einem Fenster der Sturz und das Gesims eingestürzt sind, so hat man nicht nöthig, diese erst aufzulegen, um sie wieder herunterzuwerfen, sondern solche Bruchstücke können gleich dahin geworfen werden, wo sie sich nach den Gesetzen des Falles befinden müssen.
Die zweite Verfahrensart ist, daß der Erbauer einer solchen Ruine, nachdem das ganze Werk vollendet worden, alle einzelnen Theile z. B. die Gesimse, welche sich noch zu scharf profiliren, mit andern, die zu neu erscheinen, durch einen eisernen Schlegel nach Angabe des Künstlers und nach den angemessenen Standpuncten ruiniren läßt. Solche Brüche durch den Schlag hervorgebracht, und folglich durch Zufall gebildet, kommen allerdings der Natur weit näher, als jene Brüche, die die Kunst durch den Steinmetz würde heraushauen und bilden lassen. Ähnliche Brüche und Sprünge täuschen nicht, sie sind erkünstelt, und entfernen sich weit von der Natur und der Wahrheit.«

Ruhesitze, Brücken und Tore

108 *Hirschfeld* III, S. 124

Statuen

109 *Hirschfeld* III, S. 130

110 *Hirschfeld* III, S. 132 – Großes Vorbild für die Betonung des Vaterländischen war der »Tempel der verdienten Briten« zu Stowe. Dort stehen die Büsten von 16 berühmten Briten aus

Kunst und Politik, Philosophie und Seefahrt: William Shakespeare und Alexander Pope ebenso wie Francis Drake und Walter Raleigh. In deutschen Gärten fand diese Anlage starken Nachhall (z.B. Hermannsdenkmal in Seifersdorf). Ihren Gipfel erreicht die Entwicklung unter Ludwig I. v. Bayern (Walhalla und Bavaria-Ruhmeshalle) sowie gegen Ende des 19. Jh. im »Heldenberg« bei Wien. Eine religiöse Variante bringt der Garten der Abtei St. Mathias in Trier. Dort ragt aus einer Reihe von mythologischen und allegorischen Statuen die überlebensgroße Figur eines »Christus als Gärtner« heraus. (Trierisches Jahrbuch 1957. Hrsg. v.d. Stadtbibliothek und dem Verein »Trierisch«. Trier. S. 115)

111 *Hirschfeld* III, S. 132

112 ebda. S. 134

113 ebda. S. 138

114 ebda.

115 ebda. S. 191

116 ebda. S. 192

Monumente

117 *Hirschfeld* III, S. 142

118 ebda.

119 ebda. S. 146

120 ebda. S. 203–207 und Tab. I–VI.

121 ebda. S. 148

122 ebda. Tab. I–VI

123 Siegmar *Gerndt*, Der Durchgang zum Paradies. Zwei Skizzen von Johann Jakob Atzel in Schillers Wirtembergischen Repertorium. In: Vergleichen und Verändern, Festschrift für Helmut Motekat, hrsg. von A. Goetze und G. Pflaum. München: Hueber 1970, S. 44–51

124 Vgl. Elisabeth *Nau*, Hohenheim, Schloß und Gärten. Sigmaringen [2]1978, S. 69

125 Aus *Klopstocks* Bardiet »Hermann und die Fürsten«, 1. Szene. 1784

126 W. G. *Becker*, Das Seifersdorfer Thal. S. 173

127 Gartenkalender auf das Jahr 1783, hrsg. von C. C. L. *Hirschfeld*, 2. Jgg. Altona: Eckhardt 1783, S. 269f., Abb. 11
Eine Beschreibung des im Entstehen begriffenen Landschaftsgartens von Breese findet sich in Hirschfelds Theorie III, S. 231–247. Da der Band bereits 1780 erschien, fehlt jeder Hinweis auf das Lessing-Denkmal.

128 Abbildungen im Gartenkalender, s. o. S. 265f., Abb. 1–4

129 Gartenkalender, s. o. S. 266 f.

130 *Hirschfeld* II, S. 60, III, S. 150

131 *Hirschfeld* III, S. 144

132 ebda. S. 145

133 ebda. S. 145. – Die »Sterbekunst« zu einer wahren Philosophie entwickelt hat Theodor von Hippel. Nicht nur in seinen Werken ist dies ein zentrales Motiv, sondern auch in seinem Leben. »Ein Teil seines großen Gartens war wie ein Friedhof gestaltet. Grabhügel und Leichensteine, Totenschädel und Grabesblumen, von Trauerweiden beschattet, umgaben den Besucher (H. Motekat: Ostpreußische Literaturgeschichte[...] S. 196)

134 *Hirschfeld* II, 58 f.

135 J. *Schweizer*, Kirchhof und Friedhof. Eine Darstellung der beiden Haupttypen europäischer Begräbnisstätten. Linz a.d. Donau 1956. Vgl. auch die Veränderung des Friedhofsgedankens in: Philippe *Arriès*, Studien zur Geschichte des Todes im Abendland. Übers. von Hans-Horst Henschen. München (1976)

136 Beschreibung im Teutschen Merkur von 1780, II. Quartal, S. 228ff.

137 »Dem Andenken/J. J. Rosseau's/Bürgers zu Genf / der / die Witzlinge zum gesunden/Verstande/die Wollüstlinge zum wahren/Genusse/die irrende Kunst zur Einfalt/der Natur/die Zweifler zum Trost/der Offenbarung/mit maennlicher Beredsamkeit/zurückwies/Er starb/den II. Jul. MDCCLXXVIII«. Friedrich *von Matthisson* nennt die Inschrift ein »Meisterwerk der lakonischen Dichtart« (Erinnerungen, Bd. 5, S. 189), Carl August Boettiger hingegen, ein vielseitiger und kritischer Betrachter, meint, sie habe das gegen sich, »daß Rousseau die Zweifler nie zum Troste der Offenbarung, wohl aber in seinen Bergbriefen zum Glauben an Fortdauer durch das Licht der Natur geführt hat«. C. A. *Boettiger*, Reise nach Wörlitz 1797. Aus der Hs. bearbeitet und kommentiert von Erhard Hirsch. Wörlitz: Staatliche Schlösser und Gärten. (1970), S. 19 f.

138 *Boettiger*, s. o. S. 17

139 ebda. S. 31

140 Johann Anton *Leisewitzens* Tagebücher nach den Hss. hrsg. von Heinrich Mack und Johannes Lochner. 2 Bde. Weimar: Ges. der Bibliophilen 1920, Bd. II, S. 65f. (6. Sept. 1780)

141 *Hirschfeld* IV, S. 235

142 ebda. II, S. 160

Inschriften

143 zitiert bei *Hirschfeld* I, S. 43

144 *Hirschfeld* III, S. 154

145 ebda.

146 ebda. III, S. 155

147 *Hirschfeld* III, S. 155. Man vergleiche dazu die Inschrift des im Jahre 1795/96 (laut Theodor *Dombart*, Der Englische Garten zu München. München: Hornung 1972, S. 128 f.) entstandenen Rumford-Denkmals in München, wo die Anregung Hirschfelds zur imperativen Aufforderung wird: »Lustwandler steh!/Dank staerket den Genuss./Ein schoepferischer Wink Carl Theodors./ Vom Menschenfreunde Rumford/mit Geist, Gefühl und Lieb' gefasst,/hat diese ehemals oede Gegend/in das, was du nun um dich sihest,/verwandelt«. Die Rückseite trägt die Auf-

schrift: »Ihm, / der das schmaehlichste oeffentliche Übel, den Müssiggang und Bettel tilgte, / der Armen Hilf, Erwerb und Sitten, / der vaterlaendischen Jugend / so manche Bildungsanstalt gab. / Lustwandler geh' / und sinne nach, ihm gleich zu sein / an Geist und Tat / und uns / an Dank!« Das Lob für den Fürsten ist verbunden mit einer didaktisch-moralisierenden Mahnung. Zugleich verweist man mit Stolz auf das der Natur abgezwungene Landschaftsideal umher. Dieses Leistungsbewußtsein drückt auch noch die Inschrift der marmornen Exedra aus, die König Ludwig I. im Jahre 1838 durch Leo von Klenze nach pompejanischem Vorbild im Englischen Garten errichten ließ: »Hier, wo ihr wallet, da war sonst Wald nur und Sumpf.« Sie steht auf den Fundamenten des abgerissenen hölzernen Apollo-Monopteros von 1791, dessen Lage Felix Joseph Lipowsky in seiner »Urgeschichte von München«. 1815, S. 459, beschreibt: »Schauerliche Ehrfurcht ist das Gepräge dieser Gegend und bey dem griechischen Tempel im celtischen Bardenhaine glaubt man die Saiten Homers und Ossians harmonisch säuseln zu hören«.
Höchst aufschlußreich für den geistigen Wandel einerseits und die Herrscher-Kontinuität Carl Theodors andererseits sind die 24 Jahre früher verfaßten Aufschriften am »Denkmal des Gartens« in der streng französisch gestalteten Boskett-Partie zu Schwetzingen, das bis 1777 Sommerresidenz des Kurfürsten gewesen war. Dort heißt es auf der Vorderseite: MIRARIS / QVISQVIS OBAMBULAS / STUPET IPSA / QVAE NEGAVERAT / MAGNA RERVM MATER / NATVRA! (Du wunderst dich, Lustwandler; sie selbst staunt, die es versagt hatte, die Natur, die große Mutter der Dinge). Der selbstgefällige Triumph über die Natur ist hier unüberhörbar und viel stärker als nachher in München – eine Blasphemie in den Augen der Landschaftsgartengestalter, die sich ihr doch völlig unterwerfen.
Auf der Kehrseite steht: CAROLVS THEODORVS / DEPONENDIS CVRIS / SIBI SVISQVE / LVDENDO FECIT / MONIM. H. POS. / MDCCLXXI / (Carl Theodor hat dies zur Erholung von seinen Sorgen ⟨Sanssouci!⟩ für sich und die Seinen in Zeiten der Kurzweil geschaffen. Das Denkmal setzte er 1771). Der Fürst gibt damit zu verstehen, daß der Park nur privaten Zwecken dient und »ludendo«, spielerisch, angelegt wurde. Er ist noch rein höfisch und im Geist des Rokoko konzipiert. Im klaren Gegensatz dazu steht der Englische Garten in München, wo Carl Theodor seit 1778 residiert und mit Dekret vom 13. Aug. 1789 kundgibt, daß er den Park »zur allgemeinen Ergötzung für dero Residenz-Stadt München herstellen zu lassen und diese schönste Anlage der Natur dem Publikum in ihren Erhollungs-Stunden nicht länger vorzuenthalten gnädigst gesonnen« sei. Das heißt »Volkspark« mit deutschen Inschriften hier und »Fürstenpark« mit lateinischen Inschriften dort.

148 *Hirschfeld* III, S. 155
149 ebda.
150 ebda. III, S. 159
151 ebda. III, S. 159–170
152 ebda. IV, S. 239

Der Landschaftsgarten, eine eigene Kunstgattung?

1 Vgl. Hans *Sedlmayr*, Verlust der Mitte. Berlin: Ullstein 1958, S. 17 ff.
2 *Ideler*, Georg Friedrich, Der Gartenfreund oder Inbegriff des Wesentlichsten aus allen Theilen der Gartenkunst in alphabetischer Ordnung herausgegeben von ... Bd. III. Berlin: Pauli 1798, S. 43 f.
3 Hans *Sedlmayr*, s. o. S. 17
4 ebda.
5 ebda.
6 J. G. *Sulzer*, Allgemeine Theorie der Schönen Künste. Leipzig: Weidmann ^{2}1792, S. 297 (Textgleich der ersten Aufl.)
7 *Hirschfeld* I, S. VI f.
8 *Hirschfeld* IV, S. 19
9 u. a. bei Leopold *von Reichenbach*, Einige Bemerkungen über die Gärten in der Mark Brandenburg. Berlin: Himburg 1790. Abgedruckt in: Des Landrats L. v. Reichenbach Märkisches Gartenbüchlein, hrsg. von Paul Ortwin Rave. Berlin: Dt. Kunstverlag 1940, S. 70
10 Friedrich Kasimir *Medikus*, Beiträge zur schönen Gartenkunst. Mannheim: Neue Hof- und akadem. Buchhandlung 1782, S. 284 f. Medikus war als Pfalz-Zweibrückischer wirklicher Regierungsrath unter anderem auch Vorsteher des Kurfürstl. botanischen Gartens.
11 *Medikus*, s. o. S. 278
12 *Sulzer*, s. o. S. 301
13 ebda. S. 298
14 William *Mason*, The English Garden. A Poem in four Books. London: Jones 1813, S. 140. – Mason hatte dieses didaktische Versepos in Blankversen 1771 begonnen.
15 Historische litterarische und unterhaltende Schriften von Horatio *Walpole*, übersetzt von A. W. Schlegel. Leipzig: Hartknoch 1800, S. 422 f.
16 *Hirschfeld* I, S. XIII
17 z. B. Johann Georg *Kessel*, Ein Landschaftsgemälde für Freunde der schönen Natur und ländlicher Anlagen. Erlangen: Palm 1786. – Chr. Ludwig *Stieglitz*, Gemählde von Gärten, im neueren Geschmack dargestellt. Leipzig: Voss 1798 – Beschreibung und Gemählde des Herzogl. Parks bey Weimar und Tiefurt; besonders für Reisende. Erfurt: Keyser 1797
18 *Hirschfeld* I, S. 152 f.
19 Immanuel *Kant*, Kritik der Urteilskraft, Hrsg. v. G. Lehmann, Stuttgart 1963, S. 260 (1. Teil, 1. Abschnitt, 2. Buch, § 51).
20 *Kant*, s. o. S. 260 f.

21 Vgl. *Kant*, s.o., 1. Teil, 1. Abschnitt, 1. Buch, §22, S. 130 f.: »in Lustgärten, Stubenverzierung, allerlei geschmackvollem Geräte u. dgl., wird die Regelmäßigkeit, die sich als Zwang ankündigt, so viel möglich vermieden; daher der englische Geschmack in Gärten [...]. Alles Steif-Regelmäßige (was der mathematischen Regelmäßigkeit nahe kommt) hat das Geschmackwidrige an sich: daß es keine lange Unterhaltung mit der Betrachtung desselben gewährt, sondern, sofern es nicht ausdrücklich das Erkenntnis, oder einen bestimmten praktischen Zweck zur Absicht hat, Langeweile macht.«

22 *Kant*, s.o. S. 260

23 ebda. S. 261

24 ebda. S. 102 f. Nach § 14 gilt in allen bildenden Künsten die Zeichnung als »das Wesentliche«, die Farben dagegen »gehören zum Reiz«.

25 ebda. S. 262 f.

26 ebda. S. 261

27 ebda. S. 272 f. (§ 53: »Vergleichung des ästhetischen Werts der schönen Künste untereinander.«)

28 *Kant*, s.o. S. 266

29 J. G. *Herder*, Kalligone, von Kunst und Kunstrichterei. In: Sämtliche Werke, hrsg. von B. Suphan. Bd. XXII. Berlin: Weidmann 1880, S. 130 f.

30 ebda. S. 132 f.

31 ebda. S. 132

32 ebda. S. 131

33 ebda. S. 132

34 ebda.

35 ebda.

36 *Kant*, Kritik der Urteilskraft, s.o. S. 260

37 *Herder*, s.o. S. 133

38 F. K. *Medikus*, Beiträge zur schönen Gartenkunst. Mannheim 1782, S. 307 – Der Mediziner Friedrich Kasimir Medikus (1736–1803) war seit 1764 Vertreter der Botanik an der Kurpfälzischen Akademie. Auf seinen Vorschlag hat man in Mannheim einen botanischen Garten angelegt, in dem die Gewächse gemäß ihren natürlichen Lebensbedingungen angepflanzt wurden. Als Pfalz-Zweibrückischer Regierungsrat war er seit 1770 Direktor der Kurfürstlich-Pfälzischen ökonomischen Gesellschaft und Vorsteher des botan. Gartens. Vermutlich entstand auf Medikus' Anregung auch das sogenannte Arborium Theodoricum mit vielen ausländischen Bäumen, das Fr. Ludwig von Sckell 1777 bei seinem ersten Landschaftsgarten-Versuch im Schwetzinger Schloßpark anpflanzte.

39 *Schillers* Werke. Nationalausgabe. Bd. 22. Weimar: Böhlau 1958, S. 286

40 ebda. S. 286 f.

41 ebda. S. 288

42 Salvatore Rosa (1615 Neapel–1673 Rom); Nicolas Poussin (1593/4 Villers b. Les Andelys–1665 Rom); Claude Lorrain (1600 Chamagne/Vogesen–1682 Rom); Jacob van Ruysdael (1628/9 Haarlem–1682 Haarlem); Salomon van Ruysdael (1600 Haarlem–1670 Haarlem); Lucas van Uden (1595 Antwerpen–1672/3 Antwerpen; schuf vorwiegend kleinformatige Sommerlandschaften; Gehilfe von Rubens); Pieter Bruegel d. A. (um 1525 Bruegel bei Breda–1569 Brüssel); Barend Graat (1628 Amsterdam–1709 Amsterdam) schuf u. a. italienisierende Landschaften mit Staffagen; Felix Meyer (1653 Winterthur–1713 Wyden bei Ossingen) gab bei Sandrart in Nürnberg ein »Landschaftsbüchlein« mit Landschaftsradierungen heraus. Die Gebrüder Hermann d. J. Sachleven (eig. Saftleven, 1609–85) und Cornelisz S. (1607–81) waren niederländische Landschaftsmaler; Adam Elsheimer (1578 Frankfurt a. M.–1610 Rom) bildete einen eigenen Landschaftsstil aus: Kleine Figuren in Naturausschnitten voll romantischer Stimmung, oft bei Nachtbeleuchtung.
Es handelt sich ausschließlich um Maler des 17. Jahrhunderts, nicht um zeitgenössische.

Rekonstruiertes Paradies

1 Paradies ist die persische Bezeichnung für den »mauerumgürteten Bezirk« eines Gartens. Kenneth *Clark*, Landschaft wird Kunst. Köln 1962, S. 6.

2 Eine eingehende Darstellung der historischen Hintergründe von »Gods Controversary«, dem Streit darüber, ob Gottes Fluch die Natur mitbetroffen habe, gibt Marjorie *Nicolson* in »Mountain Gloom and Mountain Glory«. In: The Development of the Aesthetics of the Infinite. Ithaka, New York 1959. Vgl. dazu auch Klaus *Poenicke*: Dark Sublime. Raum und Selbst in der amerikanischen Romantik. Heidelberg: Winter 1972.

3 Zitiert nach *Shaftesbury*: Die Moralisten; übers. v. M. Frischeisen-Köhler. Leipzig 1909, S. 175

4 »Über die Hauptgrundsätze der schönen Künste und Wissenschaften«, in: Moses *Mendelssohns* Philosophische Schriften. 2. Theil. Berlin ^{2}1771. Neu hrsg. von Otto F. Best u. d. T.: Ästhetische Schriften in Auswahl. Darmstadt 1974, S. 180 f.

5 ebda.

6 *Hirschfeld* I, S. 145

7 In: »Taschenkalender auf das Jahr 1795«. Tübingen: Cotta (1794), S. 101. Vgl. Schillers Rezension.

8 Historische litterarische und unterhaltende Schriften von Horatio *Walpole*, herausgegeben und übersetzt von A. W. Schlegel. Leipzig: Hartknoch, 1800, S. 402

9 Verdruckt für Hagley.

10 Hagley und Stourhead sind Musterbeispiele englischer Landschaftsgartenkunst.

11 Walpole, s.o. S. 403.

12 ebda. S. 405

13 Berichte darüber durch Georg *Forster*, der seinen Vater Johann Reinhold Forster auf Cooks zweiter Expedition begleitet hatte und darüber eine Reisebeschreibung nach des Vaters Tagebuchaufzeichnungen verfaßte (englisch 1777, dt. Übers. 1778/79).

14 Idyllische und exotische Sehnsucht. Formen bürgerlicher Nostalgie in der Literatur des 18. Jahrhunderts. Kronberg/Taunus: Scriptor 1976

Der sentimentale Garten

J. H. Merck und die ›Darmstädter Empfindsamen‹

1 *Hirschfeld*, Bd. II, S. 157–160

2 Komus (Komos) = laut Paulys Real-Encyclopädie ein fröhlicher Umzug mit Trinkgelage; als Personifikation eine weinselige Daimonsgestalt.

3 Ein derartiger, gemalter Prospekt mit verblüffender Tiefenwirkung besteht bis heute im Schloßgarten zu Schwetzingen, wo am Schluß eines Treillagen- und Höhlenganges der Blick auf eine leuchtende, arkadische Flußlandschaft gezogen wird, auf das sogenannte »Ende der Welt«.

4 Nach *Hirschfeld* II, S. 47 f. sind Wildnisse »unordentliche Haufen von mancherley Gebüsch und niedrigem Strauchwerk [...] alles ohne Cultur, der natürlichen Verwilderung und der freyen Unordnung ganz überlassen«.

5 Das Bild vom Garten als Traum verwendet *Goethe* angesichts des Parks von Wörlitz: »Wie das Vorüberschweben eines leisen Traumbilds« (13. Mai 1778 im Tagebuch), »[...] die Götter dem Fürsten erlaubt haben einen Traum um sich herum zu schaffen.« (14. Mai 1778 an Charlotte von Stein).

6 Der Teutsche Merkur, Jgg. 1781, IV, S. 176 f.

7 Briefe an und von Johann Heinrich *Merck*. Eine selbständige Folge der im Jahr 1835 erschienenen Briefe an J. H. Merck. Aus den Handschriften hrsg. von Dr. Karl Wagner. Darmstadt: Diehl 1838, S. 176

8 Vgl. Helmut *Prang*, Johann Heinrich Merck, ein Leben für andere. Insel-Verlag 1949, S. 204 ff. und 231 ff.

9 Abgedruckt in »Briefe aus dem Freundeskreise von Goethe, Herder, Höpfner und Merck. Hrsg. von Karl *Wagner*. Leipzig: Fleischer 1847, S. 225

10 Johann H. Riedesel, Freiherr zu Eisenbach (1740–1785) war Mercks Freund und ebenfalls Mitarbeiter an den Frankfurter Gelehrten Anzeigen.

11 Henriette Christiane Caroline, Landgräfin von Hessen-Darmstadt (1721–1774), die Mutter Herzogin Luises von Weimar, ist zum Unterschied von ihrer Tochter Caroline von Hessen-Homburg die »Große Landgräfin« genannt worden. Sie war der spiritus rector des Darmstädter Geisteslebens.

12 Als Caroline im Jahre 1774 starb, widmete ihr Friedrich II. von Preußen die Marmorurne mit der Inschrift: »Femina sexu, ingenio vir«, die den Grabhügel bis heute schmückt.

13 Eine zweite, »empfindsamere« Beschreibung der Anlage bringt *Hirschfeld* im letzten Bande seines Werkes (Bd. V, S. 343).

14 An Herder, Mitte Juli 1772 (W. A. IV. Abt., 2. Bd., S. 19)

15 Viele Daten und Details gibt Heinrich *Jacobi*, Goethes Lila, ihre Freunde Leuchsenring und Merck und der Homburger Landgrafenhof. In: Mitt. d. Vereins für Geschichte und Landeskunde zu Bad Homburg vor der Höhe, Heft XXV, 1957. Dort auch zahlreiche weiterführende Literaturangaben. – Vgl. auch *Goethe*, Dichtung und Wahrheit, 12. Buch: »Wie sehr dieser Kreis mich belebte und förderte, wäre nicht auszusprechen. Man hörte gern die Vorlesung meiner gefertigten oder angefangenen Arbeiten«. (H. A., Bd. 9, S. 507)
Mehr erzählend ist die Schilderung von Valerian *Tornius*, Die Empfindsamen in Darmstadt. Leipzig: Klinkhardt (1910)

16 *Jacobi*, s. o. S. 101

17 Louise von Ziegler an Psyche, Brief vom 22. 6. 1773, abgedruckt in *Jacobi*, s. o. S. 82

18 Vgl. Caroline Flachsland an Herder, Brief vom 27. 4. oder 1. 5. 1772. In: Schriften der Goethe-Gesellschaft. Weimar 1928, Bd. 41, S. 103 f. – Abb. des Felsens in *Tornius* a. a. O., nach S. 136

19 An Caroline, Brief vom 6. 6. 1772. Schriften der Goethe-Ges., s. o. S. 132

20 Vgl. Goethes Brief an Herder Mitte Juli 1772

21 Schriften der Goethe-Ges., a. a. O. S. 134

22 ebda. S. 22

23 *Goethe* macht solches Verhalten zum Motiv in »Stella, ein Schauspiel für Liebende«. Vgl. Akt 1 und 5. H. A. IV, S. 312/341

24 Beschreibung und Grundriß des Gartens sowie Abdruck der Gedichte in: Heinrich *Jacobi*, Goethe und Homburg. In: Mitt. des Vereins für Geschichte und Altertumskunde zu Bad Homburg v. d. Höhe 1932: Heft XVII S. 17 ff. und 24 ff.

25 Johann Heinrich *Merck*, Briefe. Hrsg. von Herbert Kraft. Frankfurt a. M.: Insel (1968), S. 67. Der Brief ist hier irrtümlich mit März 1772 datiert; vgl. Carolines Brief an Herder vom 13. April 1772 in: Schriften der Goethe-Ges., a. a. O. S. 91 f.

26 *Jacobi*, Goethe und Homburg, S. 157

27 Prang, s. o. S. 52

28 Erschienen 1778 im Teutschen Merkur.

29 *J. H. Merck*, Werke. Ausgewählt und herausgegeben von Arthur Henkel. Frankfurt a. M.: Insel (1968), S. 211

30 ebda. S. 191

31 Erschienen 1781/82 im Teutschen Merkur.

32 *Merck*, Ausg. Henkel, S. 251

33 ebda. S. 255

34 ebda. S. 277

35 Hier zitiert nach: Johann Heinrich *Jung-Stilling*, Lebensgeschichte. Vollständiger Text nach den Erstdrucken 1777–1817. München: Winkler (Fundgrube) (1968)

36 Besonders deutlich in dem Roman »Theobald oder die Schwärmer« von 1784, der viele autobiographische Züge aufweist.

37 Lebensgeschichte, s. o. S. 347

38 ebda. S. 157

39 ebda. S. 290

40 ebda. S. 354

41 ebda. S. 101

42 ebda. S. 40 f.

43 ebda. S. 47

44 ebda. S. 132

45 ebda. S. 100

46 Ein anderer Garten wird nur in einem Satz anläßlich eines Ausflugs erwähnt. Man besucht von Kreuznach aus »den Niederwald, welcher auch dem Herrn Grafen von Ostein gehört, und auf die Art eines englischen Parks eingerichtet ist.« (Lebensgeschichte, S. 330)

47 *Hirschfeld* widmet dem Schmerz'schen Garten im 5. Bande seiner »Theorie« auf S. 342 eine kurze Notiz: »Bey der Stadt Creuznach hat der Kaufmann Herr Schmerz eine neue Anlage gemacht, wobey die natürliche Beschaffenheit der Gegend mit gutem Geschmack benutzet ist.«

48 Lebensgeschichte, s. o. S. 318–320

49 Im Garten von Seifersdorf besteht zum Beispiel bis heute eine Steinplatte mit der Inschrift: »Ach wie schön.« Vgl. Abb. S. 60

Der Landschaftsgarten in satirischer Kritik

50 Ein Terminus aus G. H. *Rapps* »Fragmentarischen Beiträgen« im Taschenkalender, s. o. S. 134

51 Sieghild *Bogumil* hat in einem Aufsatz mit dem Titel »Die Parkkonzeption bei Rousseau oder die Natur als Lenkung und Ablenkung« (In »Park und Garten im 18. Jh.« Heidelberg 1978, S. 100–112) darauf hingewiesen, wie weit die offizielle Gartentheorie von Rousseau's Ideen abgewichen sei, indem sie den Park zum »Medium der Gefühlsaussprache des Menschen« gemacht habe. Er »ist nicht mehr die Natur selbst, sondern hat nur noch die Funktion, sie darzustellen. Er ist zur Geste geworden«. Mir erscheint dieses Urteil zu pauschal und auch ungerecht, weil hier ein poetisch fingierter Park an einem realiter anzulegenden Garten gemessen wird. Ist nicht auch der Garten Julies in der »Nouvelle Heloïse« ein Medium, mit dem der Schriftsteller Rousseau die Empfindungen seiner Gestalten vermitteln will? Das Ideal der Landschaftsgartenschöpfer, die sich der Begriffe Rousseau's bedienten, blieb stets der Wunsch, den Gartenbesucher zum »Ursprung seines Wesens« zurückzuführen. Wenn ihnen dies nicht gelingt und der Park laut Bogumil »zur sentimentalen Autobiographie des Menschen verkümmert«, dann liegt es an dem Urproblem, Philosophie und Spekulation in der Realität zu verwirklichen.

52 Bd. II, S. 299.

53 ebda. S. 309.

54 In: *Hirschfelds* Taschenbuch für Gartenfreunde auf die Jahre 1787 u. 1788, S. 97

55 Zuerst veröffentlicht in den von Möser herausgegebenen »Wöchentlichen Osnabrückischen Anzeigen«; 1775 aufgenommen in den II. Teil der »Patriotischen Phantasien«.

56 Justus *Mösers* sämtliche Werke. Historisch-kritische Ausgabe in 14 Bänden. Bd. V, Patriotische Phantasien II, Oldenburg/Berlin (1945), S. 281 ff.

57 Alle Zitate: J. J. *Wezel*, Kakerlak... Leipzig 1784, S. 178 ff.

58 Erstdruck 1787 in »Goethes Schriften«, 4. Band bei Göschen in Leipzig. Dafür hat Goethe den Text 1786 überarbeitet, doch ließ er die Gartenraumbeschreibungen und den Askalaphus-Monolog unverändert. Nur die Szenenanweisungen für die Naturverwandlung im Innenraum sind ausführlicher. Vgl. Lesarten in WA I/17, S. 338.

59 Erläuterungen eigener Gedichte, 1820. WA I/41[1], S. 331.

60 WA I/5[1], S. 207, Nr. 19.

61 WA I/35, S. 6.

62 Vgl. Wolfgang *Vulpius* und Wolfgang *Huschke*: Park um Weimar – Ein Buch von Dichtung und Gartenkunst. Weimar: Böhlaus Nachfolger [4]1962.

63 R. *Krüger*: Das Zeitalter der Empfindsamkeit. Leipzig: Koehler u. Amelang [2]1973, S. 186.

64 *Goethes* Werke. Bd. VIII. Berlin: Hempel, S. 335.

65 ebda. S. 333 f.

66 ebda. S. 338

67 Aus kunsthistorischer Sicht behandelt Eva *Höllinger* das Thema: Das Motiv des Gartenraumes in Goethes Dichtung. DVjs. 35 (1961).
Über die Tradition des Garten-Ersatzraumes liegt die ausführliche Arbeit der gleichen Verfasserin vor: Eva *Börsch-Supan* (Mädchenname: Höllinger), Garten-, Landschafts- und Paradiesmotive im Innenraum. Berlin (1967).

68 Hrsg. und eingeleitet von G. Mattenklott. Ullstein 1972.

69 Die dreibändige Ausgabe, also in der Auflage von 1777.

70 Hempel-Ausgabe, S. 355.

71 In Ovids »Metamorphosen« der Name eines Sohnes des Acheron.

72 Hempel-Ausgabe, S. 348 f.

73 Goethe hat Mösers kleine Satire sicher gekannt, vermutlich bereits als Zeitungsartikel noch vor ihrem Erscheinen im zweiten Sammelband der »Patriotischen Phantasien« 1775. Im 13. Buch von »Dichtung und Wahrheit« spricht er vom herrlichen Möser: »Dieses unvergleichlichen Mannes kleine Aufsätze

[...] waren schon seit einigen Jahren in den ›Osnabrücker Intelligenzblättern‹ abgedruckt, und mir durch Herder bekannt geworden [...] In die Formen seines Vortrags glaubten wir uns wohl auch finden zu können; aber wer durfte hoffen, sich eines so reichen Gehalts zu bemächtigen, und die widerspenstigsten Gegenstände mit so viel Freiheit zu handhaben?« (H.A., Bd. 9, S. 596 ff.)

74 Kleine Gartenbibliothek, herausgegeben von C. C. L. *Hirschfeld*. Eine erweiterte Fortsetzung des Gartencalenders. 1. Bd. (Mehr nicht erschienen) Kiel bey dem Herausgeber [1791], S. 105

75 Kleine Gartenbibliothek, s. o. S. 102 f. – Das Beispiel von Bomben aus Blech ist durchaus nicht so abstrus, wie es hier klingen soll. Die Parodie wurde von der Realität eingeholt. Im Landschaftsgarten »Arcadia« bei Warschau (ca. 15 km von Lowicz) befindet sich bis heute ein Denkmal in Form einer solchen Bombe. Der Garten wurde in der Zeit von 1790 bis 1830 durch Helena, Fürstin Radziwill, angelegt. Das Gartenmotto, am Fries eines römischen Tempels angebracht, ist Petrarca entlehnt: »Dove pace trovai d'ogni mia guerra« (Wo ich Frieden fand von all meinem Kampf). Vgl. Jan *Wegner*: Arkadia. Warszawa 1948, und Gerard *Ciolek:* Ogrody polskie. Warszawa 1954, S. 145 ff. – Der Hinweis auf Berggarten, Klostergarten etc. bezieht sich auf *Hirschfelds* Einteilung in der »Theorie«. Bd. V. »Gärten vor Schulfüchse« = »Gärten bey Akademien«.

76 Ludwig *Tieck*'s Schriften. Bd. XX. Berlin: Reimer 1846. Die folgenden Zitate sind entnommen den Seiten 32–39, 43–48, 56–64.

77 In Wörlitz besteht eine solche Figur bis heute.

78 Eine Spitze gegen den philosophischen Begriff »natura naturata«.

79 Sie tun dies nur alle 24 Stunden, wenn sich ausreichend Wasser angesammelt hat: ein Seitenhieb auf die Kaskaden in Wilhelmshöhe bei Kassel, wo das nur jeden Sonntag der Fall ist.

80 Anspielungen auf Schwetzingen und Darmstadt.

81 Christian *Gneus* stellt die Behauptung auf, daß diese satirische Beschreibung gegen die Jean-Paul-Schwärmerei der Zeit gerichtet sei. Das mag mit der Gestalt des Titus beabsichtigt sein, der einen »humoristisch-sentimentalen« Roman in der Nachfolge Jean Pauls geschrieben hat und nach einem Verleger sucht, doch trifft es kaum auf die Kunstgärten zu, die bei Jean Paul weder so kleinkariert noch so unmotiviert sind. – Der späte Tieck als Zeitkritiker. Düsseldorf 1971, S. 53.

Spiel, Realität und Illusion im Garten:
Johann Carl Wezels ›Herrmann und Ulrike‹

82 Eine Teilauflage 1780, die Restauflage mit neuer Jahreszahl 1790; Nachdruck Frankfurt u. Leipzig (eigentlich Tübingen) 1780; frz. Übersetzung Paris 1792

83 Johann Carl *Wezel*: Herrmann und Ulrike, hrsg. u. eingeleitet von Carl Georg von Maassen. 2 Bde. München: Georg Müller 1919. Im folgenden wird nach dieser Ausgabe zitiert.

84 So die »Allgemeine Deutsche Bibliothek«, Bd. 43, 1, 1780, S. 150, J. H. *Merck* im Teutschen Merkur, Jgg. 1780, I, S. 237 ff. und Chr. M. *Wieland* in einem Brief an Bertuch 1780

85 Einleitung zu »Herrmann und Ulrike«, S. VII f.

86 Eva D. *Becker*: Der deutsche Roman um 1780, Stuttgart 1964, S. 24 ff.; Burghard *Dedner*: Topos, Ideal und Realitätspostulat. Studien zur Darstellung des Landlebens im Roman des 18. Jhs. Tübingen 1969. – Beide finden die realistische Intention durch die zahlreichen Verzerrungen ins Groteske so gestört (außer den zwei Hauptfiguren), daß sie die Bezeichnung »Wirklichkeitsroman« ablehnen.

87 Herrmann und Ulrike, I, S. XLVIII

88 Johann Karl *Wezel*, Robinson Krusoe. Hrsg. v. Anneliese Klingenberg. Berlin 1979, S. 8
Die Maximen der »Robinson«-Einleitung gelten samt und sonders auch für »Herrmann und Ulrike«. Nach dem dort geforderten Bild eines »Helden« ist die Gestalt des Herrmann angelegt: »ein Charakter, aus den zwei Hauptelementen einer großen Seele, aus hoher Denkungsart und gefühlvollem Herze, zusammengesetzt, ohne die mindeste idealische Vollkommenheit, mit Schwachheiten und Gebrechen beladen, aber eine Seele voll Gleichgewicht; dieser Charakter muß durch eine Reihe von wahrscheinlichen Begebenheiten ohne alle Abenteuerlichkeit hindurchgeführt werden, immer stolpern, oft durch Übertreibung seiner guten Eigenschaften fallen, dem Untergange und sogar dem Verbrechen sich dadurch nähern und durch seinen wirksamen männlichen Geist sich wieder emporreißen, mit Leidenschaft, Phantasie, Menschen und Schicksal kämpfen und doch mit unerschütterlichem Ausharren zu seinem letzten Zwecke hindurchdringen – zu dem Zwecke, durch nützliche Geschäftigkeit auf einen beträchtlichen Teil seiner Nebenmenschen auf eine Art zu wirken, wie sie in unsrer Welt und bei unsrer Verfassung möglich ist.« (Ebda., S. 8 f.)
Trotz dieses drängenden Programms und der episodenreichen Erzählweise hat der Roman im Grunde ein einfaches Handlungsgerüst: Herrmann (im ersten Bande mit seinem Vornamen Heinrich genannt) und Ulrike wachsen am Hofe des Grafen von Ohlau auf. Die Gräfin hat den Jungen aus einer Laune heraus den kleinbürgerlichen Verhältnissen seiner Eltern entrissen und zu ihrem verhätschelten Spielzeug gemacht. Das Mädchen »genießt« als verarmte Verwandte eine adelige Erziehung. Herrmanns Erzieher Schwinger ist ein frustrierter Sturm- und Drang-Jünger, Ulrikes Erzieherin Mathilde eine halbgebildete, an Gestalt und Geist benachteiligte Figur. Unter dem Einfluß klassischer Vorbilder träumt Herrmann von großen Heldentaten, Ulrike hängt arkadischen Phantasien nach. Die erwachende

Liebe der Kinder zueinander wird als unstandesgemäß mißbilligt. Man trennt sie erst und verweist sie schließlich vom Schlosse. Nach vielerlei Abenteuern begegnen sie sich in Dresden und Berlin wieder. Einem nächtlichen Spaziergang im Berliner Thiergarten folgt die Schwangerschaft des Mädchens. Das Paar wird wieder getrennt. Herrmann gerät auf die gefährliche Bahn des Glücksspielers, doch hat er Glück und gewinnt genügend Geld, um für sich und Ulrike einen Bauernhof zu erwerben, auf dem sie ihre arkadischen Ideale realisieren wollen. Das Experiment mißlingt katastrophal, und die Intrigen des gräflich Ohlauschen Hauses erreichen sie erneut, obwohl der Graf inzwischen bankrott ist. Nach vielen weiteren Widrigkeiten erlangt Ulrike die Stellung einer Kammerjungfrau bei einer Fürstin, und Herrmann bringt es bis zum fürstlichen Rat und Präsidenten am Fürstenhofe. Der optimistische, wenn auch aufgepfropft wirkende Schluß sieht beide glücklich vereint in einem erfolgreichen, geregelten Leben.

89 aus *Boiardos* »Orlando furioso« und *Tassos* »Gerusalemme liberata«. Namensbildung in Anlehnung an den Garten des Alkinous aus Homers Odyssee.

90 Vgl. z. B. die Tafeldekoration der Nymphenburger Porzellanmanufaktur von 1755 (Ausstellungskatalog »Bayern-Kunst und Kultur«, München: Prestel 1972, S. 422)

91 Zahlreiche Beispiele für Tischdekorationen aus Porzellan und Tragant (Zuckerguß) hat Stefan *Bursche* zusammengetragen: »Tafelzier des Barock.« München 1974. –
Auch illusionistisch als Gartenraum dekorierte Zimmer waren durchaus geläufig. So wies z. B. der Speisesaal im Schloß Zweibrücken einen Wald von Zwergbäumen und einen Miniaturteich auf. (Laut J. Chr. v. Mannlichs Lebenserinnerungen, zit. bei Hella *Müller*: Natur-Illusion in der Innenraumkunst des späteren 18. Jhs. Diss. Göttingen 1957, S. 62 ff.). Auch akustische Effekte fehlten nicht: »In Ermangelung der Natur kann silberfarbene Gaze statt des kristallenen Wassers dienen, und durch einige fremde Hülfe kann man auch das Murmeln desselben nachahmen.« (Mustersammlung des Nicolas Le Camus de Mézières: Le genie de l'architecture..., Paris 1780. Dt. Übers. im Allg. Magazin für die bürgerl. Baukunst, hrsg. v. Gottfried Huth, Weimar 1790, Bd. I, S. 78. Zitiert nach Eva *Börsch-Supan*: Garten-, Landschafts- und Paradiesmotive im Innenraum, Berlin: Hessling (1967), S. 308; dort auch weitere Beispiele.)

92 Horace *Walpole* schrieb bereits 1771 von der Einsiedelei: »es ist beynah komisch, irgend ein Quartier seines Gartens auszusondern, um daselbst melancholisch zu seyn.« (Historische, litterarische und unterhaltende Schriften von H. Walpole, übersetzt v. A. W. Schlegel, Leipzig: Hartknoch 1800, S. 435)

93 *Daßdorf*, Karl Wilhelm: Beschreibung der vorzüglichsten Merkwürdigkeiten der Churfürstlichen Residenzstadt Dresden und einiger umliegenden Gegenden. Dresden: Walther 1782, S. 713
Eine ausführliche Monographie gibt der bibliophil ausgestattete Band: Der Plauische Grund bei Dresden mit Hinsicht auf Naturgeschichte und schöne Gartenkunst, hrsg. v. W. G. *Becker*, Nürnberg: Frauenlob 1799

94 Ein geläufiger Topos für außergewöhnliche Landschaftspunkte, der bis in das 19. Jh. hineinwirkte. Noch 1828 benannte der Privatier Anton von Schmauß die von ihm zugänglich gemachte Tropfsteinhöhle Schulerloch im Altmühltal »Tempel der Natur«.

95 Zum Vergleich daneben *Daßdorfs* Schilderung:
»Die Mannichfaltigkeit der Gegenstände, die man in diesem reizenden Thale erblickt, ist so groß und meistens so grotesk und mahlerisch, daß man den Reichthum der Natur nicht genug bewundern kann. Mitten im frohen und stillen Genusse so vieler Naturschönheiten wird man immer wieder durch neue und unerwartete Auftritte überrascht. Bald ein steiler Fels, dessen fruchtbares Haupt von Kornfeldern bedeckt ist, und an dessen Fuße die Wellen der angenehmen Weiseriz sanft hingleiten, bald eine romantisch liegende Mühle, bald ein rauschender Wasserfall [...] so kommt man auf eine schöne Anhöhe, und kann bis auf den Gipfel jener Felsen hingehen, die sich hier so majestätisch über das unten vorbeyfließende Wasser hinneigen. Von dieser Anhöhe hat man eine der vortreflichsten Aussichten, die man nur wünschen kann [...]« (a. a. O., S. 715 f.)

96 in der Nachfolge von Shaftesburys »The Moralists«, wo Philokles einen Naturhymnus anstimmt (3,1), z. B. bei Salomon Geßner (Aristus im »Daphnis«)

97 *Hirschfeld*, Theorie V, S. 68

98 Vgl. *Hirschfeld,* ebda. S. 72:
»An schönen Sommernachmittagen, besonders an Sonntagen und Feyertagen, pflegen sich hier einige tausend Spazierende zu Fuß, zu Pferde und im Wagen zu versammeln, und alsdann wird oft durch die Musik der in Berlin in Garnison liegenden Regimenter, die in die Gebüsche verteilt sind, das Vergnügen der Menge erhöht.«

99 *Hirschfeld* über die Ausdehnung des Tiergartens:
»Dieser große Park enthält einige hundert Alleen, die sich auf mannichfaltige Art durchkreuzen und durchschlängeln [...] und eine Menge angenehmer Parthien bilden, die den Spazierenden, der sie alle aufsuchen will, einige Wochen beschäftigen können.« (a. .a. O., S. 72)

100 Daß das Motiv der Sturmnacht, besonders in der Trivialliteratur eine »typische Bindung an Augenblicke der Sexualität« hat, weist Marianne *Thalmann* an Beispielen von Spieß, Vulpius, Gleich und Zschokke nach. (M. Th.: Der Trivialroman des 18. Jh. und der romantische Roman. Ein Beitrag zur Entwicklungsgeschichte der Geheimbundmystik. Germanische Studien 24, Berlin 1923, S. 15)

101 »soll [...] unser Leben ein wahres arkadisches Leben werden, wie Dichter es nur dachten« (Bd. II, S. 122f.).

102 Das Motiv findet sich ähnlich in der »Geschichte des Fräuleins von Sternheim« der Sophie von Laroche, wo die Seymours für die Bildung ihrer ländlichen Untergebenen sorgen und sonntags gemeinsam mit den Pächtern tanzen.

103 Einen Vergleich der bukolischen Passagen mit Geßner-Idyllen nach stilistischen, vor allem rhythmischen Kriterien versucht Burghard *Dedner,* a. a. O. S. 138ff. Er konstatiert bei beiden ein Vorwiegen parataktischer und additiver Fügungen, sowie »eine rhythmische Stilisierung, deren fortlaufender Fluß erst jeweils am Ende eines Satzes gehemmt wird«. Daß Wezel die Stilmittel der imitierten Autoren leicht übertreibt, ist aus der polemischen Absicht zu erklären; daß er sie allerdings karikaturistisch verzerrt, wie Dedner (S. 142) behauptet, ist nicht zu belegen.

104 So etwa das Bild des Pflügens (Vers 73f.) der Kuhherde (Vers 63f.), des Impfens von Bäumen (Vers 148), der bäuerlichen Wohnung (Vers 96ff.), der anmutigen Hausfrau (Vers 150 ff.) u. ä. (Ewald Christian *von Kleist*: Der Frühling, zweite Fassung 1756. Vergleichbare Szenen auch in den Gedichten »Das Landleben« von 1745 und »Lob der Gottheit« von 1757/58)

105 Vgl. *Kleist,* ebda. Vers 142f., 116f., 111

106 Vergleichbare Anlagen gab es u. a. in Chantilly (1775), in Kassel (Chinesisches Dörfchen Mulang von 1769ff.), in Hohenheim (das »Dörfle« 1776ff.) und in Schönbusch bei Aschaffenburg (1788)

107 Was hier wie eine Parodie auf die englische Kirchhofslyrik anmutet (Vgl. Elisabeth *Delorme*: Herrmann und Ulrike, ein Roman von Johann Karl Wezel, Phil. Diss. Marburg 1928, S. 70), gehört durchaus in den Gefühls- und Phantasieraum der zeitgenössischen Literatur, wenn auch vor allem der Trivialliteratur. Stellvertretend für viele ähnliche Produkte sei hier das rührselige Epos »Emma« der Catharina *von Stollberg* genannt (1779 datiert), das Sophie von La Roche in »Mein Schreibetisch« (2 Bde., Leipzig: Gräff 1799) abdrucken ließ (Bd. I, S. 284–300). Darin wird eines Mädchens Klage über den Geliebten, der sie verlassen hat, mit allen Requisiten der Totentrauer dargestellt. Zypressen, Tempelhügel, Aschenurne, Tränenkrug, Trauerblumen und Trauerflor helfen mit, die verlorene Liebe zu beweinen.

108 Wie verspätete Realisierungen arkadischer Träume muten da die Gutskäufe Wielands und Goethes an. 1797 erwirbt Wieland für 22 000 Taler das Gut Oßmannstedt »mit dem Willen, eine Insel des Friedens und des Glücks um sich aufzubauen« (Friedrich *Sengle:* Wieland. Stuttgart: Metzler 1949, S. 495). Doch schon nach zwei Jahren beginnen die Klagen; Sorge, Arbeit und Angst überschatten die Illusionen, und 1803 ist Wieland froh, den Besitz ohne Schaden wieder loszuwerden. Goethe wird 1798 Eigentümer eines Freigutes in Oberroßla bei Apolda. Er will dort fern der Weimarer Gesellschaft einen Teil des Jahres mit Christiane verbringen. Um nicht emotionell zu handeln, sondern möglichst geschäftsmännisch, läßt er den Kauf durch gute Freunde vornehmen. Als er schließlich Haus, Gut und Garten in Augenschein nimmt, stellen sie sich als so reizlos dar, daß er es vorzieht, im Pfarrhause zu wohnen. Kurz nach Wieland verkauft auch Goethe 1803 sein Gut an den Pächter.

Garten der Freiheit

1 erst in den neunziger Jahren beginnt eine Rückbesinnung auf die positiven Seiten des formalen Gartens (Racknitz, Schiller, Goethe).

2 *Hirschfeld*, Theorie der Gartenkunst, a. a. O., Bd. I, S. 72 – Von deutschen »Nationalgärten« und »patriotischer Gartenkunst« spricht Hirschfeld im Zusammenhang mit den »Volksgärten«. Ebda., Bd. V, S. 70

3 Wirtembergisches Repertorium der Litteratur. Eine Vierteljahr-Schrift. 3. Stück. 1783, S. 394ff.

4 ebda. S. 396

5 Voran *Mösers* »Das englische Gärtgen« (1773) und *Goethes* »Triumph der Empfindsamkeit« (1777).

6 Berlinische Monatsschrift. Bd. 22 – Berlin: Haude- und Spenersche Buchhandlung 1793, S. 298. – Vgl. dazu auch Wolfgang *Schepers*, C. C. L. Hirschfelds Theorie der Gartenkunst (1779 – 85) und die Frage des ›deutschen Gartens‹. In: »Park und Garten im 18. Jh.« Heidelberg 1978, S. 83–92

7 Zuerst erschienen in »Westphälische Beyträge zum Nutzen und Vergnügen«, Osnabrück 1781. Abgedruckt in: *Friedrich der Große*, De la littérature allemande. Französisch-Deutsch. Mit der Möserschen Gegenschrift. Kritische Ausgabe von Christoph Gutknecht und Peter Kerner. Hamburg: Buske (1969), S. 121–141

8 Justus *Möser*, Über die deutsche Sprache und Literatur, s. o. S. 126

9 ebda. S. 127

10 ebda. S. 129

11 ebda. S. 129

12 ebda. S. 129f.

13 ebda. S. 131 – Jean-François Marmontels »Contex moraux« sind 1762–1770 in dt. Ü. von F. V. Molter erschienen.

14 *Möser* s. o. S. 132

15 *Möser* s. o. S. 132. – In Wilhelmsbad bei Hanau hatte Landgraf Wilhelm IX. von Hessen-Kassel bereits als Erbprinz während des Schloßbaus einen englischen Park mit Ruine, Eremitage, Erinnerungsmal und anderen Staffagen schaffen lassen, wobei die vorliegenden topographischen Verhältnisse sehr geschickt zur Anlage eines Teiches, des Wegenetzes und sanftgeneigter

Hügel genutzt wurden. Nach Regierungsantritt (1785) ließ Wilhelm die Anlagen des Weißensteins bei Kassel von den letzten »Fesseln der Regelmäßigkeit« befreien. Unter anderem plante er, das neue Schloß »Wilhelmshöhe« in diesem Park in Form einer zerfallenden klassizistischen Ruine errichten zu lassen. Ein entsprechender Entwurf des Architekten Simon Louis du Ry aus dem Jahre 1786 ist erhalten (Abb. in: Karl *Paetow*, »Klassizismus und Romantik auf Wilhelmshöhe«. Diss. Leipzig. Kassel 1929.) – Als Möser seine Abhandlung niederschrieb (1781) war Wilhelms Vorgänger, Friedrich II., seit 1766 damit beschäftigt, die bestehenden Barockanlagen, die in der Art fürstlicher römischer Villengärten konzipiert waren, in einen Park englischen Stils zu überführen. Der Hofgärtner Schwarzkopf hatte zu diesem Zweck Erfahrungen in England sammeln dürfen. Es entstanden »Wäldchen und Rasenflächen, Wege, alles in jenem rokoko-romantischen Gemisch von tändelnder Geometrie und englischer Naturgestaltung«. (Paetow, S. 17) Heute bestehen aus dieser Epoche noch einige Bauten wie das chinesische Dorf »Mulang«, die ägyptische Pyramide, das Grabmal Vergils, die Hütte des Sokrates und der Merkurtempel. Vgl. P. *Heidelbach*, Geschichte der Wilhelmshöhe. Leipzig 1909 sowie Alfred *Hoffmann*, Park Wilhelmshöhe. Amtlicher Führer. Bad Homburg v. d. H.: o. J.

16 *Möser*, s. o. S. 130

17 ebda.

18 Jacob Michael Reinhold *Lenz*, Werke u. Schriften I, hrsg. von Britta Titel und Hellmut Haug. Stuttgart: Goverts (1966), S. 466. Entstanden Sommer/Herbst 1774, wie die Herausgeber aus dem Text der Rückseite des Blattes schließen (Anmerkung S. 690). Veröffentlicht erstmals bei R. Zöppritz, Aus Jacobis Nachlaß. (Leipzig 1869).

Der Vergleich ist vermutlich angeregt durch eine Passage in der Schrift »Du Théâtre ou Nouvel essai sur lárt dramatique.« (ersch. 1773) des Dramatikers Louis Sebastién Mercier (1740–1814), der ebenfalls die Form der französischen Tragödie verwarf und vom deutschen »Sturm und Drang« als Bundesgenosse begrüßt wurde: »Nos tragédies ressemblent assez à nos jardins; ils sont beaux, mais symmétriques, peu variés; magnifiquement tristes. Les Anglais vous dessinent un jardin où la manière de la nature est pluş imitée et où la promenade est plus touchante; on y retrouve tous ses caprices, ses sites, son desordre: on ne peut sortir de ces lieux« (Seite 97). Eine Übersetzung der Schrift durch Heinrich Leopold Wagner erschien 1776. Lenz' Widmung an Wagner erlaubt den Schluß, daß der Text entweder als Zugabe zu Wagners Mercier-Übersetzung vorgesehen war, oder daß Lenz seinen Inhalt auf die Dramen Wagners bezog.

19 Vgl. z. B. *Hirschfeld* I, S. 38; Bd. IV, S. 9; Bd. V, S. 265 f. oder auch J. J. *Rousseau*, Julie oder Die neue Heloïse. Bd. II, 11. Brief; in der Übers. von H. Denhardt (Leipzig: Reclam o. J.) auf Seite 127.

20 *Schillers* Sämtliche Werke. Säkularausgabe. Bd. XI. Stuttgart und Berlin: Cotta o. J., S. 293 (»Zerstreute Betrachtungen über verschiedene aesthetische Gegenstände. Von der aesthetischen Größenschätzung.«)

21 *Schillers* Werke. Nationalausgabe, Bd. VI, hrsg. von Paul Böckmann und Gerhard Kluge. Weimar: Böhlaus Nachfolger 1973, S. 374 f. (»Don Carlos« I,4).

22 Julie oder Die Neue Heloïse. Briefe zweier Liebenden. Von J. J. *Rousseau*, deutsch von H. Denhardt. Leipzig: Reclam o. J. Bd. II, S. 113–139. Elfter Brief (St. Preux an Mylord Eduard). – Einige Jahrzehnte später als Schiller hat auch Franz Grillparzer das Motiv des Gartenstreites in einer vergleichbaren zeitlichen Transposition verwendet. In der »Jüdin von Toledo«, deren Handlung in das 12. Jahrhundert verlegt ist, läßt Alfons von Kastilien für seine Gemahlin Leonore von England einen formalen Garten in einen Park umwandeln, der Kennzeichen eines englischen Gartens aus dem achtzehnten Jahrhundert aufweist. Er will ihr in der neuen, spanischen Heimat eine Freude bereiten. Sie bemerkt jedoch weder die Absicht, noch das Ergebnis. Der König, schmerzlich berührt, versetzt:

»Da graben wir nun Tag und Wochen lang
Und hofften, diesen Garten umzustalten,
Der nur Orangen trägt und Schatten gibt,
In einen, wie sie England hegt und liebt,
Das strenge Vaterland hier meiner Strengen.
Allein sie lächelt, schüttelt still das Haupt. –
[...]
Der Tag hat einen Riß. Ich hoffte dir
An Hütten, Wiesen, englischen Geschmacks
Noch das und dies im Garten rings zu zeigen,
Doch ist's verfehlt. Verstell dich nicht, o Liebe!
Es ist so, denken wir nicht mehr daran! –«

(Franz *Grillparzer*, Sämtliche Werke. Hist.-krit. Ausgabe, hrsg. von August Sauer, I. Abt., 7. Bd. Wien: Schroll (1924), Seite 13 f.) Grillparzer arbeitete von 1816 bis Mitte der fünfziger Jahre an dem Stoff. Die Verwendung des Motivs zeigt, daß der Dichter beim Publikum die Kenntnis der Gartenantinomie auch zu dieser Zeit noch voraussetzte.

23 Über die umstrittene Definition von »Freiheit« vgl. Jürgen *Schlumbohm*, Freiheitsbegriff und Emanzipationsprozeß. Zur Geschichte eines politischen Wortes. Göttingen: Vandenhoeck und Rupprecht (1973)

24 Friedrich *Schiller*, Sämtliche Werke. Bd. V. München: Hanser 1959, S. 421 f. (Brief an Körner vom 23. Februar 1793)

25 Alle Zitate aus *Schillers* Werke, Nationalausgabe, Bd. XXII, S. 285 ff.

26 *Schiller*, »Hanser-Ausgabe Bd. V, s. o. S. 422

27 ebda. S. 421

28 ebda. S. 422 f.

29 J. G. *Sulzer*, Allgemeine Theorie der Schönen Künste. Leipzig 1792, S. 297
30 *Hirschfeld*, Bd. V, S. 364
31 Theodor Gottlieb *von Hippel*, Lebensläufe nach aufsteigender Linie. 1. Theil, S. 319 f. In: Sämtliche Werke, Bd. 1, Berlin: Reimer 1827
32 Vgl. Gartenlust, hrsg. von Gerda *Gollwitzer*. München: Prestel 1961, S. 10 – Friedrich Heinrich *Jacobi* sagt in seinem Roman »Woldemar« von einem Spalier-Pfirsichbaum, er habe »alle Glieder verrenkt, in hundert Banden, wie ein armer Sünder, wie ein Schächer am Kreuz!« (S. 172 der zweiten Auflage von 1796)
33 *Hippel*, s. o. S. 319
34 *Jean Pauls* Sämtliche Werke. Hist.-Krit. Ausgabe I,8. Weimar: Böhlau 1933, S. 8
35 Der dänische Amtmann und Kammerherr August *Hennings* (geboren 1746 in Pinneberg, gestorben 1826 zu Ranzau in Holstein) gehörte zu den maßgeblichsten Vertretern der Aufklärung in Norddeutschland und setzte sich als Politiker wie als Publizist mit dem Ideengut der französischen Revolution auseinander. Seine Zeitschrift »Der Genius der Zeit« erschien 1794–1800 bei J. F. Hammerich in Altona und galt als »letztes, übrig gebliebenes Asyl einer freien Meinungsäußerung« (ADB). Hennings ließ darin alle kritischen und auf Reform der politischen Verhältnisse gerichteten Bestrebungen zu Worte kommen, die damals noch im norddeutschen Raum lebendig waren. Gartenkultur betrieb er aus Liebhaberei.
36 »Der Genius der Zeit« 10. Bd. 1. Stück 1797, S. 10–43
37 ebda. S. 20
38 ebda. S. 10
39 ebda. S. 15
40 ebda. S. 17
41 ebda. S. 18
42 ebda. S. 17
43 ebda. S. 17
44 ebda. S. 18
45 ebda. S. 10 f.
46 ebda. S. 12
47 ebda. S. 11 f.
48 ebda. S. 11
49 ebda.
50 ebda.
51 ebda. S. 13
52 ebda. S. 12 f.
53 ebda. S. 13
54 ebda. S. 14
55 ebda. S. 13
56 ebda. S. 15
57 ebda. S. 16
58 ebda. S. 17
59 ebda. S. 17
60 ebda. S. 18 f.
61 ebda. S. 19
62 ebda. S. 20 f.
63 ebda. S. 23
64 Georg *Forsters* Werke. Sämtliche Schriften, Tagebücher, Briefe. Bd. XII, bearbeitet von Brigitte Leuschner. Berlin: Akademie-Verlag 1973, S. 327–333
65 Vgl. Kapitel »Park und Garten« in Goethes Roman »Die Wahlverwandtschaften«, S. 145 ff.
66 *Hennings*, S. 21
67 ebda. S. 22
68 ebda.
69 Jacques, Abbé *de Lille* verfaßte »Les Jardins ou l'Art d'embellir les Paysages« (1780), ein vielzitiertes Lobgedicht auf die neue Gartenkunst. Sehr frei ins Deutsche übertragen von Christ. Friedr. Traug. Voigt u. d. T. »Die Gärten. Ein Lehrgedicht in vier Gesängen.« Jena: Fleischer 1796

Giuseppe Antonio Gioacchino *Cerutti* (1738–1792) hatte als Renegat des Jesuitenordens Italien verlassen und wurde Mitarbeiter Mirabeaus in Paris. Nach der Revolution in wechselnden Sekretärsstellungen, veröffentlichte er zahlreiche politische Schriften, daneben solche über das Schachspiel, die Landwirtschaft und vor allem über Gartenanlagen. Meines Wissens in der deutschen Gartenliteratur ohne Bedeutung.

Richard *Payne Knight* war Vertreter des »pittoresken« Gartenstils, Gegner von Brown und Repton. Er legte seine in England umstrittenen Vorstellungen nieder in »The Landscape«, London 1794. Vgl. Edward *Malins*, »English Landscaping and Literature 1660–1840.« London 1966, S. 147 ff.

Charles Joseph, Fürst *de Ligne* (1735–1814) war Feldmarschall und Diplomat in österreichischen Diensten. Er stand u. a. in Briefwechsel mit Rousseau, Wieland und Goethe. Sein Werk »Coup d'oeil sur Beloeil et sur une grande partie des jardins de l'Europe« (1781) beschreibt den eigenen Park zu Beloeil bei Ath im Hennegau. Dt. Ü. von Wilh. Gottl. Becker u. d. T. »Der Garten zu Beloeil, nebst kritischer Übersicht der meisten Gärten Europas.« 2 Theile. Dresden 1797/99.

Humphrey *Reptons* »Sketches and Hints on Landscape Gardening.« London 1794, waren ein Standardwerk für alle Gartengestalter. Vgl. Derek *Clifford*, »Geschichte der Gartenkunst.« München: Prestel 1966, S. 378 ff. In Hennings Text wurde der Name verdruckt: Reptor.
70 *Hennings*, S. 21
71 ebda.
72 ebda. S. 24
73 ebda. S. 25 – Im Schema »Über den Dilettantismus« von *Goethe/Schiller* heißt das Stichwort »Vermischung von Kunst und Natur«.
74 Alle Beispiele *Hennings*, S. 26

75 *Hennings*, S. 33
76 ebda. S. 24
77 ebda. S. 38
78 ebda. S. 39
79 ebda. S. 28
80 ebda. S. 32
81 ebda. S. 41
82 ebda. S. 42. – Diese Art eines Naturgrabes erscheint bereits 1780 in Johann Carl *Wezels* »Herrmann und Ulrike.« Vgl. das entsprechende Kapitel.
83 *Hennings*, S. 31
84 ebda. S. 33
85 ebda. S. 36
86 Neuausgabe u. d. T. »Bemerkungen über Weimar 1799« von Joseph *Rückert*. Hrsg. von Eberhard Haufe. Weimar: Kiepenheuer (1969) – Joseph Rückerts Lebensumstände (geb. am 1. 3. 1771 in Beckstein bei Lauda im Erzbistum Würzburg, gest. am 7. 5. 1813 in Würzburg) sind noch kaum erforscht. 1789 Eintritt in das Zisterzienserkloster Schönfelden bei Heilbronn. 1794 abenteuerliche Flucht von dort. Er wollte nicht Priester werden. Es trieb ihn zum Philosophiestudium nach Jena, wo Wielands Schwiegersohn Karl Reinhold lehrte. Ein undatierter Brief Wielands an Goethe ist erhalten, der offenbar einem Empfehlungsschreiben beigelegen hatte. Darin wird Rückert philosophisches Talent attestiert. Goethes Reaktion ist nicht bekannt. In Jena traf Rückert Reinhold nicht mehr an, der einem Ruf nach Kiel gefolgt war. Sein Nachfolger war Johann Gottlieb Fichte. Obwohl Rückert sogar bei Fichte wohnte, scheint er dessen subjektivem Idealismus recht skeptisch gegenübergestanden zu haben. Darauf läßt ein Brief vom 28. 11. 1794 an seinen Gönner und Fürsprecher Wieland schließen. Diese Haltung wird auch durch Rückerts theoretische Hauptschrift (»Der Realismus oder Grundsätze zu einer durchaus praktischen Philosophie«. Leipzig: Göschen 1801) bestätigt. Eberhard Haufe nennt sie eine »temperamentvolle Reaktion auf die idealistisch-spekulative Philosophie Kants, vor allem aber Fichtes«. Rückerts Philosophie suche ihren alleinigen Grund in der Erfahrung und in der Tat und verdiene insofern den Namen »Realismus«. Seine Abhandlung spiegle das allgemeine Unbehagen wider, womit weite philosophisch interessierte Kreise der idealistischen Philosophie gegenüberstanden. »Aus den Höhen der reinen Spekulation verlangte man zurück in den festen Lebensgrund der Erfahrung.« (S. 165)

Hegels und Schellings »Kritisches Journal der Philosophie« von 1802 bringt logischerweise einen Verriß dieser realistischen Philosophie Rückerts.

Dennoch oder vielmehr wohl deshalb erhielt Rückert eine Anstellung als Professor der Geschichte und Philosophie an der Universität Würzburg. Von 1803 bis 1809 ist er dort nachweisbar. Vermutlich aus gesundheitlichen Gründen zog er sich danach zurück und starb 1813 an der »Lungensucht«.
87 *Rückert*, Bemerkungen über Weimar ..., s. o. S. 13
88 ebda. S. 25
89 ebda. S. 18f.
90 *Hirschfeld*, Bd. V, S. 68ff.
91 *Rückert*, S. 19f.
92 ebda. S. 22
93 ebda. S. 48
94 Verlegt in Altona, in Commission bei der Verlagsgesellschaft 1795, [2]1796. Zitiert nach dem Abdruck in »Das neue graue Ungeheuer«, hrsg. v. einem Freund der Menschheit. IV. Stück. Altona: Ritter 1796, S. 87–101

Andreas Georg Friedrich von Rebmann (geb. am 23. 11. 1768 in Sugenheim bei Neustadt/Aisch, gest. am 16. 9. 1824 in Wiesbaden) verbrachte entscheidende Jahre seines Studiums in Jena, wo er den Professor für Geschichte, Friedrich Schiller, hörte. Tief beeindruckt von seiner Persönlichkeit widmet ihm Rebmann in einer 1794 unter dem Pseudonym »Justinus Pfefferkorn« herausgegebenen Schrift »Kathederbeleuchtung« einen Prosahymnus, der Schiller als Exponenten aller Ideale der Aufklärung darstellt.

Unzufrieden mit den politischen Zuständen in Deutschland, befaßt er sich eingehend mit dem Ideengut der Französischen Revolution. Er verbreitet die Flugschrift: »Wahrheiten ohne Schminke, bei Gelegenheit des Werkes von Arthur Young: Die Französische Revolution, ein warnendes Beispiel etc.« (1794) Der Freimut und die Schärfe des Flugblattes bringt ihn in den Verdacht, als deutscher Jakobiner im Solde der französischen Republik zu stehen.

Bei Vollmer in Dessau redigiert Rebmann sechs Hefte der Zeitschrift »Das neue graue Ungeheuer« und übersetzt Robespierres berüchtigte Rede »Über die politische Lage Europas«. Daraufhin verweist ihn der Fürst von Anhalt-Dessau des Landes. Über Erfurt, Altona und Holland gelangt Rebmann nach Paris. Im Jahre 1800 wird er Criminalrichter in Mainz und führt 1803 den Prozeß gegen Schinderhannes. 1816 Ernennung zum Präsidenten des bayerischen Appellationsgerichts für den Rheinkreis.
95 Der Baum als natürlich gewachsenes Symbol der Freiheit wird seit dem amerikanischen Unabhängigkeitskrieg (1783) gepflanzt. In Frankreich errichteten die Jakobiner seit 1790 sogenannte »Arbres de la liberté«. Bevorzugt wurde die schnellwüchsige, aufrechte Pappel.
96 Ein Bericht über Wörlitz findet sich ebenfalls in den »Wanderungen und Kreuzzügen«: »Die Bitte, welche jedem Fremden wegen Verschonung der Statuen und Gewächse eingehändigt wird, ist in einem eines guten Fürsten so würdigen Stil geschrieben, daß sie als ein Muster in ihrer Art angeführt zu werden verdient.«

97 Sowohl in Weimar wie in Meiningen waren die »Ruinen« in Form von spärlichen Überresten angelegt, nicht wie in Kassel als ruinöse Burg. Die »Ruine« im Weimarer Park hat man 1784 aus der alten Schießmauer der Büchsenschützen hergestellt, unter Verwendung architektonischer Bruchstücke aus der abgetragenen gotischen Wilhelmsburg sowie einem Wappen aus dem ehemaligen Gleichenschen Hof in Weimar.

98 »Moulang« wurde im Jahre 1782 durch Friedrich II. von Hessen-Kassel angelegt. Eine zeitgenössische Zeichnung dieser Chinoiserie, die sich in den Staatlichen Kunstsammlungen befindet, trägt den Vermerk: »In Ermanglung von Chinesen von Negern bewohnt.«

99 Die Anlagen des Karlsberges entstanden im wesentlichen bereits zwischen 1701 und 1718.

100 Bei Saratoga kapitulierte am 17. Okt. 1777 im amerikanischen Unabhängigkeitskrieg das englische Heer unter General Bourgoyne. Von den rund 30 000 Deutschen, die im Solde Englands mithelfen sollten, die Freiheitsbestrebungen der jungen Kolonien zu unterdrücken, stammte etwa die Hälfte aus Hessen. –

Hier sei auf eine vergleichbare Vision in »Jean Pauls Biographischen Belustigungen unter der Hirnschale einer Riesin« (entstanden 1795) verwiesen, in der ein Schlachtfeld mit seinen Sterbenden und Toten in anklagendem Tone beschworen wird. Jean Paul spielt zwar auf eine nicht näher bezeichnete Schlacht des französischen Revolutionsheeres gegen aristokratische Truppen in Europa an, doch bedient er sich in seiner phantastischen Weise mehrerer Bilder und Motive, die eindeutig auf Kassel und seinen Park Weißenstein gemünzt sind. Er nennt z. B. den »Winterkasten« mit der Statue des Herkules sowie den »dasigen Landgrafen Friedrich« und spricht im Zusammenhang mit »englischen Gärten« von Friedrich II., »der ganze Dörfer schuf«. (*Jean Pauls* Werke. Reihe Hanser Werkausgabe Bd. VII. München 1975, S. 274 f., 282 f., 293)

101 »Der Durchbruch zur Reife des Stils gelang hier nach der entschiedenen Abkehr von den phantastischen und geschwätzigen Staffagen [...] Insofern nimmt die Wilhelmshöhe auch zeitlich einen ersten Platz ein, denn schon ab 1785 ist dort unter den literarischen Staffagen rücksichtslos aufgeräumt worden [...] Naturnachahmungen aber hat man nun mit gereiftem Wirklichkeitssinn betrieben, der sich in ständig zunehmendem Maße schlichter, großer Naturformen zu bedienen verstand.« (Alfred *Hoffmann*, Der Landschaftsgarten. Hamburg: Broschek 1963, S. 183)

Vgl. auch Paul *Heidelbach*, Die Geschichte der Wilhelmshöhe. Leipzig: Klinckhardt u. Biermann 1909

102 Neu veröffentlicht in: »Freimütiges aus den Schriften Garlieb Merkels«. Herausgegeben von H. Adamek. Berlin 1959

103 ebda. S. 241 f.

Garten und Form bei Goethe und Schiller

1 Goethes »Gartenleben« ist mehrfach Gegenstand der Forschung gewesen, doch stand dabei stets das lokale oder botanische Interesse im Vordergrund. Genannt seien hier Wilhelm *Bode*: Goethes Leben im Garten am Stern. Berlin: Mittler & Sohn 1911, [9]1917; Georg *Balzer*: Goethe als Gartenfreund. München: Bruckmann 1966; Wolfgang *Vulpius* und Wolfgang *Huschke*: Park um Weimar. Weimar: Böhlaus Nachfolger 1962.

2 Dichtung und Wahrheit. Erster Teil, Buch 1. Hamburger Ausgabe. Bd. 9, S. 19.

3 ebda. S. 13.

4 ebda. S. 39.

5 ebda. S. 51 ff.

6 12. Dez. 1765; Max *Morris*: Der junge Goethe. Leipzig 1909. Bd. I, S. 115 f.

7 14. Mai 1778 an Frau von Stein. Frühere Beispiele des englischen Gartenstiles finden sich in Ansätzen freilich bereits in Bayreuth, Kukus, Dresden und Kassel, erste kleinere Landschaftsgärten in Schwöbber bei Pyrmont und Harbke bei Magdeburg. Vgl. A. *Hoffmann*: Der Landschaftsgarten. Hamburg: Broschek 1963.

8 WA IV/1. S. 209. Hervorhebung von mir. S. G.

9 Vgl. das Kapitel über die Darmstädter »Empfindsamen«, S. 71 ff.

10 H. A. Bd. VI, S. 8 und 56 ff.

11 ebda. S. 8.

12 (Am 19. Mai an Charlotte). Goethe hatte durch seine Mutter das elsässische Märchen vom Erdkühlein kennengelernt, einem Fabeltier, das versteckt vor den Menschen in tiefer Waldeinsamkeit haust und sich einem verstoßenen Kinde hilfreich zeigt.

13 (20. Mai an Auguste). Prinz Konstantin hat in Tiefurt gemeinsam mit Karl Ludwig von Knebel einen empfindsamen Garten angelegt, dessen Entstehung sowohl Anna Amalia als auch Goethe mitbestimmten.

14 Hofgärtner Gentsch, der auch Goethes Hausgärtner war.

15 Brief vom 19. Januar 1778.

16 WA. III/1, S. 64

17 WA. III/1, S. 66

18 Vgl. *Goethes* »Das Luisenfest«. Notizen im Anhang zu Dichtung und Wahrheit in der Jubiläumsausgabe. Bd. XXV, S. 224–231.

19 *Kanzler von Müller*: Unterhaltungen mit Goethe. Kritische Ausgabe. Weimar 1956

20 *Goethes Werke*. Band XXVII. Berlin: Hempel, o. J., S. 192, Nr. 742.

21 Hamburger Ausgabe. Bd. II, S. 458 f.

22 *Goethes Werke*. Band I. Berlin: Hempel, o. J., S. 203 f. – Die beiden letzten Strophen hatte Goethe unter dem Titel »Die empfindsame Gärtnerin« an Schiller gesandt.

23 Matthias *Claudius*, Sämtliche Werke. München: Winkler (1968), S. 115.

24 WA III/2, S. 146

25 Johann Heinrich *Jung-Stilling*: Lebensgeschichte. München: Winkler 1968, S. 423.

26 Briefwechsel zwischen Goethe und Schiller in den Jahren 1794–1805. I. Theil. Stuttgart und Tübingen: Cotta 1828, S. 280. Im Widerspruch dazu hatte Schiller im September des vorangegangenen Jahres die Seifersdorfer Empfindsamkeit für »affektiert« und deren Mischung verschiedenartigster Gebäude für »barbarisch« erklärt, indem er das Urteil des Kritikers im Gartenkalender übernahm. (Nationalausgabe, Bd. XXII, S. 291).

27 WA IV/10, S. 355. – Die Trude, d. h. alpartige Hexe (Grimms dt. WB), von der Goethe spricht, ist die Besitzerin und Schöpferin des Seifersdorfer Gartens, Tina von Brühl. In einem Brief an Charlotte von Stein aus dem Jahre 1786 nennt er sie »höchst gemein und abgeschmackt« (WA IV/7, S. 237).

28 Wilhelm Gottlieb *Becker*: Das Seifersdorfer Thal. Leipzig: Voß und Leo 1792.

29 Gedanken über die ehemals gewöhnlichen regelmäßigen Französischen, und die itzt sogenannten Englischen Gärten, in: Berlinische Monatsschrift. Hrsg. von Biester. Band XXI. Berlin/Dessau: Haude und Spener, 1793, S. 62–78.

30 ebda., Band XXII, S. 285–299.

31 WA III/2, S. 113.

32 ebda., S. 114.

33 Der Stuttgarter Kaufmann Rapp (1761–1832) war der Schwager von Schillers Jugendfreund Dannecker.

34 Hervorhebung von mir. S. G.

35 Nationalausgabe. Bd. XXII, S. 291.

36 Vgl. auch die Ankündigung der »Rheinischen Thalia«. Säkularausgabe XVI., S. 136 ff.

37 Brief vom 30. September 1794; Hervorhebung von mir, S. G.

38 Nationalausgabe. Bd. XXII, S. 288.

39 Aus Tagebuchaufzeichnungen und Briefen geht hervor, daß Goethe im Mai 1799 mehrere Tage nacheinander Schiller besucht hat. Die Eintragungen stammen sowohl von Schillers wie von Goethes Hand. Vgl. Anm. zu S. 299 ff. der WA I/47. In den »Annalen« vermerkt Goethe für das Jahr 1799: »Überhaupt wurden solche methodische Entwürfe durch Schillers philosophischen Ordnungsgeist, zu welchem ich mich symbolisirend hinneigte, zur angenehmsten Unterhaltung.« Hempel-Ausgabe, Bd. 27, S. 51, Nr. 200.

40 Hans Rudolf *Vaget*: Dilettantismus und Meisterschaft. Zum Problem des Dilettantismus bei Goethe: Praxis, Theorie, Zeitkritik. München: Winkler (1971), S. 158 f.

41 Nationalausgabe. Bd. XXII, S. 285.

42 Kleine Gartenbibliothek. Hrsg. v. C. C. L. *Hirschfeld*. Kiel [1791], S. VI.

43 Sophie *von Laroche*: Mein Schreibetisch. Leipzig: Heinrich Gräff 1799, S. 36 f.

44 Die Ausnahme von der Regel ist Kaiser Franz I. von Österreich (1768–1835), zu dessen Ausbildung auch eine Gärtnerlehre gehörte. Er ließ den Park von Laxenburg bei Wien umgestalten.

45 Hervorhebung von mir, S. G.

46 *Sulzer*: Allgemeine Theorie der Schönen Künste. Leipzig 1792, S. 297.

47 Briefe, hrsg. v. Fränkel, II, S. 406; 28. XI. 1804. Karl von Stein, Herr auf Großkochberg, ließ in diesen Jahren den Garten hinter dem alten Wasserschloß, das Goethe zwischen 1777 und 1788 mehrfach besucht und auch gezeichnet hatte, zu einem Landschaftspark umgestalten. Es wurde spekuliert, daß er Vorbild für den Park in den »Wahlverwandtschaften« gewesen sei.
Goethe hatte im Jahre 1803 das fünf Jahre zuvor erworbene Gut Roßla verkauft. »Gegen Ende des Jahres erlebte ich das Glück, mein Verhältniß zu den Erdschollen von Roßla völlig aufgehoben zu sehen.« Annalen 1803. Hempel-Ausgabe. Bd. XXVII, S. 97, Nr. 391.

48 Vgl. *Balzer*, s. o., S. 175 ff.

49 WA II/6, S. 228 ff.

50 *Kanzler von Müller*: Unterhaltungen mit Goethe. Kritische Ausgabe, besorgt von Ernst Grumach. Weimar: Böhlaus Nachfolger 1956, S. 138.

51 Annalen 1801. Hempel-Ausgabe. Bd. XXVII, S. 57, Nr. 224.

52 WA III/13, S. 10.

Park und Garten in Goethes Roman »Die Wahlverwandtschaften«

1 Am 17. Februar 1830

2 An Caroline von Humboldt, 6. März 1810

3 Die von Hans M. Wolff entdeckten Beziehungen Goethes zur Familie von Ziegesar, insbesondere zur Tochter Sylvie (Vorbild für Ottilie?), führten zu Spekulationen, wonach das Ziegesarsche Gut Drakendorf bei Jena das Modell für die Szenerie in den »Wahlverwandtschaften« abgegeben habe. Es gibt dort anmutige Hügel, einen weiten Blick ins Tal, eine fruchtbare Ebene, eine Baumschule, und die Besitzer bemühten sich zu jener Zeit, das Gut wieder in die Höhe zu bringen. Ähnlichkeiten bestehen zweifellos, doch wäre es nicht schwierig, ebenso viele Unstimmigkeiten nachzuweisen, z. B. die Teiche, die Schluchten, der Felspfad usw. Man darf auch hier annehmen, daß Goethe sich einiger Details bedient hat, ohne daß dies im einzelnen Fall beweisbar ist. (H. M. *Wolff*: Goethe in der Periode der Wahlverwandtschaften 1802–1809. München: Lehmann, 1952, besonders S. 158 f.)

4 Goethe an Zelter, 29. Januar 1830 (WA IV/46, S. 223)

5 Goethe zu Kanzler von Müller am 15. 6. 1825

6 Anmerkungen zur HA VI, S. 685 ff.

7 Hans Gerhard *Gräf*: Goethe über seine Dichtungen I, Bd. 1, S. 373. Frankfurt a. M.: Rütten u. Loening 1901

8 Hermann *Bitzer:* Goethe über den Dilettantismus. Bern: H. Lang u. Cie. 1969 (= Europ. Hochschulschriften. Reihe I, Bd. 16), S. 97 – In dieser Untersuchung wird auch eine Analyse der »Wahlverwandtschaften« nach den Kriterien von Goethes Dilettantismusauffassung versucht. Unverständlicherweise vernachlässigt Bitzer völlig die Beurteilung der Gartenkunst, wie sie sich im Dilettantismusprojekt von 1799 findet, und beschränkt sich auf die Behandlung des Dilettierens in Zeichnung und Dichtung. Er nimmt eine ablehnende Haltung Goethes zum Dilettantismus an – was falsch ist (vgl. die Kritik in: H. R. Vaget, Dilettantismus und Meisterschaft, München 1971, S. 17 ff.), – und kommt zum Ergebnis, daß Verblendung und Genußstreben zur Schuldhaftigkeit der Personen führen. Bitzer verkennt die Tatsache, daß neben dilettantischen Versuchen durchaus fachgerechte Tätigkeit geschildert wird und daß beide zwingend ineinanderwirken.

9 Alle Zitate aus den »Wahlverwandtschaften« nach Goethes Werke, Hamburger Ausgabe, Bd. 6, Hamburg: Wegner [5]1963

10 Friedrich *Nemec* verfolgt in seiner Dissertation die Entwicklung des Parks in den »Wahlverwandtschaften« werkimmanent unter dem Gesichtspunkt einer Vernunftsökonomie, die in dem ganzen Roman walte. Er entwarf eine Skizze der drei Hauptphasen während der Gartenentstehung. Da der hier vorgelegte Entwurf unabhängig von Nemec' Zeichnung entstand, war es frappant zu sehen, wie groß die Ähnlichkeit bzw. die Einigkeit der beiden Rekonstruktionen in der Zuordnung der einzelnen Gartenteile ist.

11 Das Pfropfen von Bäumen, bezeichnenderweise »Veredeln« genannt, war eine auch in gehobenen Kreisen anerkannte Beschäftigung. Am Hofe Ludwigs XIV. gab es z. B. einen gepfropften Orangenbaum, der 40 verschiedene Früchte trug (Wilhelm *Boeck*: Alte Gartenkunst. Leipzig (1939), S. 76). Vgl. u. a. auch Ewald Chr. *v. Kleist*: Der Frühling, Fassung von 1756, Vers 178 f. und Das Landleben. An Herrn Rammler, Str. 10

12 Eine Arbeit über die Vedute des 18. Jhs. steht noch aus. Vgl. dazu Ernst *Beutlers* Aufsatz über Georg Melchior Kraus in »Essays um Goethe«, Bremen [6]1957, S. 417 ff.

13 Vgl. Das Luisenfest, gefeiert zu Weimar am 9. Juli 1778. *Goethes* Sämtliche Werke, Jubiläumsausgabe. Bd. 25, Stuttgart/Berlin: Cotta o. J., S. 224 ff. (Anhang II zu »Dichtung und Wahrheit«)

14 Am 26. 7. 1781. *Becker*, W. G.: Das Seifersdorfer Thal. Leipzig: Voß u. Leo 1792, S. 89 ff.

15 Weimarer Ausgabe, Abt. I, Bd. 47, S. 299 ff.

16 Ein enges Felstreppchen, das sogenannte Nadelöhr, hat Goethe im Garten an der Ilm mit eigenen Händen angelegt, um den Weg vom Gartenhäuschen zum Hause Charlotte von Steins zu verkürzen. Vgl. Abb. S. 132 f.

17 Entwürfe dieser Art lagen z. B. gedruckt vor von J. J. *Azel* in *Schillers* »Wirtembergischen Repertorium«, in *Hirschfelds* Theorie, in Gartenkalendern u. a.

18 Alle Probleme, die Bewahrung und Restaurierung vor allem mittelalterlicher Kunstwerke betreffen, waren durch die Säkularisationserlasse (Frieden von Luneville 1801, Reichsdeputationshauptschluß 1803) höchst aktuell geworden. Friedrich Schlegel hatte bei einem Besuch in Weimar (5. Mai 1808) Goethes Interesse für die altdeutsche Malerei geweckt (Fr. Schlegel an Sulpiz Boisserée am 9. 5. 1808). Das Aufgreifen dieser Thematik in den »Wahlverwandtschaften« zeigt, daß hier schon die Grundlagen vorhanden sind für Goethes Freundschaft mit den Brüdern Boisserée, zu denen er zwei Jahre später in Kontakt tritt (Brief S. Boisserées an Goethe vom 8. 5. 1810, erster Besuch bei Goethe am 3. 5. 1811). Die Gefahren, die mit der Profanierung sakralen Besitzes für viele Kunstwerke verbunden waren, wurden allgemein erst später – oft zu spät – schmerzlich bewußt. Indem Goethe die Probleme im Zusammenhang mit einer neuen Nutzbarmachung alter Kunst zur Landschaftsverschönerung und zu neuer sakraler Verwendung behandelt, zeigt er sinnvolle Rettungsmöglichkeiten auf.

19 Vgl. z. B. die »Goldschmiedewerkstatt« aus dem Vettierhaus in Pompeji.

20 1806 Jena und Auerstedt, 1807 Friede von Tilsit

21 Weimarer Ausgabe, Abt. I. Bd. 47, S. 326

22 Der englische Landschaftsgärtner Humphrey Repton pflegte zur Begründung seiner Projekte ein sogenanntes »Rotes Buch« vorzulegen, das neben einer Beschreibung und theoretischen Untermauerung des Vorhabens eine Skizze der bestehenden Anlage sowie ein Ausschneidebild enthielt, das – darübergelegt – zeigte, wie die landschaftsverschönernde Bearbeitung wirken würde. Vermutlich kannte Goethe das Verfahren aus einer Besprechung von Reptons »Sketches and Hints...« in *Bertuchs* »Journal des Luxus und der Moden«, Bd. XI., September 1796, S. 454–464.

23 Es zeigt sich hier, welche entscheidende Bedeutung der Wegführung bei der Gartengestaltung zukommt. Die Spaziergänger beschreiten einen regelrechten »belt«, einen Rundweg, der das Parkareal umfaßt, indem er alle wesentlichen Parkteile gewissermaßen umgürtet und nach außen den Blick nur in die schönen Partien der Umgebung freiläßt. Er muß so geführt sein, daß der Park möglichst groß erscheint und den Eindruck erweckt, als setze er sich nach außen fort.

24 Auch hier drängt sich der Vergleich mit Weimar auf, wo nach dem »empfindsamen« Borkenhäuschen im Ilmtal das vom Schloß weiter entfernte »Römische Haus« 1797 in betont klassizistischem Geschmack angelegt wurde.

25 Es erscheint fraglich, ob hier die Diskussion um die »Schönheitslinie«, die »line of beauty« des William Hogarth noch nachklingt, wie H. *Bitzer*, a. a. O., S. 97 behauptet.

26 Das berühmteste deutsche Beispiel für derlei Kahnfahrten ist der Park von Wörlitz, dessen Struktur ganz vom Wassersystem bestimmt ist.

27 Nach Entwurf von Adam Friedrich Oeser; ein Modell dazu befindet sich im Wittumspalais in Weimar. Vgl. Abb. S. 159

28 Vgl. *Vulpius*, Park um Weimar, a. a. O., S. 21

29 Weimarer Ausgabe, Abt. I, Bd. 2, S. 123

30 Sämtliche Werke, hrsg. von B. Suphan, Bd. 29, Berlin: Weidmann 1889, S. 646

31 *Becker*, Seifersdorf, a. a. O., S. 43 f. und *Johne*, a. a. O., Nr. 23

32 Dazu *Hirschfeld*: Theorie der Gartenkunst, Band V, S. 162: »Kein Reisender gieng aus der Schweiz, ohne den lebhaftesten Eindruck von diesem seltenen Reiz ihrer Landwohnungen.«

33 Z. B. J. J. *Rousseau*: Nouvelle Heloïse, 4. Abt., 11. Brief (St. Preux besucht Julie Wolmars Garten). J. H. *Jung-Stilling*: Lebensgeschichte, München: Winkler Fundgrube (1968), S. 318 ff. (Besuch des Schmerzschen Gartens in Kreuznach).
F. H. *Jacobi*: Woldemar, Königsberg: Nicolovius 1796, Bd. I, S. 166 ff. (Woldemar besucht Dorenburgs Garten). Bei Goethe findet sich das Motiv später ebenfalls in den »Wanderjahren«. In der humoristischen Novelle »Wer ist der Verräter?« wird ein Park geschildert, der eine »allerliebste, verschiedentlich abweichende, charakteristische Szenenfolge« aufweist. Der Gast muß eine »Wallfahrt« durch den Garten antreten, »wie man seine Anlagen dem Fremden gerne vorzeigt, damit er das, was uns gewöhnlich geworden, auffallend erblicke und den günstigen Eindruck davon für immer behalte«. (HA VIII, S. 93)

34 Das Verfahren der Naturwiedergabe mittels der camera obscura ist seit dem 18. Jh. immer wieder verwendet worden. Auch bedeutende Künstler bedienten sich ihrer, so Canaletto bei seinen Stadtansichten. Besonders in England wurde es üblich, auf einer »Kavalierstour« Zeichnungen anzufertigen, oder dafür Zeichner in Dienst zu nehmen. Berühmte englische »Grand-Tour«-Künstler waren die Landschaftsaquarellisten John R. Cozens, Francis Towne sowie William Pars, der zudem offizieller Zeichner der angesehenen »Society of Dilettanti« in London war. (Edward *Croft-Murray*: Das englische Aquarell im 18. u. 19. Jh. In: »Das Aquarell«, Ausstellungskatalog Haus der Kunst, München 1972/73, S. 105)

35 A. W. *Schlegel*: Die Kunstlehre, hrsg. von E. Lohner, Stuttgart: Kohlhammer (1963), S. 181

36 L. *Tiecks* Schriften, Bd. 4, Berlin: Reimer 1828, S. 85

37 Weimarer Ausgabe, Abt. I, Bd. 47, S. 300

38 Tagebuch von Friedrich Wilhelm *Riemer*, 28. August 1808

39 Stuttgart u. a.: Kohlhammer (1968)

40 Vgl. dazu Oskar F. *Walzel*: Goethes Wahlverwandtschaften im Rahmen ihrer Zeit. In: Goethe-Jahrbuch Bd. 27, 1906, S. 166–206

41 Friedrich Wilhelm *Riemer*: Mittheilungen über Goethe, hrsg. von A. Pollmer, Leipzig: Insel 1921, S. 180 f.

42 Einem Mißverständnis erliegt daher auch Hegel, wenn er die Parkanlagen in den »Wahlverwandtschaften« als ein »Anfügen von einzelnen Zügen, die aus dem Inhalte nicht hervorgehen«, bezeichnet. (G. W. F. *Hegel*: Ästhetik, hrsg. v. Friedrich Bassenge, Berlin und Weimar: Aufbau-V. ^{2}1965, Bd. 1, S. 291)
Zu kurz greift auch Claudia *Brosé* in ihrem Aufsatz über »Park und Garten in Goethes Wahlverwandtschaften« (in »Park und Garten im 18. Jh.« Heidelberg 1978, S. 125–129), wenn sie abschließend feststellt: »Die Ungezwungenheit der Landschaft entspricht der Zügellosigkeit der unkontrollierten Leidenschaften«. Die sittliche Komponente des Gartenthemas hat bei Goethe eine ganz andere Kategorie.
Das gleiche Verkennen bei Grillparzer, trotz größter Bewunderung für den Roman (»unendliches Meisterstück«): »Was in diesen Wahlverwandtschaften am meisten stört, ist gleich von vornherein die widerliche Wichtigkeit die den Parkanlagen, kleinlichen Baulichkeiten und dergleichen Zeug, fast parallel mit der Haupthandlung, gegeben wird. Es ist als ob man ein Stück aus Göthes Leben läse.« Das Hauptthema im psychologischen und moralischen Bereich, der »Chemismus«, sei vernachlässigt worden, »die abgeschmackten Parkgeschichten nahmen allen Raum zur genaueren Entwicklung fort«. (Franz *Grillparzer*: Tagebücher, hist.-krit. Gesamtausgabe, hrsg. v. August Sauer, Wien: Schroll o. J., Bd. IV, S. 319 f., Nr. 3538)

Gartennatur in Goethes »Novelle«

1 Goethes Werke. Hamburger Ausgabe, Bd. 6, S. 492

2 ebda. S. 493

3 ebda.

4 ebda. S. 494

5 ebda., S. 493

6 Hermann Fürst *von Pückler-Muskau*, Andeutungen über Landschaftsgärtnerei. Stuttgart 1834

7 *Goethes* Werke. H. A. Bd. 6, S. 493/4

8 *Goethes* Werke. H. A., Bd. 6, S. 495 – Die Frage, welche Örtlichkeit Goethe als Vorbild für die Beschreibung der Stammburg gedient haben mag, erscheint mir sekundär. Die Theorien dazu stellt Benno von Wiese in den Anmerkungen der Hamburger Ausgabe auf Seite 732 zusammen.

9 H. A., Bd. 6, S. 493

Die romantische »Synthese« der Gartenstile

1 Marianne *Thalmann*: Der romantische Garten. In: JEGPh., Bd. XLVIII (1949), S. 335

2 Dominik von *König* kommt in seinem kleinen Aufsatz über Jean

Pauls »Titan« unter Anspielung auf Peter Handkes Formulierung (»Die Innenwelt der Außenwelt der Innenwelt«) zu dem Schluß, daß der Park Jean Pauls den Helden nach außen eingrenzt und um so mehr seine Innenwelt öffnet (»Das Leben – ein Garten« in: »Park und Garten im 18. Jh.«. Heidelberg 1978, S. 113–118). Mit Jean Pauls Worten: »wir sehen die ganze Natur nur mit den Augen der epischen Spieler«. (»Vorschule der Ästhetik«, Werke. München: Hanser 1975, Bd. 9, S. 289)
Vgl. auch Hartmut *Vinçon*, Topographie: Innenwelt – Außenwelt bei Jean Paul. München 1970

3 August Wilhelm *Schlegel*: Berliner Vorlesungen über Schöne Literatur und Kunst. Neu herausgegeben u. d. T. »Die Kunstlehre« von Edgar Lohner. Stuttgart: Kohlhammer 1963, S. 180

4 Vgl. »The Genius of the Place – The English Landscape Garden 1620–1820«, ed. by J. D. *Hunt* und P. *Willis* London: Elek, 1975, S. 311 ff.

5 Historische litterarische und unterhaltende Schriften von Horatio *Walpole*, übersetzt von A. W. Schlegel. Leipzig: Johann Friedrich Hartknoch 1800, S. 437

6 ebda. S. 443

7 ebda. S. 444

8 ebda. S. 444

9 ebda. S. 439

10 ebda. S. 439

11 *Walpole*, S. 446. Schlegel urteilte zu voreilig. Die englische Landschaftsmalerei erlangte tatsächlich mit William Turner in den vierziger Jahren ersten Rang.

12 Ludwig *Tiecks* Schriften. 4. Bd. Phantasus, 1. Theil. – Berlin: Reimer 1828. Erstmals erschienen 1811

13 ebda. S. 123

14 ebda. S. 85

15 ebda. S. 79

16 ebda. S. 83 f.

17 »Es fehlt unserer Zeit, [...] so sehr sie die Natur sucht, eben der Sinn für Natur.« Phantasus, S. 58

18 Gemeint ist Graf Fink von Finkenstein in Ziebingen in der ebenen und – für romantisches Empfinden – wenig reizvollen Mark. Tieck war dort gern gesehener Gast.

19 Phantasus, S. 87

20 ebda. S. 86

21 ebda. S. 86

22 ebda. S. 124

23 ebda. S. 86

24 ebda. S. 81 f.

25 *Thalmann*, Der romantische Garten, S. 342

26 Phantasus, S. 124

27 ebda. S. 79. Hervorhebungen von mir. S. G.

28 ebda. S. 82 f.

29 ebda. S. 125 f.

30 ebda. S. 124 f.

31 ebda. S. 57

32 ebda. S. 79 f.

33 ebda. S. 126

34 ebda. S. 127

35 ebda. S. 126 f.

36 ebda. S. 124

37 Ludwig *Tieck*: »Der junge Tischlermeister«. Gesammelte Novellen XII, Berlin: Reimer 1854 (= Schriften, Bd. XXVIII), S. 137

38 ebda. S. 138

39 Sämtliche Werke. München: Winkler (1968), S. 115

40 *Tieck*: »Der junge Tischlermeister«, a. a. O., S. 146 f.

41 Vgl. Herman *Meyer*: Hütte und Palast in der Dichtung des 18. Jhs. Hamburg 1964

42 *Tieck*: »Der junge Tischlermeister«, a. a. O., S. 147

43 Ludwig *Tieck*: »Eine Sommerreise«. Gesammelte Novellen VII, Berlin: Reimer 1853 (= Schriften, Bd. XXIII), S. 101 f.

44 ebda. S. 45

45 J. G. *Jacobi*: »Sämmtliche Werke«. Bd. 7, Zürich: Orell, Füßli & Cie. 1819, S. 52

46 Zitiert nach E. v. *Schaumburg*: Jacobi's Garten zu Pempelfort. Aachen: Jacobi 1873, S. 65

47 Beschreibungen von Daniel Defoe, abgedruckt in: »The Genius of the Place«. London 1975, S. 174 ff. sowie in *Hirschfeld* II, S. 178 ff.

48 *Hegel*, »Ästhetik«, hrsg. von F. Bassenge, Bd. I., Weimar: Aufbau-Verlag, 1965, S. 244

49 ebda. II, S. 20

50 F. Th. *Vischer*: Ästhetik oder Wissenschaft des Schönen, §745. (»Schöne Gartenkunst«), München 1923, S. 506 f.

51 Ludwig *Tieck:* »Der Jahrmarkt«. Schriften, Bd. XX. Berlin: Reimer 1846, S. 59

Literaturverzeichnis

Werke und Zeugnisse

Bacon, Francis: Essays. Hrsg. von L. Levin-Schücking. – Wiesbaden: Dieterich 1940

Becker, Wolfgang Gottlieb: Der Plauische Grund bei Dresden mit Hinsicht auf Naturgeschichte und schöne Gartenkunst. – Nürnberg: Frauenholz [1799]

Becker, Wilhelm Gottlieb: Das Seifersdorfer Thal. – Leipzig: Voß u. Leo sowie Dresden: Schultze 1792

Becker, Wilhelm Gottlieb: Taschenbuch für Gartenfreunde. Jg. 1 (für 1795) – 5 (für 1799). – Leipzig: Voß u. Co. 1795ff.

Berlinische Monatsschrift. Hrsg. von Biester. Bd. 21 und 22. – Berlin: Haude und Spener 1793. (Druck in Dessau)

Beschreibung und Gemählde des Herzoglichen Parks bey Weimar und Tiefurt; besonders für Reisende. – Erfurt: Keyser 1797

Böcklin (von Böcklings-Au, Franz Friedrich Sigmund August, Freyherr von): Inschriften für schöne Gartenplätze und Gartenanlagen wie auch zu Monumenten an Gräbern. Hrsg. v. Geheimen Rath und Kammerherrn von Böcklin. – Mannheim: Löffler 1808

Boettiger Carl August: Reise nach Wörlitz 1797. Aus der Hs. bearbeitet und kommentiert von Dr. Erhard Hirsch. Hrsg. von Staatl. Schlösser und Gärten Wörlitz, Oranienbaum u. Luisium (1970)

Brockes, Barthold Heinrich: Auszug der vornehmsten Gedichte aus dem Irdischen Vergnügen in Gott. Faksimile nach der Ausgabe von 1738. (Hamburg: Herold o. J.)

Burnet, Thomas: The Theory of the Earth, Containing an Account of The Original of the Earth and of all the General Changes which It Hath already undergone, or is to undergo till the Consummation of all Things. – London 1684

Chambers, Wilhelm: Über die orientalische Gartenkunst. [A Dissertation on Oriental Gardening, London 1772, deutsch]. Aus dem Englischen von Johann Herrmann Ewald. – Gotha: Ettlinger 1775

Claudius, Matthias: Sämtliche Werke. – München: Winkler (1968)

Cuno, Joan Christian: Ode über seinen Garten: Nachmahls besser. Zweite Auflage. Durch ihn selbst nachgesehen und vermehrt nebst Zugaben angesehener und gelehrter Männer und Vorrede Herrn Friedrich Wagners. – Amsterdam: Schoots van Cappelle 1750

Daßdorf, Karl Wilhelm: Beschreibung der vorzüglichsten Merkwürdigkeiten der Churfürstlichen Residenzstadt Dresden und einiger umliegenden Gegenden. – Dresden: Walther 1782

De Ligne, Charles Joseph, Fürst: Der Garten zu Beloeil, nebst kritischer Übersicht der meisten Gärten Europas. [Coup d'oeil sur Beloeil et sur une grande partie des Jardins de l'Europe. (1781), deutsch] – Übers. von W. G. Becker. 2 Theile. – Dresden: 1797/99

De Lille, Jacques: Die Gärten. Ein Lehrgedicht in vier Gesängen. [Les Jardins, deutsch]. Übersetzt von Christ. Friedr. Traugott Voigt. Mit Kupfern. – Leipzig: Fleischer 1796

Deutsches Museum, hrsg. von Heinrich Christain Boie. – Leipzig: Weygand 1777–1788; 1789–1791: Neues deutsches Museum. – Leipzig: Göschen.

[*Dézallier d'Argenville*, Antoine Joseph]: La Théorie et la Pratique du Jardinage. – Paris 1709. Deutsch erschienen unter dem Pseudonym Alexandro Blond: Die Gärtnerei, sowohl in ihrer Theorie oder Betrachtung, als Praxis oder Übung [...] in der Übersetzung von Frantz Anton Danreitter. – Augsburg: Pfeffel 1731

Forster, Georg: Werke. Sämtliche Schriften, Tagebücher, Briefe. Berlin: Akademie-Verlag. Band XII, 1973

Friedrich der Große: De la littérature allemande. Französisch-deutsch mit der Möserschen Gegenschrift. Kritische Ausgabe von Christoph Gutknecht und Peter Kerner. Hamburg: Buske (1969)

Gessner, Salomon: Schriften. – Zürich: Orell, Geßner, Füßli und Co. 1770

Goethes Briefe an Auguste zu Stollberg. Eingeleitet und hrsg. von Max Hecker. – Leipzig: Insel (Insel-Bücherei 10)

Goethes Briefe an Charlotte von Stein. Hrsg. von Jonas Fränkel. Umgearbeitete Neuausgabe. 3 Bde. Berlin: Akademie-Verlag 1962

Goethe, Johann Wolfgang von: Werke. Hist.-krit. Gesamtausgabe i. A. der Großherzogin Sophie von Weimar. 143 Bde. – Weimar 1887–1919 (zitiert: WA)

Goethes Werke. Nach den vorzüglichsten Quellen revidierte Ausgabe, 36 Bde. – Berlin: Hempel o. J. (zitiert: Hempel-Ausgabe)

Goethes sämtliche Werke. Jubiläumsausgabe. Hrsg. v. E. von der Hellen. 40 Bde. – Stuttgart und Berlin: Cotta o. J. (1902–1912)

Goethes Werke. Hamburger Ausgabe in 14 Bänden. Hrsg. von Erich Trunz. – Hamburg: Wegner 1948–1960 (zitiert: H. A.)

Grillparzer, Franz: Werke. Hist.-krit. Gesamtausgabe, hrsg. von August Sauer. – Wien: Schroll o. J.

Grohmann, Johann Christian August: Magazin für Freunde des guten Geschmacks. 5 Bde. – Leipzig: bei Fr. A. Leo 1796–1799

Grohmann Johann Christian August: Neue Theorie der schönen Gartenkunst. 2 Bde. – Leipzig: Leupold 1797

Haller, Albrecht von: Die Alpen und andere Gedichte. Auswahl und Nachwort von Adalbert Elschenbroich. – Stuttgart: Reclam 1974

Hegel, Georg Wilhelm Friedrich: Ästhetik. Hrsg. von Friedrich Bassenge. 2 Bde. – Berlin, Weimar: Aufbau-Verlag 1965

Hennings, August [Hrsg.]: Der Genius der Zeit. Ein Journal, hrsg. v. A. H. – Altona: J. F. Hammerich 1794–1800.

Herders Sämmtliche Werke. Hrsg. von Bernhard Suphan. 33 Bde. – Berlin: Weidmann 1877–1913

Herders Briefwechsel mit Caroline Flachsland. Nach den Hss. des Goethe- und Schiller-Archivs, hrsg. von Hans Schauer. (Schriften der Goethe-Ges. 39 u. 41). – Weimar 1926/28

Hippel, Theodor Gottlieb von: Sämtliche Werke. 14 Bde. – Berlin: Reimer 1827–1838

Hirschfeld, Christian Cajus Laurenz: Theorie der Gartenkunst. 5 Bde. – Leipzig: Weidmanns Erben u. Reich 1779–1785

Hirschfeld, C. C. L.: Anmerkungen über die Landhäuser und die Gartenkunst. Leipzig 1773

Hirschfeld, C. C. L.: Das Landleben. – Frankfurt und Leipzig 1768

Hirschfeld, C. C. L. [Hrsg.]: Gartenkalender auf das Jahr 1782. – Kiel u. Leipzig; die weiteren Jahrgänge erschienen: 1783 in Kiel u. Dessau; 1784–1786 in Kiel: bei dem Hrsg.; 1787–1789 u. d. T. »Taschenbuch für Gartenfreunde auf das Jahr ... in Braunschweig: Schulbuchhandlung

Hirschfeld, C. C. L. [Hrsg.]: Kleine Gartenbibliothek. Eine erweiterte Fortsetzung des Gartencalenders. 1. Bd. [Mehr nicht ersch.] – Kiel: bei dem Hrsg. [1791]

Humboldt, Wilhelm und Caroline von: Briefe. Hrsg. von Anna von Sydow. – Berlin: Mittler und Sohn 1909

Idoler, Georg Friedrich [Hrsg.]: Der Gartenfreund oder Inbegriff des Wesentlichsten aus allen Theilen der Gartenkunst. 3 Bde. – Berlin: Pauli 1798

Jacobi, Friedrich Heinrich: Woldemar. Neue verbesserte Ausgabe. – Königsberg: Nicolovius 1796

Jacobi, Johann Georg: Über die Englischen Gärten. An den Herrn Kanzler von Ittner. Freyburg, im Sommer 1807. In: Sämmtliche Werke. 7. Bd. – Zürich: Orell, Füßli u. Co. 1819

Journal für die Gartenkunst. 24 Stücke 1783–1794; seit dem 9. Stück (1786) u. d. T. Journal für die Gärtnerey. – Stuttgart: J. B. Mezler

Journal des Luxus und der Moden. Hrsg. von F. J. Bertuch und G. M. Kraus. – Weimar und Gotha 1786ff.

Jung-Stilling, Johann Heinrich: Lebensgeschichte. Vollständiger Text nach den Erstdrucken 1777–1817. München: Winkler (1968) (Fundgrube Nr. 37)

Kant, Immanuel: Kritik der Urteilskraft. Hrsg. von Gerhard Lehmann. – Stuttgart: Reclam (1963)

Klopstocks sämmtliche Werke. 8 Bde. – Leipzig: Göschen 1839

Kessel, Johann Georg: Ein Landschaftsgemählde für Freunde der schönen Natur und ländlicher Anlagen. – Erlangen: Palm 1786

Kleist, Ewald Christian von: Sämtliche Werke. Hrsg. von Jürgen Stenzel. – Stuttgart: Reclam 1971

Laroche, Sophie von: Mein Schreibetisch. 2 Bde. – Leipzig: Gräff 1799

Leisewitz, Johann Anton: Tagebücher, nach den Hss. hrsg. von Heinrich Mack und Johannes Lochner. 2 Bde. – Weimar: Gesellsch. der Bibliophilen 1920

Lenz, Jacob Michael Reinhold: Gesammelte Werke. Hrsg. von Britta Titel und Hellmut Haug. – Stuttgart: Goverts (1966)

Mason, William: The English Garden. A poem in four Books. – London: Jones 1813

Matthisson, Friedrich: Gedichte. – Zürich: Füssli ^{4}1797

Medikus, Friedrich Kasimir: Beiträge zur schönen Gartenkunst. Mannheim: Hof- u. akademische Buchhandlung 1782

Mendelssohn, Moses: Philosophische Schriften. 2. Theil. Berlin ^{2}1771. Neu hrsg. von Otto F. Best u. d. T.: Ästhetische Schriften in Auswahl. Darmstadt 1974

Merck, Johann Heinrich: Briefe. Hrsg. von Herbert Kraft. – Frankfurt/Main: Insel (1968)

Merck, Johann Heinrich: Briefe an und von J. H. M. Eine selbständige Folge der im Jahr 1835 erschienenen Briefe an J. H. Merck. Aus den Handschriften hrsg. von Karl Wagner. – Darmstadt: Diehl 1838

Merck, Johann Heinrich: Werke. Ausgew. und hrsg. von Arthur Henkel. – Frankfurt/Main: Insel (1968)

Merkel, Garlieb: Freimütiges aus den Schriften G. M.'s. Hrsg. von H. Adamek. – Berlin 1959

Möser, Justus: Sämtliche Werke. Hist.-krit. Ausgabe in 14 Bänden. Oldenburg und Berlin (1945)

Moritz, Carl Philipp: Reisen eines Deutschen in England im Jahr 1782. In Briefen an Herrn Direktor Gedike. – Berlin: Maurer 1783. Neu hrsg. v. Otto zur Linde in: Dt. Literaturdenkmale des 18. u. 19. Jhs., Nr. 126. – Berlin: Behr 1903

Müller, Theodor Adam Heinrich Friedrich von: Unterhaltungen mit Goethe. Kritische Ausgabe besorgt von Ernst Grumach. – Weimar: Böhlaus Nachfolger 1956

Nicolai, Friedrich: Beschreibung einer Reise durch Deutschland und die Schweiz im Jahre 1781. – Berlin und Stettin 1783

Pückler-Muskau, Hermann Ludwig Heinrich, Fürst von: Andeutungen über Landschaftsgärtnerei, verbunden mit der Beschreibung ihrer Anwendung in Muskau. – Stuttgart 1834

Pückler-Muskau, Hermann, Fürst von: Briefe eines Verstorbenen. Ein fragmentarisches Tagebuch aus England, Wales, Irland und Frankreich geschrieben in den Jahren 1828 und 1829. 4 Bde. – München und Stuttgart: Franckh/Hallberger 1830/31

[*Rebmann*, Georg Friedrich]: Wanderungen und Kreuzzüge durch einen Theil Deutschlands von Anselmus Rabiosus dem Jüngeren. – Altona: in Commission bei der Verlagsgesellschaft 1796

Reichenbach, Leopold von: Märkisches Gartenbüchlein von 1790. Neu hrsg. von Paul Ortwin Rave. – Berlin 1940
Repton, Humphrey: The Art of Landscape Gardening. – London 1907
Repton, Humphrey: Sketches and Hints on Landscape Gardening. – London 1794
Richter, Jean Paul Friedrich: Sämtliche Werke. Hist.-krit. Ausgabe, hrsg. von E. Berend. – Weimar: Böhlaus Nachfolger
Richter, Jean Paul Friedrich: Werke. Reihe Hanser Werkausgabe. – München: Hanser 1975
Rode, August: Beschreibung des Fürstlichen Anhalt-Dessauischen Landhauses und Englischen Gartens zu Wörlitz. Mit 5 Kupfern. Dessau 1788. Neubearb. und hrsg. von Ludwig Grote. – Dessau 1928
Rousseau, Jean Jacques: Julie oder Die neue Heloïse. Briefe zweier Liebenden. Deutsch von H. Denhardt. 2 Bde. – Leipzig: Reclam
Rückert, Joseph: Bemerkungen über Weimar 1799. Hrsg. und mit einem Nachwort versehen von Eberhard Haufe. – Weimar: Kiepenheuer (1969)
Schillers Werke. Nationalausgabe. – Weimar: Böhlaus Nachfolger 1943 ff.
Schiller, Friedrich: Sämtliche Werke. 5 Bde. – München: Hanser 1958 f.
Schillers sämtliche Werke. Säkularausgabe. 16 Bde. – Stuttgart und Berlin: Cotta o. J.
Schlegel, August Wilhelm: Die Kunstlehre. Kritische Schriften und Briefe. Bd. II, hrsg. von Edgar Lohner. – Stuttgart: Kohlhammer (1963) (= Sprache und Literatur 5)
Schopenhauer Johanna: Reise durch England und Schottland. In: Sämtliche Werke, Bd. 15/16. – Leipzig: Brockhaus und Frankfurt/Main: Sauerländer 1830
Sckell, Friedrich Ludwig von: Beiträge zur bildenden Gartenkunst für angehende Gartenkünstler und Gartenliebhaber. 2., verbesserte Auflage. – München: Lindauer 1825
Shaftesbury: »Ein Brief über den Enthusiasmus« und »Die Moralisten«. Übertragen und eingeleitet von Max Frischeisen-Köhler. – Leipzig 1909. (= Philosoph. Bibliothek 111)
Sterne, Laurence: Tristram Schandis Leben und Meynungen. Übersetzung v. J. J. Ch. Bode. Hamburg 1774
Sterne, Laurence: Yoricks empfindsame Reise durch Frankreich und Italien. Übersetzung v. J. J. Ch. Bode. Hamburg 1768
Sulzer, Johann George: Allgemeine Theorie der Schönen Künste. – Leipzig: Weidmannsche Buchhandlung ²1792–94. (1. Auflage 1771–74)
Taschenkalender auf das Jahr 1795 für Natur- und Gartenfreunde. Tübingen: Cotta (1794)
Tieck, Ludwig: Schriften: 28 Bde. – Berlin: Reimer 1828–1854
Tiefurter Journal. Abgedruckt in: Schriften der Goethe-Gesellschaft, Bd. 7 (1892)
Vischer, Friedrich Theodor: Aesthetik oder Wissenschaft des Schönen. 2. Auflage, hrsg. von Robert Vischer. – München 1923
Voß, Johann Heinrich [Hrsg.]: Vossischer Musenalmanach. – Hamburg: Bohn 1778
Walpole, Horatio: Historische litterarische und unterhaltende Schriften. Übersetzt von August Wilhelm Schlegel. – Leipzig: Hartknoch 1800
Watelet, Claude-Henri: Des Herrn Watelet Versuch über die Gaerten. Aus dem Französischen. Leipzig 1776
Weber, Friedrich Benedict: Handbuch der ökonomischen Literatur [...] – Berlin: Frölich 1803
Wezel, Johann Carl: Herrmann und Ulrike. Hrsg. und eingeleitet v. Carl Georg von Maassen. 2 Bde. – München: Georg Müller 1919
Wezel, Johann Carl: Kakerlak oder Geschichte eines Rosenkreuzers aus dem vorigen Jahrhunderte. Leipzig: Dykische Buchhandlung 1784
Wieland, Christoph Martin: Werke. Hrsg. von Fritz Martini u. a. – München: Hanser (1966)
Winckelmann, Johann Joachim: Briefe. In Verbindung mit Hans Diepolder hrsg. von Walther Rehm. – Berlin: de Gruyter 1952
Wirtembergisches Repertorium der Literatur. Eine Vierteljahr-Schrift. (3 Stücke erschienen in Stuttgart im Eigenverlag): 1782–1783

Wissenschaftliche Literatur und andere Darstellungen

Anger, Alfred [Hrsg.]: Dichtung des Rokoko nach Motiven geordnet. – Tübingen: Niemeyer 1958
Anger, Alfred: Landschaftsstil des Rokoko. In: Euphorion 51 (1957)
Anger, Alfred: Literarisches Rokoko. – Stuttgart: Metzler 1962
Arriès, Philippe: Studien zur Geschichte des Todes im Abendland. Übersetzung von Hans-Horst Henschen. München: Hanser (1976)
Bachmann, Erich: Anfänge des Landschaftsgartens in Deutschland. In: Zs. für Kunstwissenschaft, Bd. V, Heft 2. – Berlin 1951
Bachmann, Erich: Eremitage zu Bayreuth. – München: Bayer. Verw. der staatl. Schlösser, Gärten und Seen 1963
Bachmann, Erich: Felsengarten Sanspareil, Burg Zwernitz. – München: Bayer. Verwaltung der staatl. Schlösser, Gärten und Seen ²1962
Bachmann, Erich (bearb.): Schönbusch bei Aschaffenburg. – München: Bayer. Verw. der staatl. Schlösser, Gärten und Seen ²1963
Balet, Leo und Gerhard E.: Die Verbürgerlichung der deutschen Kunst, Literatur und Musik im 18. Jh. Hrsg. und eingel. von Gert Mattenklott. – Frankfurt/Main, Berlin, Wien: Ullstein (1972)
Balzer, Georg: Goethe als Gartenfreund. – München: Bruckmann (1966)
Bauer, Christian: Der Englische Garten in München. – München: Harbeke (o. J.)

Becker, Eva D.: Der deutsche Roman um 1780. – Stuttgart 1964
Bentmann, Reinhard und *Müller*, Michael: Die Villa als Herrschaftsarchitektur. – Frankfurt/Main: ²1971 (Edition Suhrkamp 396)
Berckenhagen, Ekhart: Deutsche Gärten vor 1800. – Hannover, Berlin, Sarstedt: Patzer (1962)
Beutler, Ernst: Essays um Goethe. Bremen: Schünemann ⁶1957
Biese, Alfred: Das Naturgefühl im Wandel der Zeiten. – Leipzig 1926
Bitzer, Hermann: Goethe über den Dilettantismus. Bern: Lang u. Cie. 1969 (= Europ. Hochschulschriften, Reihe I, Bd. 16)
Bloch, Ernst: Das Prinzip Hoffnung. 2 Bde. – Frankfurt/Main: Suhrkamp (1959)
Blume, Bernhard: Die Kahnfahrt. Ein Beitrag zur Motivgeschichte des 18. Jhs. In: Euphorion 51 (1957)
Boeck, Wilhelm: Alte Gartenkunst. Eine Kulturgeschichte in Beispielen. Leipzig [1939]
Börsch-Supan, Eva: Garten-, Landschafts- und Paradiesmotive im Innenraum. Eine ikonographische Untersuchung. – Berlin: Hessling (1967)
Börsch-Supan, Eva: Das Motiv des Gartenraumes in Dichtungen des 19. und frühen 20. Jhs. In: DVjs. 39 (1965)
Borchardt, Rudolf: Der leidenschaftliche Gärtner. – Stuttgart: Klett 1968 (Gesammelte Werke in Einzelbänden, Bd. 9)
Brunner Horst: Die poetische Insel. Inseln und Inselvorstellungen in der deutschen Literatur. – Stuttgart: Metzler 1967
Buchwald, Reinhard: Goethes »Triumph der Empfindsamkeit«. In: Euphorion 15 (1908)
Buck, August: Vorromantik und Rückkehr zur Antike in der europäischen Literatur des 18. Jhs. In: Arcadia I, 1 (1966)
Burckhardt, Lucius: Natur und Garten im Klassizismus. In: Der Monat 177 (Juni 1963)
Bursche, Stefan: Tafelzier des Barock. München 1974
Ciołek, Gerard: Ogrody Polskie. – (Warszawa): Budownistwo Architektura 1954
Clark, Kenneth: Landschaft wird Kunst. [Landscape into Art, deutsch]. Übers. von Hanna Kiel. – Köln: Phaidon 1962
Clemen, Paul: Strawberry-Hill und Woerlitz. Von den Anfängen der Neugotik. Wilhelm Worringer zum 60. Geb. (Neue Beiträge deutscher Forschung). – Königsberg 1944
Clifford, Derek: Geschichte der Gartenkunst. [A History of Garden Design, deutsch]. Hrsg. und erweitert von Hans Biehn, übers. von Hubert Klemke. – München: Prestel (1966)
Dedner, Burghard: Topos, Ideal und Realitätspostulat. Studien zur Darstellung des Landlebens im Roman des 18. Jhs. – Tübingen: Niemeyer 1969
Delorme, Elisabeth: Herrmann und Ulrike, ein Roman von Johann Karl Wezel. Phil. Diss. – Marburg 1928
Diel, Karl: Ein Parkvorbild der Goethezeit. Der Lustgarten der Freiherren von Groschlag zu Dieburg. – Darmstadt: Wittich 1941
Dochnahl, Friedrich Jakob: Bibliotheca Hortensis. Vollständige Gartenbibliothek oder Alphabetisches Verzeichnis aller Bücher, welche über Gärtnerei [...] von 1750–1860 in Deutschland erschienen sind. – Nürnberg: Schmid 1861
Dombart, Theodor: Der Englische Garten zu München. Geschichte seiner Entstehung und seines Ausbaues zur großstädtischen Parkanlage. – München: Hornung (1972)
Donat, Walter: Die Landschaft bei Tieck und ihre literarhistorischen Voraussetzungen. – Frankfurt/Main 1925
Emrich, Wilhelm: Die Symbolik von Faust II. Sinn und Vorformen. – Bonn 1957
Fitzell, John: The Hermit in German Literature. – Chapel Hill 1961
Flemming, Willi: Der Wandel des deutschen Naturgefühls vom 15. zum 18. Jahrhundert. In: DVjs. Buchreihe 18. – Halle: Niemeyer 1931
Freybe, A. D.: Das Memento mori in deutscher Sitte, bildlicher Darstellung und Volksglauben, deutscher Sprache, Dichtung und Seelsorge. – Gotha: Perthes 1909
Gartenkunst, Die. Zs. für Gartenkunst und verwandte Gebiete. Hrsg. Deutsche Gesellschaft für Gartenkunst. 1919 ff.
Geerdts, Hans Jürgen: Goethes Roman »die Wahlverwandtschaften«. Weimar: Arion 1958
The Genius of The Place. The English Landscape Garden 1620–1820. Edited by John Dixon Hunt and Peter Willis. London: Elek (1975)
Gerndt, Siegmar: Der Durchgang zum Paradies. Zwei Skizzen von Johann Jakob Atzel in Schillers Wirtembergischen Repertorium. In: Vergleichen und Verändern, Festschrift für Helmut Motekat. Hrsg. von Albrecht Goetze und Günther Pflaum. – München: Hueber (1970)
Gneuss, Christian: Der späte Tieck als Zeitkritiker. – Bertelsmann-Universitätsverlag (Düsseldorf 1971) = Literatur in der Gesellschaft, Bd. 4
Gollwitzer, Gerda: Gartenlust. Hrsg. von G. G. – München: Prestel (1961)
Gothein, Marie Luise: Geschichte der Gartenkunst. 2 Bde. – Jena: Diederichs 1914
Gräf, Hans Gerhard: Goethe über seine Dichtungen I, Bd. 1. – Frankfurt/Main: Rütten und Loening 1901
Hadfield, Miles: A History of British Gardening. London, New York, Sydney, Toronto: Spring Books (1969)
Hager, Luisa: Nymphenburg, Schloß, Park und Burgen. – München: Hirmer o. J.
Hallbaum, Franz: Der Landschaftsgarten. Sein Entstehen und seine Einführung in Deutschland durch Friedrich Ludwig von Sckell 1750–1823. – München: Hugo Schmidt 1927
Heidelbach, Paul: Die Geschichte der Wilhelmshöhe. – Leipzig: Klinckhardt u. Biermann 1909
Herzog Karl Eugen von Württemberg und seine Zeit. Hrsg. vom Württ. Geschichts- und Altertumsverein. Esslingen: Neff 1907

»Historische Gärten und Anlagen«. Referate des Internationalen Symposions zu Schwetzingen, 6.–9. Okt. 1975. Hrsg. vom Landesdenkmalamt Baden-Württemberg

Höllinger, Eva: Das Motiv des Gartenraumes in Goethes Dichtung. In: DVjs. 35 (1961)

Hoffmann, Alfred: Der Landschaftsgarten. Band 3 der »Geschichte der deutschen Gartenkunst« von Dieter Hennebo und Alfred Hoffmann. – Hamburg: Broschek 1963

Hoffmann, Alfred, Park Wilhelmshöhe. Amtlicher Führer. – Bad Homburg v. d. H. o. J.

Holtzhauer, Helmut: Wie ein leises Traumbild. Goethe und Wörlitz. – Weimar: Nationale Forschungs- und Gedenkstätten 1965

Huizinga, Johan: Homo ludens. Versuch einer Bestimmung des Spielelementes der Kultur. Basel, Brüssel, Köln, Wien o. J.

Hussey, Christopher: English Gardens and Landscapes 1700–1750. – London: Country Life (1967)

Jacobi, Heinrich: Goethe und Homburg. In: Mitteilungen des Vereins für Geschichte und Altertumskunde zu Bad Homburg v. d. H., Heft XVII, 1932

Jacobi, Heinrich: Goethes Lila, ihre Freunde Leuchsenring und Merck und der Homburger Landgrafenhof. In: Mitt. des Vereins f. Gesch. u. Landesk. zu Bad Homburg v. d. H., Heft XXV, 1957

Jäger, Hans-Wolf: Politische Metaphorik im Jakobinismus und im Vormärz. – Stuttgart: Metzler (1971). (Texte Metzler 20)

Johne, Albrecht: Bildwanderung durch das Seifersdorfer Tal. Ungedrucktes Manuskript 1960/61

Jünger, Friedrich Georg [Hrsg.]: Gärten im Abend- und Morgenland. – München und Eßlingen: Bechtle 1960

Jünger, Friedrich Georg: Orient und Okzident. Essays. – Hamburg: Dulk (1948); 2. Aufl. Frankfurt/Main: Klostermann (1966)

Kammerer, Friedrich: Studien zur Geschichte des Landschaftsgefühls in der deutschen Dichtung des frühen 18. Jahrhunderts. Phil. Diss. Berlin 1909. Erweitert u. d. T. Zur Geschichte des Landschaftsgefühls im frühen 18. Jh. – Berlin: Calvary 1909

Kander Lotte: Die deutsche Ruinenpoesie des 18. Jahrhunderts bis in die Anfänge des 19. Jhs. Phil. Diss. Heidelberg 1933

Kimpel, Dieter: Der Roman der Aufklärung. Stuttgart: Metzler 1967

Kolbe, Jürgen: Goethes Wahlverwandtschaften und der Roman des 19. Jahrhunderts. (Studien zur Poetik und Geschichte der Literatur, Band 7). – Stuttgart, Berlin, Köln, Mainz: Kohlhammer (1968)

Krüger, Renate: Das Zeitalter der Empfindsamkeit. Kunst und Kultur des späten 18. Jhs. in Deutschland. – Leipzig: Koehler u. Amelang (^{2}1973)

Kutscher, Arthur: Das Naturgefühl in Goethes Lyrik bis zur Ausgabe der Schriften 1789. – Leipzig 1906 (= Breslauer Beiträge zur Literaturgeschichte VIII)

Lanckorońska, Maria und *Rümann*, Arthur: Geschichte der deutschen Taschenbücher und Almanache aus der klassisch-romantischen Zeit. – München: Heimeran (1954)

Landau, Paul und *Schneider*, Camillo: Der deutsche Garten. – Berlin: Dt. Buchgemeinschaft (1928)

Lange, Thomas: Idyllische und exotische Sehnsucht. Formen bürgerlicher Nostalgie in der Literatur des 18. Jhs. Kronberg/TS: Scriptor 1976 (= Scriptor Hochschulschriften Literaturwissenschaft Nr. 23)

Langen, August: Verbale Dynamik in der dichterischen Landschaftsschilderung des 18. Jhs. In: ZfdPh. 70 (1948/49)

Lovejoy, Arthur O.: The Chinese Origin of a Romanticism. In: Journal of English and Germanic Philology 32 (1933)

Lovejoy, Arthur O.: The first Gothic Revival. In: Modern Language Notes 48 (1932)

Malins, Edward: English Landscaping and Literature 1660–1840. – London: Oxford University Press 1966

Menzel, Friedrich: Schloß Tiefurt. – Weimar: Nat. Forschungs- und Gedenkstätten ^{6}1974

Meyer, Herman: Hütte und Palast in der Dichtung des 18. Jahrhunderts. In: Formenwandel, Festschrift zum 65. Geburtstag von Paul Böckmann. – Hamburg: (Hoffmann und Campe) 1964

Morris, Max: Der junge Goethe. 6 Bde. – Leipzig: Insel 1909

Motekat, Helmut: Ostpreußische Literaturgeschichte mit Danzig und Westpreußen. – München: Schild-Verlag (1977)

Müller, Gabriele Ingeborg: Der Garten in der romantischen Dichtung. Phil. Diss. (masch.) Wien 1942

Müller, Hella: Natur-Illusion in der Innenraumkunst des späteren 18. Jhs. Diss. Göttingen 1957

Nau, Elisabeth: Hohenheim, Schloß und Gärten. Sigmaringen: Thorbecke ^{2}1978

Nemec, Friedrich: Die Ökonomie der »Wahlverwandtschaften«. – München: Fink (1973). (= Münchner Germanistische Beiträge 10)

Nicolson, Marjorie: The Development of the Aesthetics of the Infinite. – Ithaka, New York 1959

Paetow, Karl: Klassizismus und Romantik auf Wilhelmshöhe. Diss. Leipzig. – Kassel 1929

Park und Garten im 18. Jahrhundert, Colloquium der Arbeitsstelle 18. Jh., Gesamthochschule Wuppertal. Heidelberg: Winter 1978 (Beiträge zur Gesch. der Lit. und Kunst des 18. Jhs. Bd. 2)

Petriconi, H.: Das neue Arkadien. In: Antike und Abendland 3 (1948)

Petrosch, Ernst: Schloß Favorite. Amtlicher Führer. – Karlsruhe (1960)

Poenicke, Klaus: Dark Sublime. Raum und Selbst in der amerikanischen Romantik. – Heidelberg: Winter 1972

Prang, Helmut: Johann Heinrich Merck. Ein Leben für andere. – Frankfurt/Main: Insel 1949

Quatuor Coronati Jahrbuch 1975, Nr. 12. – Hamburg: Bauhütten Verlag 1975

Rave, Paul Ortwin: Gärten der Goethezeit. Vom Leben in Kunst und Natur. – Leipzig: Koehler und Amelang 1941
Redslob Edwin: Goethes Beziehung zur Gartenkunst. (Veröffentlichung des Instituts und Lehrstuhls für Landschaftsbau und Gartenkunst Nr. 23) – Berlin: TU 1968
Rehm, Martin: Prinz Rokoko im alten Garten. In: Späte Studien. – Bern/München: Francke 1964
Ritter, Joachim: Landschaft: Zur Funktion des Ästhetischen in der modernen Gesellschaft. (Veröffentlichungen des Landes Nordrhein-Westfalen). – Münster 1963
Roquette, Otto: Goethe und die Gartenkunst. Festschrift zu der Jubelfeier des fünfzigjährigen Bestehens der Großherzogl. Technischen Hochschule zu Darmstadt. – Darmstadt 1886
Ruppe, Hans: Park und Landschaft von der Anakreontik bis zur Frühromantik. Phil. Diss. – Wien 1930
Sauder, Gerhard: Empfindsamkeit. Bd. I: Voraussetzungen u. Elemente. – Stuttgart: Metzler 1974
Schaumburg, E. von: Jacobi's Garten zu Pempelfort. Ein historischer Beitrag zur Feier des 25jährigen Jubiläums des Künstlervereins »Malkasten«. – Aachen: M. Jacobi 1873
Schlumbohm, Jürgen: Freiheitsbegriff und Emanzipationsprozeß. Zur Geschichte dieses politischen Wortes. – Göttingen: Vandenhoeck und Rupprecht (1973). (= Kl. Vandenhoeck-Reihe 1386)
Schnack, Friedrich: Traum vom Paradies. Eine Kulturgeschichte des Gartens – Hamburg: Rütten und Loening (1962)
Schweizer, Johannes: Kirchhof und Friedhof. Eine Darstellung der beiden Haupttypen europäischer Begräbnisstätten. – Linz a. d. D.: Oberösterr. Landesverlag 1956
Sedlmayr, Hans: Verlust der Mitte. Die bildende Kunst des 19. und 20. Jahrhunderts als Symptom und Symbol der Zeit. – Berlin: Ullstein (1958). (= Ullstein Buch Nr. 39)
Sengle, Friedrich: Wunschbild Land und Schreckbild Stadt. Zu einem zentralen Thema der neueren deutschen Literatur. In: Studium generale 16 (1963)
Thalmann, Marianne: Die horizontale und die vertikale Landschaft. In: NDH. 20,2 (1973)
Thalmann, Marianne: Der romantische Garten. In: JEGPh. 48,3 (1949)
Thalmann, Marianne: Romantiker entdecken die Stadt. – München: Nymphenburger V. 1965 (Sammlung Dialog)
Tornius, Valerian: Die Empfindsamen in Darmstadt. – Leipzig: Klinkhardt (1910)
Ullrich, Hermann: Robinson und Robinsonaden. Bibliographie, Geschichte, Kritik. – Weimar: Felber 1898
Vaget, Hans Rudolf: Dilettantismus und Meisterschaft. Zum Problem des Dilettantismus bei Goethe: Praxis, Theorie, Zeitkritik. – München: Winkler (1971). (Winkler Studien)
Vogel, Hans: Die Ruine in der Darstellung der abendländischen Kunst. – Kassel: Winter 1948
Volk, Winfried: Die Entdeckung Tahitis und das Wunschbild der seligen Inseln in der deutschen Literatur. Diss. Heidelberg 1934
Vulpius, Wolfgang: Der Goethepark in Weimar. – Weimar: Nationale Forschungs- und Gedenkstätten der klass. dt. Lit. (⁴1969)
Vulpius, Wolfgang und *Huschke*, Wolfgang: Park um Weimar. Ein Buch von Dichtung und Gartenkunst. – Weimar: Böhlaus Nachfolger ⁴1962
Wagner, Karl [Hrsg.]: Briefe aus dem Freundeskreis von Goethe, Herder, Höpfner und Merck. – Leipzig: Fleischer 1847
Wahl, Hans: Neun Parkzeichnungen Goethes. – Berlin 1923
Walzel, Oskar F.: Goethes Wahlverwandtschaften im Rahmen ihrer Zeit. In: Goethe-Jahrbuch, Bd. 27 (1906)
Walzel, Oskar F.: Shaftesbury und das deutsche Geistesleben des 18. Jahrhunderts. In: GRM. 1 (1909)
Wegner, Jan: Arkadia. – Warszawa 1948
Whistler, Laurence/*Gibbon*, Michael/*Clark*, George: Stowe, a Guide to the Gardens. – (Buckingham) 1956
Wölfflin, Heinrich: Kunstgeschichtliche Grundbegriffe. Das Problem der Stilentwicklung in der neueren Kunst. – München: Mü. Verlag, vorher Bruckmann (⁸1947)
Wölfflin, Heinrich: Salomon Geßner. Mit ungedruckten Briefen. – Frauenfeld: Huber 1889
Wolff, Hans M.: Goethe in der Periode der Wahlverwandtschaften (1802–1809). – München 1952
Wormbs, Brigitte: Über den Umgang mit Natur. Landschaft zwischen Illusion und Ideal. – München: Hanser 1976
Zenkner, Oswald: Schwetzingen, barockes Kleinod der Kurpfalz. Schwetzingen: Verlagsdruckerei o. J.
Zucker, Paul: Fascination of Decay. Ruins: Relic – Symbol – Ornament. – Ridgewood: Gregg Press (1968)
Zykan, Josef: Laxenburg. – Wien, München: Herold (1969)

Bildregister

Bayerische Staatsbibliothek München 18, 23, 25, 26, 35, 45, 46, 47 l., 52, 79, 113

Bibliothek des Deutschen Museums München 20, 114, 147

Heinz Frick Palma de Mallorca 37 r.

Graphische Sammlung Albertina Wien 19

Albrecht Johne Dresden 32 r., 51 r., 60

Kurpfälzisches Museum der Stadt Heidelberg 120

Martin-Luther-Universität Halle-Wittenberg Dessau-Wörlitz-Kommission Halle 27 o., 28, 29, 30 u., 31 o., 54, 90 o.

Nationale Forschungs- und Gedenkstätten Weimar 55 u., 56, 90 u., 131, 132, 134, 135 o., 143, 157, 158

Prestel Verlag München 115

Otto Schwarz Kiel 37 l.

Staatliche Graphische Sammlung München 57, 58

Staatliche Museen Stiftung Preußischer Kulturbesitz Berlin 101

Staatliche Porzellan-Manufaktur Nymphenburg 93

Staatsbauamt Kassel 125

Stadtmuseum München 43

Städtisches Reiss-Museum Mannheim 33

Universitätsbibliothek der Karl-Marx-Universität Leipzig 121

Universitätsbibliothek Wien 31 u., 32 l., 47 r., 48, 49 l., 50 oben, 51 l.

Verfasser 27 u., 30 o., 34, 38, 39, 41, 42, 49 r., 55 o., 73, 88, 103, 133, 135 u., 137, 146, 159

Verlagsarchiv 17, 61, 71, 95, 108, 127, 130, 139

Nachbemerkung

Die vorliegende Textfassung ist, abgesehen von geringfügigen Ergänzungen, von der Universität München als Dissertation angenommen worden. Ich danke Herrn Professor Dr. Helmut Motekat herzlich für seine ausdauernde Anteilnahme und Unterstützung. Für vielfältige Hilfe oder Hinweise möchte ich den Freunden Helmut Binder, Gerda Gollwitzer, Dr. Jochen und Anita Golz, Hans-Horst Henschen, Dr. Hans-Wolf Jäger, Albrecht Johne, Dr. Helga Kästner, Dr. Thomas Koebner und Peter-Michael Werlein Dank sagen.